THOMAS
DER SACHUNTERRICHT
UND SEINE KONZEPTIONEN

D1677887

DER SACHUNTERRICHT UND SEINE KONZEPTIONEN
Historische und aktuelle Entwicklungen

von
Bernd Thomas
(vormals Bernd Feige)

3., überarbeitete Auflage

VERLAG
JULIUS KLINKHARDT
BAD HEILBRUNN • 2009

Foto auf der Umschlagseite 1:
© Dirk Krüll, Düsseldorf

Bibliografische Information der Deutschen Nationalbibliothek
Die Deutsche Nationalbibliothek verzeichnet diese Publikation in der Deutschen
Nationalbibliografie; detaillierte bibliografische Daten sind im Internet abrufbar über
http://dnb.d-nb.de.

2009.11.Kl. © by Julius Klinkhardt.

Druck und Bindung: AZ Druck und Datentechnik, Kempten.
Printed in Germany 2009.
Gedruckt auf chlorfrei gebleichtem alterungsbeständigem Papier.

ISBN 978-3-7815-1717-2

Inhalt

6

8

5 Die Periodisierung der weiteren Entwicklung des Sachunterrichts nach 1945 und Schlussbemerkungen

Literatur

Verzeichnis der graphischen und synoptischen Darstellungen und Übersichten

Vorwort zur 3. Auflage

Die anhaltend gute Nachfrage führte zur Neuauflage des Buches. Der Text ist durchgesehen, überarbeitet und aktualisiert worden. Einige Tabellen sind hinzugefügt worden. Wiederum wurde auf Lesbarkeit großer Wert gelegt. Der vielfältige Gedankenaustausch mit Studierenden war mir dabei sehr hilfreich.

Bernd Thomas
(vormals Bernd Feige)

Vorwort zur 2. Auflage

Neuere Entwicklungen machten für die 2. Auflage einige Ergänzungen und Überarbeitungen erforderlich. Darüber hinaus wurde die Konzeption Science 5/ 13 mit in die Darstellung aufgenommen. Die tabellarische Übersicht hierzu wird auf S. 62 ausgewiesen. Schließlich wurde der ganze Text nochmals auf Lesbarkeit hin durchgesehen.

Bernd Feige

Vorwort zur 1. Auflage

Das vorliegende Buch ist im Rahmen eines Habilitationsverfahrens entstanden. Die ursprünglich kumulativ geplante Habilitation erforderte es, die eigenen Forschungsarbeiten in einen sachlogischen Zusammenhang zu bringen. Auf diese Weise entstand die folgende, eigenständige Untersuchung zur Geschichte und zu den Konzeptionen der Heimatkunde und des Sachunterrichts. Darüber hinaus erfolgt ein internationaler Vergleich zu Lernbereichen, die im Ausland unserem Sachunterricht entsprechen. Für die aufmerksame und hilfreiche Begleitung der Arbeit bedanke ich mich bei Professor Dr. Joachim Kahlert (München), Professor Dr. Rudolf W. Keck (Hildesheim) und Professor Dr. Walter Köhnlein (Hildesheim).

Bernd Feige

1 Einleitung

Die folgenden Ausführungen haben sich zur Aufgabe gemacht, die konzeptionelle Entwicklung der Heimatkunde und des Sachunterrichts aufzuarbeiten, um von daher wesentliche Strukturen, Inhalte und Methoden der Didaktik des Sachunterrichts zu analysieren und zu begründen und sie in ihrer Genese aspektreich auf den aktuellen Diskussionsstand beziehen zu können (Kap. 3 und Kap. 4). Dabei wird die Untersuchung durch die Bearbeitung des historischen Entwicklungsverlaufs abgesichert.

In diesem Zusammenhang beanspruchen die Ausführungen zur Geschichte (Kap. 2) lediglich in ihrer zugespitzten Systematik einen eigenständigen Wert, denn Arbeiten zur historischen Entwicklung der Heimatkunde liegen vor, wobei zwischen breiter angelegten ideengeschichtlichen Beiträgen, die sich vor allem um den Heimatbegriff mühen (vgl. z.B. Fiege (1964) 1994), und Sammlungen von Quellentexten unterschieden werden kann (vgl. Plöger / Renner 1996 und vgl. Siller / Walter 1999).

Auf den Wiederabdruck der internationalen Zusammenhänge ist in dieser Auflage verzichtet worden; denn zwischenzeitlich ist die internationale Perspektive für die Europäische Union aufgegriffen und in ein vergleichendes Forschungsprojekt überführt worden (vgl. Blaseio 2006). Darüber hinaus erfolgte im Handbuch für die Didaktik des Sachunterrichts (vgl. Kahlert u.a. 2007) eine Übersicht über verschiedene internationale Ansätze zu Lernbereichen, die unserem Sachunterricht entsprechen, so dass von daher der Kenntnisstand aktualisiert wurde. Ausgangspunkt für die weiterführende Bearbeitung dieses Problemkreises waren die eigenen Veröffentlichungen in der 1. und 2. Auflage dieses Buches, so dass ihr wissenschaftlicher Zweck erfüllt ist (vgl. Blaseio 2007, S. 281). Eine Wiederholung an dieser Stelle ist daher nicht mehr notwendig.

Der Begriff „Sachunterricht" wird als ein Oberbegriff für aktuelle oder historische Ansätze eines Realienunterrichts gebraucht (Realienunterricht zielt demnach auf Sachkenntnisse über die wirklichen Dinge und Tatsachen ausdrücklich unter Einbezug der Naturwissenschaften ab), wie er besonders mit Blick auf die ersten vier Schuljahre entwickelt worden ist. „Sachunterricht" wird damit als eine Kategorie gedacht, die alle noch so unterschiedlichen Ansätze übergreifend begrifflich erfassen kann. Dies gilt für aktuelle Ansätze ebenso wie für solche aus der jüngeren oder ferneren Vergangenheit.

Auf diese Weise wird mit dem Begriff „Sachunterricht" der neue Ansatz der Welterkundung ebenso erfasst wie der „Integrativ-mehrperspektivische Unterricht" aus der jüngeren Vergangenheit, desgleichen fallen die verschiedenen

Ausprägungen von „Heimatkunde" unter den Oberbegriff „Sachunterricht", wodurch eine vergleichende Diskussion möglich ist.

Dabei meint das engere Verständnis von „Sachunterricht" in diesem Zusammenhang den naturwissenschaftlich und sozialwissenschaftlich bezogenen Lernbereich der Grundschule, der seit dem Frankfurter Grundschulkongress 1969 und seit dem Strukturplan des Deutschen Bildungsrates (1970) mit „Sachunterricht" bezeichnet wird.

Der Begriff „Sachunterricht" war seinerzeit auch in behördlichen Texten keineswegs neu. Bereits im „Lehrplan für die Grundschule im Lande Bremen" von 1961 taucht die Bezeichnung „Sachunterricht" auf. Niedersachsen folgte 1962 mit den „Richtlinien für die Volksschulen des Landes Niedersachsen". Ilse Rother führte „Sachunterricht" als Bezeichnung für den heimatkundlichen Lernbereich in ihrem Buch „Schulanfang" bereits 1954 ein.

Das weitere Verständnis von „Sachunterricht" eröffnet die historische Perspektive. Auch hier soll „Sachunterricht" der allgemeine Oberbegriff sein. Auch dafür zwei Belege. Bereits Karl Eckhardt bezeichnete die den Gesamtunterricht zentrierende Heimatkunde als „Sach- oder Umgebungsunterricht", bei der der „sachunterrichtliche Kern" das Wesentliche sei (vgl. 1925, S. 87 und S. 86), womit deutlich wird, dass die zeitliche und inhaltliche Eingrenzung des Begriffes „Sachunterricht", so wie wir ihn heute gebrauchen, überschritten werden kann. Ebenso kann unter historischer Perspektive die uns heute geläufige Eingrenzung auf den Grundschulbereich verlassen werden. So verweist das Roloffsche „Lexikon der Pädagogik" unter dem Begriff „Sachunterricht" auf das Stichwort „Realien" (vgl. 1915, Sp. 216). Dort wird in Hinblick auf den Volksschulunterricht unter „Realien" verstanden: „Heimat= u. Welt=(Erd=)kunde, Geschichte, Naturgeschichte, Naturlehre u. Chemie" (ebd., Sp. 215). Welchen Stellenwert die „Realien" nach damaliger Sicht im Lehrplan der Volksschule einnahmen, wird dadurch deutlich, dass sie gegenüber den anderen Fächern als „akzessorische Fächer" (ebd.) bezeichnet werden, wobei zudem der Heimatkunde als Teil des Realienunterrichts die Aufgabe einer „vaterländischen Lebenskunde" (Sp. 218) zugedacht wurde. Neuere Forschungen (vgl. Feige 2007b) belegen darüber hinaus einen noch früheren Gebrauch der Begriffes „Sachunterricht" zur Kennzeichnung reformpädagogischer Bestrebungen im Rahmen des Leipziger Lehrervereins (vgl. Vogel 1914).

Mit dem Begriff „Sachunterricht" als übergreifende Kategorie ist es demnach unter historischer und systematischer Rücksicht möglich, zum Teil auseinanderstrebende Entwicklungen des Realienunterrichts vergleichend zu diskutieren.

Die Motivationsstränge, die zur Ablösung der Heimatkunde und zur Einführung des Sachunterrichts in der Grundschule führten, verweisen auf theoretische

Aspekte, die bei einer Analyse der folgenden und gegenwärtigen Entwicklungen in der Didaktik des Sachunterrichts hilfreich sind. Dabei wird nicht der Anspruch erhoben, eine „Theorie" des Sachunterrichts vorzulegen, die ausgefeilte, widerspruchsfreie Aussagen formuliert und deren Voraussetzungen und Hypothesen offengelegt, die darüber hinaus einen hohen Erklärungswert geltend macht und Gesetzmäßigkeiten feststellen kann und die intersubjektiv überprüfbar ist und bestätigt oder widerlegt werden kann. Die Didaktik des Sachunterrichts bildete sich von Beginn an vor allem konzeptionell ab. Dabei kann unter einer „Konzeption" des Sachunterrichts ein Gefüge von plausiblen und schlüssigen Aussagen über Unterrichts- und Erziehungsmaßnahmen verstanden werden, die Ziele, Inhalte und Methoden des Sachunterrichts betreffen (vgl. Katzenberger 2000, S. 164 f.). Eine Konzeption ist im Vergleich zu einer Theorie erkenntnistheoretisch weniger anspruchsvoll und kann durchaus lediglich ausschnitthaft formuliert sein, wie dies z.B. auf die frühen nur auf die Naturwissenschaften bezogenen Konzeptionen des Sachunterrichts zutrifft.

Für die Sachunterrichtsdidaktik ist es darüber hinaus notwendig, zwischen den sonst oft synonym gebrauchten Begriffe „Konzeption" und „Konzept" zu unterscheiden. Kahlert versteht den Begriff „Konzept" gewissermaßen kleinräumiger als den Begriff „Konzeption" auf überschaubare Handlungsanlässe bezogen, so dass etwa mit Blick auf die Planung einer konkreten Unterrichtsstunde von einem „Konzept" gesprochen werden kann (vgl. Kahlert 2005, S. 156).

Kognitionspsychologisch bekommt der Begriff „Konzept" die Zuschreibung von vorhandenen, auszudifferenzierenden oder aufzubauenden kognitiven Strukturen zum Verständnis naturwissenschaftlicher (bisher weniger sozialwissenschaftlicher oder technischer) Sachverhalte. Da bereits vorhandene „Konzepte" für sich oft noch nicht tauglich sein können, gegebene naturwissenschaftliche Sachverhalte angemessen in kognitive Strukturen zu integrieren, werden sie auch als Präkonzepte bezeichnet. In der konstruktivistisch rückgebundenen Sachunterrichtsdidaktik geht es vor allem darum, die Weiterentwicklung von Präkonzepten zu tragfähigen Konzepten oder die Neuentwicklung von Konzepten zu erforschen. Gegenstand dieser Forschungen sind demnach die Veränderungen von Konzepten (Conceptual Change) (vgl. Möller 2004, S. 154 f.). Dem erläuterten Begriffsverständnis nicht unähnlich, aber noch ohne konstruktivistische Rückbindung ging es den frühen naturwissenschaftlichen Konzeptionen darum, möglichst ohne Umwege tragfähige naturwissenschaftliche Konzepte bei Kindern aufzubauen, so dass für den Bereich der Sachunterrichtsdidaktik von einer spezifischen Besetzung des Begriffs „Konzept" auszugehen ist. In den hier vorliegenden Ausführungen ist daher auf eine synonyme Verwendung dieser beiden Begriffe verzichtet worden.

Im Folgenden werden die wichtigsten Konzeptionen des Sachunterrichts erläutert und verglichen, wobei es problematisch wäre, die verschiedenen Konzeptionen nur auf konzeptioneller Ebene zu vergleichen, denn oftmals akzentuieren sie verschiedene Bereiche und ergänzen sich daher mitunter, was erst in den Blick kommt, wenn die Ebene des Vergleichs „von Konzeption zu Konzeption" verlassen wird. Es ist demnach nötig, einen übergeordneten Standort einzunehmen, gleichsam einen „archimedischen Punkt" zu finden, von dem aus es möglich ist, die Konzeptionen des Sachunterrichts kritisch vergleichend zu diskutieren (vgl. Duncker / Popp 1994, S. 15 f.), wobei schnell deutlich wird, dass es diesen einen „magischen Punkt" nicht gibt, sondern dass verschiedene Blickwinkel eingenommen werden müssen.

Den Motivationssträngen für die Einführung des Sachunterrichts nachgehend, bieten sich vier übergeordnete Standorte an:

- Der Ideologievorbehalt gegenüber der „alten Heimatkunde" und der hohe Stellenwert der Wissenschaften im neuen Sachunterricht stellen die Frage nach dem Wissenschaftsverständnis der jeweiligen Konzeption. Dieses wird vergleichend diskutiert.

- Der Wandel in der Auffassung von „Begabung" und „Kindgemäßheit" verweist auf den entwicklungspsychologisch-anthropologischen Aspekt, unter dem die Konzeptionen des Sachunterrichts verglichen werden können.

- Die Forderungen nach dem Ausschöpfen der Bildungsreserven und dem Abbau von Bildungsbarrieren eröffnen den gesellschaftlichen Blickwinkel und fragen darüber hinaus nach schulpädagogischen und nach curricularen Konsequenzen.

- Schließlich verweist die eingeforderte Überwindung der „volkstümlichen Bildung" durch die „grundlegende Bildung" auf bildungstheoretische Zusammenhänge. Obwohl sich alle Konzeptionen des Sachunterrichts nach Ablösung der Heimatkunde dem Denkmuster bzw. dem Paradigma einer „grundlegenden Bildung" verpflichtet sahen, sind auch erhebliche Differenzierungen auszumachen. Im Zuge der Aufnahme des Strukturplans (vgl. Deutscher Bildungsrat 1970, S. 123-141) fielen die frühen Konzeptionen des Sachunterrichts beispielsweise wesentlich stärker „wissenschaftsorientiert" aus als spätere.

Aus der Vielzahl von Konzeptionen des Sachunterrichts musste eine Auswahl getroffen werden. Ein wesentlicher Punkt für die Auswahl waren rezeptionsgeschichtliche Gründe. Es wurden nur Konzeptionen berücksichtigt, denen auch im heutigen Diskurs (noch) eine bedeutende Rolle zukommt. Nachstehende

Konzeptionen des Sachunterrichts werden dargestellt und unter den genannten Perspektiven analysiert: der fachorientierte Ansatz, das struktur- oder konzeptorientierte Curriculum, das verfahrensorientierte Curriculum, der Ansatz Science 5 / 13, der Situationsansatz, der Mehrperspektivische Unterricht, der exemplarisch-genetisch-sokratische Sachunterricht, Welterkundung, Sachunterricht als Sozial- und Sachunterricht und der vielperspektivische Sachunterricht.

2 Geschichte des Sachunterrichts – Klärung der historischen Voraussetzungen

2.1 Sachunterricht unter theologischem Vorzeichen

Generell wird der Beginn des Sachunterrichts in seiner Ausprägung als ein grundlegender Realienunterricht mit Wolfgang Ratichius (1571-1635) und vor allem mit Comenius verbunden (vgl. z.b. Siller / Walter 1999, S. 13). In seinem Werk „Orbis sensualium pictus", das 1653/54 erschien, schuf Johann Amos Comenius (1592-1670) erstmals ein Lehrwerk für den Unterricht, das mit Hilfe detailreicher Bilder (Holzschnitte) Sachwissen und Sprachwissen (Latein und Deutsch) miteinander verband. Das wichtige Unterrichtsprinzip der Anschauung ist auf dieses Unterrichtswerk zurückzuführen. Comenius kritisierte an dem zeitgenössischen Unterricht den reinen Verbalismus, der Sprache ohne die Sachen lehrte. Die daraus resultierende Einschätzung, Comenius sei der Begründer des pädagogischen Realismus gewesen, muss allerdings nach Befunden von Schaller relativiert werden. Dieser weist darauf hin, dass Comenius die Weltordnung als gottgegeben auffasst und den Menschen nur dazu auffordert, die Dinge aus Gehorsam zu Gott und nicht aus freiem Willen zu gebrauchen (vgl. Schaller 1962, S. 359). Der Gedanke zum freien Gebrauch der Dinge setzte sich erst mit der Aufklärung durch.

Auch ein weiterer Vordenker des frühen Sachunterrichts ist noch voraufklärerisch zu verorten, denn der Pietist August Hermann Francke (1663-1727) argumentierte ebenfalls theologisch. Ab 1695 rief Francke in Halle an der Saale mit seinen Waisenhäusern eine Schulgründung ins Leben, die in ihrer Hochzeit über 2000 Zöglinge beherbergte. Integraler Bestandteil dieses florierenden pädagogischen Unternehmens war der konkrete Umgang mit den Sachen in Form von Arbeit (vgl. Ringshausen 1979, S. 87). Um diese aber angemessen ausführen zu können, benötigt der Mensch Sachverstand und Sachwissen. Allerdings nicht zum freien Gebrauch der Dinge oder Sachen, sondern um „wahre Gottseligkeit" einerseits und „christliche Klugheit" andererseits zu erwerben (vgl. Schmidt 1972, S. 18). Diese wird in Form praktischer Lebensbewältigung in den Dienst des Nächsten gestellt, womit Gottes Wille erfüllt wird. Franckes Realienunterricht war damit eng in die pietistische Glaubensauffassung eingespannt, die noch von einem von der Erbsünde bestimmten negativen Menschenbild ausging (vgl. Ringshausen 1979, S. 90). In der Folgezeit führte Franckes Pädagogik zur Gründung von zahlreichen Realschulen und beförderte damit den realistischen Unterricht in Preußen landesweit. Obwohl Franckes Realienunterricht nicht ausdrücklich auf Emanzipation abzielte, bleibt festzustellen, dass Realienunterricht unterschwellig immer aufklärende Aspekte beinhaltet, da er sich der diesseitigen Welt zuwendet und diese rational erschließt. Vollends zum Durchbruch gelangte das Emanzipationspotential des Realienunterrichts mit der Aufklärung.

2.2   Sachunterricht in der Aufklärung

Unterricht über Realien ist ein Gratmesser für die jeweiligen geistigen Entwicklungen. Seine Bedeutung und sein Sachwissensgehalt nehmen in Zeiten geistiger Aufbrüche enorm zu, während sie in restaurativen Phasen regelmäßig zurückgedrängt werden. Eine Phase sachunterrichtlicher Blüte ist zweifelsohne die Aufklärung, die sich in Deutschland weniger politisch, dafür aber sehr stark theologisch und im Zuge der Aufnahme der Schriften von Jean Jacques Rousseau (1712-1778) vor allen Dingen pädagogisch und damit philanthropisch ausprägte. Rousseau folgend, ging man dabei von einem positiven Menschenbild aus, das von der Erbsündelehre befreit wurde. Als bedeutendste Vertreter des Philanthropismus auf theoretisch-konzeptionellem bzw. theoretisch-wissenschaftlichem Gebiet seien hier Johann Bernhard Basedow (1724-1790), Ernst Christian Trapp (1745-1818) und Joachim Heinrich Campe (1746-1818) und auf pädagogisch-praktischem Gebiet Christian Gotthilf Salzmann (1744-1811) (vgl. Herrmann 1979, S. 141-156 und Schmitt 2003, S. 119-143), Friedrich Eberhard von Rochow (1734-1805) (vgl. Schmitt / Tosch 2001) und Johann Peter Hundeiker (1751-1836) genannt (vgl. Feige 1997). Hundeiker verstand es, Volksaufklärung im Sinne einer allgemeinen Erwachsenen- und Kinderbildung zu gestalten und damit einen Sachunterricht einzurichten, der außer bei den großen Mustern Salzmann und Rochow in seiner Zeit unerreicht blieb (vgl. ebd.).

Hundeikers Realienunterricht war in seiner Vollform durch eine anwendungsbezogene Verbindung von philanthropischen und neuhumanistischen Elementen gekennzeichnet, so dass er zeitgenössisch allenfalls nur noch von Salzmanns Schule in Schnepfenthal übertroffen wurde, weshalb Hundeikers Schulgründung in Vechelde auch als „das braunschweigische Schnepfenthal" (Koldewey 1891, S. 215) bezeichnet worden ist.

2.3   Sachunterricht im 19. Jahrhundert

So unbestritten der Stellenwert des Realienunterrichts bei den Philanthropen war, der entscheidende Durchbruch eines Sachunterrichts auch für die einfachen Schichten der Bevölkerung erfolgte im Deutschland des 19. Jahrhunderts vorwiegend in der Auf- und Übernahme der Pädagogik von Johann Heinrich Pestalozzi (1746-1827). Auf ihn kann auch der Bezug zur Heimat in Form der „nähesten Verhältnisse" zurückgeführt werden, wobei Heimat hier ideologisch unbelastet vor allen Dingen als Anschauungshorizont und als Anlass für sachunterrichtliche Lernprozesse verstanden wurde. „Reiner Wahrheitssinn bildet sich in engen Kreisen, und reine Menschenweisheit ruht auf dem festen Grund der Kenntnis seiner nähesten Verhältnisse und der ausgebildeten Behandlungsfähigkeit seiner nähesten Angelegenheiten" (Pestalozzi (1779 / 1780) 1945, S. 146). Die bildende Kraft kommt dabei den „in ihren Realverbindungen feststehenden Naturlagen der Gegenstände" (ebd.) zu. Dabei darf jedoch nicht übersehen werden, dass bei einer ausschließlichen Verknüpfung von Bildung mit dem unmittelbaren Lebensumkreis auch immer die Gefahr mitschwingt, Bildung auf ein triviales Verwertungsniveau zu beschränken (vgl. Berg 1977, S. 253) und das Prinzip „Lebensnähe" (vgl. Feige 2004, S. 256 f.) hemmend zu überdehnen.

Den Begriff „Heimatkunde" prägte der Pestalozzianer Christian Wilhelm Harnisch (1787-1864) durch die Vorlage eines dreiteiligen Unterrichtswerks, das mit der „Kunde der Heimath" begann, dann über die „Kunde der Erde" zur „Kunde des Vaterlandes" führte (vgl. Schaub 2004, S. 197 f.). Friedrich August Finger (1808-1888) benutzte etwas später (1844) die Vorgehensweise in konzentrischen Kreisen, die in enger Anlehnung an die Erdkunde die Schüler im allmählichen Fortschreiten vom Nahen zum Fernen führt (vgl. Mitzlaff 2004). Harnischs Ansatz ist noch dem emanzipativen Verständnis der Aufklärung verpflichtet, was im restaurativen Preußen der Nachkongreßzeit (Wiener Kongreß 1815 zur Neuordnung Europas nach der endgültigen Niederlage Napoleons) nicht ungefährlich war und auch tatsächlich dazu führte, dass Harnisch wegen „demokratischer Umtriebe" strafversetzt wurde (vgl. Siller / Walter 1999, S. 82 und Plöger / Renner 1996, S. 49-60).

Ein ähnliches Schicksal teilte Friedrich Adolph Diesterweg (1790-1866), der ein weiterer prominenter Vertreter einer realienorientierten Heimatkunde ist. Diesterweg, der im Sinne des deutschen Einigungsgedankens des 19. Jahrhunderts durchaus das Ziel der Erzeugung von Vaterlandsliebe mit Hilfe der Heimatkunde nannte, wollte sie inhaltlich vor allem geographisch, naturkundlich und geschichtlich gefüllt wissen – das Sachwissen stand bei ihm damit eindeutig im Vordergrund (vgl. Siller / Walter 1999, S. 92-94). Auch im Zuge der Restauration nach 1848 pochte Diesterweg in seiner Kritik an den Stiehlschen Regulativen auf einen realistischen Sachunterricht in der Volksschule (vgl. Krueger 1990, S. 366).

Die nach ihrem Verfasser Ferdinand Stiehl (1812-1878) benannten Erlasse, die 1854 in Kraft traten, sind ein weiteres Beispiel dafür, dass in restaurativen Zeiten immer eine ausgeprägte Tendenz besteht, die Vermittlung von Sachwissen zugunsten gesinnungsbildender Stoffe zurückzudrängen, hier namentlich durch religiöse, volkstümelnde und die Herrschaftsverhältnisse glorifizierende Inhalte. Realgeschichtlich darf allerdings nicht übersehen werden, dass die von Stiehl erarbeiteten Regulative wie ein der Schulwirklichkeit angemessenes Minimalprogramm wirkten und auf diese Weise der Ausbau des noch sehr unvollkommenen preußischen Schulwesens funktional befördert wurde (vgl. Krueger 1990, S. 369 und Jeismann 1977, S. 156). Ein sachlich angemessener Realienunterricht blieb jedoch für den Bereich der Volksschule die Ausnahme (vgl. Krueger 1990, S. 364). Dies gilt noch verstärkt mit Blick auf die unteren Jahrgänge.

Im Bereich der oberen Jahrgänge verbesserte sich im Laufe des 19. Jahrhunderts im Zusammenhang mit den sich ändernden gesellschaftlichen, ökonomischen und militärischen Anforderungen der Realienunterricht nach und nach, was besonders an der Entwicklung des gehobenen Realschulwesens deutlich wird. Die vom Francke-Schüler Johann Julius Hecker (1707-1768) in Berlin 1747 begründete mathematisch-ökonomische Realschule gilt als erste Realschule in Deutschland. Im Verlauf des 19. Jahrhunderts entstanden dann durch den Ausbau von Realschulen das meist nur noch Latein anbietende Realgymnasium und die ausschließlich neusprachliche Oberrealschule. Statt auf die Vermittlung der alten Sprachen (neu)humanistischer Prägung legten diese neuen Schultypen verstärkten Wert auf einen angemessenen Unterricht in den Realien. Durch die Verleihung des Rechtes auf die Erteilung der allgemeinen Hochschulreife im Jahre 1900 wurden diese beiden neuen Schultypen, die im Zeichen des mit der Industrialisierung anwachsenden Modernitätsdrucks entstanden waren, dem klassischen Gymnasium gleichgestellt (vgl. Blankertz 1982, S. 166-171, für die Entwicklung in Süddeutschland vgl. Keck 1968). Auch die 1872 erlassenen „Allgemeinen Bestimmungen" (vgl. Allgemeine Bestimmungen für die Volks-

und Mittelschulen in Preußen (1872). In: Michael / Schepp 1993, S. 179-183) sind in diesem Kontext zu sehen. Das Angebot eines flächendeckenden Sachunterrichts in Form von Heimatkunde für alle Kinder der ersten vier Schuljahrgänge wird allerdings erst mit der Einführung der Grundschule ab 1919 erreicht.

Kosmopolitische (weltbürgerliche) Umwelterschließung nach Harnisch (1816):
Heimat → Welt
Land ⌐

Umwelterschließung in konzentrischen Kreisen nach Finger (1844):
Heimat → Land → Welt

2.4 Sachunterricht als Heimatkunde in der Weimarer Grundschule

Die der Weimarer Grundschule (Art. 146 der Weimarer Verfassung) eingeschriebene Konzeption des Gesamtunterrichts rückte die Sachbegegnung und damit die Heimatkunde in den Mittelpunkt des Grundschulunterrichts. Auf den Weg gebracht hatte den Gesamtunterricht der Berliner Reformpädagoge Berthold Otto (1859-1933), seine Übertragung für die Regelschule leistete mit der Einrichtung erster Versuchsklassen im Jahre 1911 der Leipziger Lehrerverein (vgl. Feige 1996 und 2007b). Daneben fand der Gesamtunterricht zahlreiche Gefolgsleute und entsprechend vielfältige Ausprägungen: z.B. bei dem süddeutschen Pädagogen Wilhelm Albert (1890-1981) in Form von „Pädagogischen Symphonien" (vgl. Götze 1973, bes. ab S. 65) oder bei den norddeutschen Pädagogen Fritz Gansberg (1871-1950) und Heinrich Scharrelmann (1871-1940) in Form des „freien Aufsatzes" oder auch als „Gelegenheitsunterricht" (vgl. Dietrich 1982, S. 104-106 und S. 111-113).

Psychologisch-anthropologisch ließ man sich von einem Ganzheitsverständnis leiten, das nach der Überwindung der Elementenpsychologie in hohem Maße von der Ganzheitspsychologie beeinflusst wurde. Der Mensch wurde dabei zunehmend als ein aktiv Wollender begriffen, der mit seinem Denken und Fühlen in vielfältigen Beziehungen zur Welt steht, ebenso wurde dem Kind zugesprochen, dass es aus sich heraus aktiv denkend, wollend und fühlend seine Welt erschließt und dass es erhebliche schöpferische Anlagen besitzt, die es behutsam zu fördern gilt, wenn die eigendynamischen Entwicklungsprozesse des Kindes nicht verschüttet werden sollen (vgl. Schmidt 1972, S. 37 und Dietrich 1975, S. 201 f.).

Die didaktische Konsequenz, die Ganzheit eines Themas durchzuhalten, führte manchmal zu sehr angestrengt wirkenden Unterrichtsvorschlägen. Ein Unterrichtsbeispiel zum Thema „die Katze" von Heinrich Scharrelmann, das Dietrich in seiner Quellensammlung mitteilt, verdeutlicht diesen Kontext, denn alles Mögliche wird nun an der Thematik „Katze" aufgehängt: der Bogen reicht von Fragen der Gesundheitserziehung (was ist schädlich für Mensch und Tier) über ethische Fragen (Tierquälerei) und physikalische Zusammenhänge (elektrostatische Ladung des Katzenfells) bis hin zur Musik (Katzenmusik) (vgl. Dietrich 1982, S. 106-109).

Die Heimatkunde der Weimarer Zeit kann trotz gewisser Überdehnungen des Gesamtunterrichts und des Heimatprinzips als eine Hochzeit des Sachunterrichts für Kinder im Grundschulalter bezeichnet werden. Curricular war sie fest im Grundschulunterricht verankert. In der 1. und 2. Klasse war Heimatkunde als „heimatkundlicher Anschauungsunterricht" festgeschrieben, an dem sich nach und nach die Vermittlung der Kulturtechniken und andere, z.B. musische Bezüge, anlagern sollten. In der 3. und 4. Klasse fächerte sich der Grundschulunterricht allmählich stärker aus, wobei die Heimatkunde als „eigentliche Heimatkunde" stärker fachbezogene, propädeutische Bezüge erhielt und besonders die anschließenden Volksschulfächer Erdkunde, Geschichte und Naturkunde vorbereiten sollte (vgl. Richtlinien zur Aufstellung von Lehrplänen für die Grundschule, 16. März 1921).

Dass in der Forschung bis heute nicht geklärt ist, ob der Sachunterricht als Heimatkunde in der Weimarer Zeit eher verklärend-rückwärtsgewandt und antidemokratisch (vgl. Schubert 1987) oder doch mehr sachlich angemessen und aufklärend war (vgl. Götz 1989), mag daran liegen, dass verschiedene Quellenarten (Lehrerhandbücher bei Schubert und Lehrpläne bei Götz) herangezogen worden sind (vgl. Götz 2005, S. 598 f.) und dass es beide Strömungen auch tatsächlich gegeben hat. Zumindest lässt sich die letztere Variante auf keinen Fall ausschließen, so dass die Heimatkunde jener Zeit durchaus als ein erster Höhepunkt eines Sachunterrichts für Grundschulkinder bezeichnet werden darf.

Bildungstheoretisch wird seinerzeit „Heimat" als dem Kind psychisch nah und somit didaktisch in hohem Maße zugänglich aufgefasst. Heimat ist – wie bei den frühen „Heimatkundlern" Harnisch, Diesterweg und Finger – in aller erster Linie der Raum mit seinen Landschaften, Naturerscheinungen, Pflanzen, Tieren und Menschen, der Anlass und Gegenstandsfeld für einen sachlichen Unterricht bietet, und dies – in der Weimar Zeit zum ersten Mal in Deutschland – für alle Kinder der ersten vier Jahrgänge in einer gemeinsamen Grundschule.

Die bildungstheoretische Ideologisierung des Heimatbegriffes vollzog sich in den zwanziger Jahren durch Eduard Spranger (1882-1963), der anlässlich der feierlichen Gründung der „Studiengemeinschaft für wissenschaftliche Heimatkunde" in Berlin im Krisenjahr 1923 (Inflation, Ruhrkampf) den Festvortag hielt, in dem er den Bildungswert der Heimatkunde zu bestimmen versuchte (vgl. Spranger (1923) 1949). Die unmittelbare zeitgenössische Wirksamkeit dieses Vortrages in der Lehrerschaft mag nicht allzu hoch gewesen sein, denn dieser erlebte erst gegen Ende und nach dem Zweiten Weltkrieg 1943 und ab 1949 seine Folgeauflagen. Hier scheint die Wirksamkeit dieser Schrift größer gewesen zu sein als noch zu Weimarer Zeiten. Gleichwohl markiert Sprangers Beitrag ideengeschichtlich bereits 1923 eindeutig den Beginn der Ideologisierung der Heimatkunde für die Weimarer Zeit.

2.5 Sachunterricht als ideologisierte Heimatkunde

Auch Spranger suchte „das Ganze" zu fassen, was aber im Zeichen des Auseinanderfallens der einzelnen Wissenschaftsdisziplinen immer schwerer möglich sei. Der von vornherein vorfachlichen bzw. fächerintegrativen Heimatkunde der Volksschule traute Spranger dabei noch am ehesten zu, „die verlorene Totalität des Wissenschaftssystems wiederherzustellen" (Spranger (1923) 1949, S. 34). Die Heimatkunde habe dabei die Subjektivität des Menschen mit der sachlichen Beschaffenheit des Ausschnittes von Welt, in der der Mensch konkret lebt, in Beziehung zu setzen (vgl. ebd., S. 5).

Heimat ist nur individuell-subjektiv und gefühlsmäßig-religiös zu erschließen (vgl. ebd.). Heimat bekommt bei Spranger im Folgenden mystisch-hymnische Züge beigelegt, wenn er formuliert: „*Heimat ist erlebte und erlebbare Totalverbundenheit mit dem Boden. Und noch mehr: Heimat ist geistiges Wurzelgefühl*" (ebd. S. 12, kursiv wie im Original, Anm. B.T.). Merkmale dieses „Wurzelgefühls" sind zunächst Subjektivität und naives Naturerleben (vgl. ebd., S. 12 f.). Auf Kinder bezogen fügt Spranger seinen Überlegungen noch umwelttheoretische Akzente hinzu, wenn er mit Jakob Johann von Uexküll (1864-1944) feststellt, dass die Welt der Kinder sich nochmals grundlegend von der je subjektiven Welt der Erwachsenen unterscheide, ähnlich wie die Welt eines Hundes sich von der Welt seines Herrn unterscheide, denn jener finde ganz andere Stellen interessant als dieser. Das Tier sei in „Merkwelt" und „Wirkwelt" verstrickt, die symbolisch vermittelte Bedeutungswelt sei ihm unzugänglich. Dies sei – ansatzweise – zu vergleichen mit der Differenz im Raumerleben und in der Weltsicht zwischen Kindern und Erwachsenen (vgl. ebd., S. 14 f.). Um nun nicht in den Strudel eines bloßen Subjektivismus zu geraten und um die sachlichen Gegebenheiten nicht ganz aus den Augen zu verlieren, ist ein Bezug zu den Wissenschaften herzustellen, die sich in der Heimatkunde „ein Stelldichein" geben, „um diesen

Ort und diese Zeit in der Totalität ihres Soseins und der Sinnbestimmtheit ihrer Individualität auszuschöpfen" (ebd., S. 10). Die Wissenschaften werden in den Dienst genommen, um die Bindungsfähigkeit des Menschen zu „seiner engen Scholle" (ebd., S. 32) noch zu steigern, indem er den Bezug zu ihr geistig durchdringt und somit das „geistige Wurzelgefühl" vollständig hergestellt werden kann. Als wissenschaftliche Disziplinen, die Eingang in die neue Wissenschaft „Heimatkunde" zu finden hätten, nennt Spranger u.a. Geologie, Geographie, Mineralogie, Biologie, Geschichte, Wirtschafts-, Gesellschafts- und Staatslehre, Kunst- und Religionswissenschaft (vgl. ebd., S. 10). Auffällig ist an dieser Stelle besonders, dass Spranger versucht, die Wissenschaften, die für die Heimatkunde in Frage kämen, sogleich aus dem klassischen Wissenschaftsgebäude herauszubrechen und ihnen einen volksnahen Anstrich zu verleihen. Deutlich wird dieser Zusammenhang am Beispiel der Biologie; denn: „die Biologie spitzt sich hier zu einer Art von Naturbiographie zu, in der die physischen Lebenserscheinungen von Pflanze, Tier und Mensch zu der Besonderheit des Erdfleckens in Beziehung gesetzt werden" (ebd., S. 10). Generell seien alle Wissenschaften für die Heimatkunde in „graphien" (vgl., S. 10 f.) zu überführen i.S. von Beschreibung und Kunde, was sie für die Erzeugung des „geistigen Wurzelgefühls" um so tauglicher mache. Demnach geht es vorwiegend um die Vermittlung von beschreibendem Wissen, untersuchend-analytisches oder gar kritisches Wissen ist in dieser auf bloße Übernahme bestehender Verhältnisse (Affirmation) abgezirkelten Heimatkunde nicht gefragt. Die Position einer Leitwissenschaft komme dabei der Geographie zu, die „immer den entschiedensten Zug zur Totalität gezeigt hat" (ebd., S. 27). Die so vorgestellte Heimatkunde wird damit gewissermaßen zur Königsdisziplin „einer volkstümlichen Bildung" (ebd., S. 40), die es von einer höheren Bildung deutlich zu unterscheiden gelte (vgl. ebd., S. 40 f. und s. Pkt. 3.1.4).

Diese zweigeteilte Sichtweise hielt Spranger auch nach dem Zweiten Weltkrieg durch, wenn er in seiner Schrift „Vom Eigengeist der Volksschule" von „Verkehrswelt" einerseits und von „Wurzelwelt" andererseits spricht, wobei auf letztere die Volksschule vorzubereiten habe. Die Verkehrswelt ist demnach Gegenstand höherer Bildung (vgl. Grotelüschen 1977, S. 32).

Sprangers Beitrag zum „Bildungswert der Heimatkunde" ist daneben angefüllt mit Vokabeln, die den Ideologieverdacht belegen: beispielsweise „Totalität" (wenn auch hier meist i. S. von „Ganzheit" gebraucht, aber gerade nicht mit diesem schwächeren Begriff ausgedrückt), „Boden", „totale Einwurzelung", „metaphysische Lebenseinheit", „Elend der Großstädter", „Lokalgötter", „Alleben", „Geheimnis des Bildungswertes der Heimatkunde", „Scholle",

„Großstadtnomade" (ausdrücklich nach Oswald Spengler) ... (vgl. Spranger (1923) 1949, passim) .

Das Hin- und Herpendeln der Heimatkunde als dem grundlegenden Sachfach der Volksschule bzw. der Grundschule zwischen Ideologisierung und Aufklärung wird mit Spranger wiederum deutlich, der Heimatkunde mit einem Übermaß an Ideologie belädt und sie zu einem reinen Gesinnungsfach macht.

Grotelüschen zeigt auf, wie sich Sprangers Vokabular später immer anschlussfähiger an die nationalsozialistische Ideologie entwickelte, und er zunehmend von „Blut", „Arbeit", „Ordnung", „Gläubigkeit" und der „kolonisatorischen Kraft des Deutschtums" sprach (vgl. Grotelüschen 1977, S. 30). Die Nationalsozialisten brauchten diese Sprache – in diesem Fall eines angesehenen deutschen Gelehrten – nur noch zu übernehmen, um ihr eigenes System zu begründen (vgl. Gamm 1964). Während Grotelüschen noch feststellt, „daß Spranger kein Nationalsozialist war" (Grotelüschen 1977, S. 31) urteilt Keck kritischer und ordnet Spranger in den Kreis jener Pädagogen ein – zusammen mit Weniger und Petersen –, die er gegenüber den Nazis als „opportunistische Anpassungspädagogen" bezeichnet (vgl. Keck 2001).

2.6   Sachunterricht als pervertierte Heimatkunde

Mit den „Reichsrichtlinien für die vier unteren Jahrgänge der Volksschule" vom 10. April 1937 legte die Naziregierung mit einiger Verspätung einen reichseinheitlichen Lehrplan für den Geltungsbereich der ersten vier Schuljahre vor, die nicht mehr Grundschule, sondern Volksschulunterstufe genannt wurden. Heimatkunde wurde darin – ähnlich wie dies für die Weimarer Grundschule galt – zum zentralen Fach der Volksschulunterstufe, allerdings mit der Hauptaufgabe, die nationalsozialistische Weltanschauung zu transportieren (vgl. Götz 1997, S. 204). Auch die Konzeption des Gesamtunterrichts wurde beibehalten, aber nicht mehr vom Kind aus entwicklungspsychologisch oder von der Sache her bildungstheoretisch, sondern allein nur durch eine weltanschauliche Ganzheitsidee begründet. „Verwurzelung" wurde zur Leitchiffre und verwies auf Heimatliebe, Sippe, Stamm, Volk und Führer (vgl. ebd., S. 203).

Die weiterführende Heimatkunde für die 3. und 4. Klasse erhielt als vierten und leitenden inhaltlichen Bezug – neben den schon in der Weimar Grundschule bearbeiteten geschichtlichen, erdkundlichen und naturkundlichen Bereichen – den volkskundlichen Zweig, der sich in völkischer Ideologie Themen wie Schicksals-, Blut- und Notgemeinschaft, Deutsch-, Bauern- und Germanentum, Rasseeigenschaften und arteigene Symbole und der Wurzelhaftigkeit annahm.

Darüber hinaus wurde in Sagen, Legenden und Liedgut ein oftmals mystisch-magisch überhöhtes Heldentum verehrt (vgl. ebd., S. 206-209).

Auch Themen konkreter politischer Erziehung fanden Eingang in den Unterricht der vier unteren Jahrgänge der Volksschule. Schaub nennt z.b.: „Der Reichsparteitag", „9. November 1923", „Horst Wessel" oder „Pimpf und Jungmädel" (vgl. 2004, S. 198 f.).

Wiederum ist mit der Ideologisierung der Heimatkunde ein Zurückdrängen der Sachbezüge zu verzeichnen. So bleibt etwa von den Arbeitsweisen des Heimatkundeunterrichts der Weimarer Grundschule wie Erkunden, Beobachten, Experimentieren, Vermessen und Tabellieren nur noch das Beobachten übrig (vgl. Götz 1997, S. 216). Obwohl die Autorin der nationalsozialistischen Heimatkunde durchaus auch sachliche Anteile nicht abspricht, bleibt die Feststellung, dass die Ideologisierung auf der Ebene der örtlichen oder regionalen Lehrpläne noch viel weiter getrieben wurde (vgl. Schaub 2004, S. 199), was noch verstärkt für die seinerzeit viel gelesenen Lehrerhandbücher gilt (vgl. Schubert 1987).

2.7 Sachunterricht zwischen rückwärtsgewandter und sachlich-moderner Heimatkunde

In der Weimarer Zeit erfuhr Sprangers Schrift vom „Bildungswert der Heimatkunde" keine weiteren Auflagen, diese erfolgten erst 1943, 1949 und 1955, so dass die These berechtigt erscheint, dass sich die Wirksamkeit dieses Beitrages in der Tat erst weit nach dessen Entstehungszeit in der Nachkriegszeit nach dem Zweiten Weltkrieg in den drei Westzonen bzw. in der frühen Bundesrepublik Deutschland zeigte. Bis in die 1960er Jahre mühten sich Grundschul- und Heimatkundedidaktiker mit Sprangers Gedankengut ab (vgl. Feige 2003), zunehmend in der Absicht, sich von dem Sprangerschen Gesinnungsballast zu befreien (z.B. vgl. Karnick 1964, S. 3-8). Wie hartnäckig sich jedoch die von Spranger geprägte Ausdrucksweise hielt – oftmals allerdings nur noch zu Worthülsen oder Floskeln verfallen – macht Grotelüschen für den genannten Zeitraum deutlich, wenn er feststellt: „Besonders seine Formulierung vom Wurzelgefühl oder von der Verwurzelung ist gängige Münze geworden" (1977, S. 34).

Auch auf der Ebene der lehrplanmäßigen Heimatkunde ist nach dem Zweiten Weltkrieg zunächst ein starker Einfluss des Sprangerschen Gedankengutes festzustellen (vgl. Götz / Jung 2001, S. 27 f.), der jedoch in den späteren Richtlinien bzw. Lehrplänen einer zunehmenden Sachorientierung weichen muss. Dies wird auch an der Umbenennung des Faches „Heimatkunde" in „Sachunterricht" bereits etliche Jahre vor dem bundesweiten Umbruch von der Heimatkunde zum Sachunterricht deutlich (vgl. Lehrplan für die Grundschule im Lande Bremen 1961 und Richtlinien für die Volksschulen des Landes Niedersachsen vom 6. März 1962).

Vorweggenommen hatte diese Entwicklung das Werk von Ilse Rother (1917-1991) „Schulanfang" von 1954, in dem das Wort Heimatkunde keine Beachtung mehr fand und durchgängig von der Bezeichnung Sachunterricht ersetzt wurde, wobei es natürlich nicht nur um den Begriff ging, sondern um eine entschiedene Abkehr von einem wie auch immer ausgeprägten Gesinnungsunterricht, hin zu einem kindbezogenen und nüchternen Sachunterricht (vgl. Feige 2000). Hand in Hand mit dieser Entwicklung ging die Abwendung von der Konzeption des Gesamtunterrichts und von der bildungstheoretischen Forderung nach einer volkstümlichen Bildung (s. Pkt. 3.1.4).

2.8 Sachunterricht als Heimatkunde in der Unterstufe und der 4. Klasse der Polytechnischen Oberschule in der DDR

Die Heimatkunde der DDR stellt ein Forschungsdesiderat dar, das bisher nur ansatzweise in den Blick genommen worden ist (vgl. Jung 2003 und Giest / Wittkowske 2007). Als erste Quelle für die Erforschung der Heimatkunde sind die jeweiligen Lehrpläne zu nennen, die Gesetzescharakter besaßen und damit einen deutlich höheren Verbindlichkeitsgrad beanspruchten als Lehrpläne oder Richtlinien in der Bundesrepublik Deutschland. Realgeschichtlich wäre des Weiteren an Schulbücher, Arbeitshefte und -mappen als Quellen zu denken, auch Zeitzeugenbefragungen wären noch gut möglich.

Heimatkunde in der Unterstufe und der 4. Klasse der Polytechnischen Oberschule (POS) der DDR war eng verknüpft mit dem Deutschunterricht. In der Stundentafel war Heimatkunde eigens gar nicht ausgewiesen, so dass sich der genaue Zeitanteil heimatkundlicher Themen im Rahmen des Deutschunterrichts von daher nicht bestimmen lässt. Folgende Stundenanteile werden für Deutsch und Heimatkunde genannt: 11 bzw. 10 Wochenstunden im 1. Schuljahr, 12 Wochenstunden im 2. Schuljahr sowie jeweils 14 Wochenstunden im 3. und 4. Schuljahr. Hinzu kam während der ersten vier Schuljahre jeweils eine Wochenstunde Schulgartenunterricht (vgl. Das Bildungswesen in der DDR 1987, S. 62).

Die Heimatkunde nach Lesart der DDR verstand sich in erster Linie als wichtiger Bestandteil im Rahmen der kommunistischen Erziehung. Schwer zu trennen sind ideologische und sachliche Ziele und Inhalte, da letztere immer in den Dienst der kommunistischen Weltanschauung gestellt wurden (vgl. Autorenkollektiv 1985, S. 214). Als Gegenstandsbereiche der Heimatkunde werden genannt: „Einführung in das gesellschaftliche Leben", „Kenntnisse über die

Natur" und „Naturbeobachtungen" (ebd.) Der Heimatkundeunterricht zielte gleichermaßen auf den emotionalen und auf den kognitiven Bereich ab, wobei die erworbenen Qualifikationen dazu beitragen sollten, dass die Kinder allmählich „die Moral der Arbeiterklasse" übernehmen und den Anforderungen der entwickelten sozialistischen Gesellschaft zunehmend entsprechen (vgl. ebd., S. 215). Curricular wird vor allem die propädeutische Funktion der Heimatkunde betont (vgl. ebd., S. 216). Heimat erhielt im Verständnis der DDR-Pädagogik eine doppelte Funktion: einerseits diente sie als konkreter Anschauungsfundus für die sachliche Arbeit im Heimatkundeunterricht, andererseits wurde sie stark emotional-ideologisch besetzt und sollte die „Liebe zur sozialistischen Heimat" (ebd., S. 214) vertiefen. Während in der bisherigen Analyse ein Hin- und Herschwingen der Heimatkunde zwischen Sachlichkeit und Ideologisierung mit Pendelausschlägen mal zu der einen und mal zu der anderen Seite hin festgestellt wurde, beanspruchte die DDR-Heimatkunde beide Bereiche gleichzeitig zu bedienen. Ähnlich wie in der Bundesrepublik setzte auch in der DDR ab Mitte der 1960er Jahre eine Verwissenschaftlichung des Unterrichts ein, der sich auch auf die Unterstufe und die 4. Klasse der POS erstreckte. Wissenschaftlichkeit und Parteilichkeit waren fortan die Zielhorizonte des Heimatkundeunterrichts (vgl. Giest / Wittkowske 2007, S. 231). 1963 kam es zur Einrichtung des Faches Schulgartenunterricht, der dazu diente, die Kinder in sozialistische Produktionsweisen einzuführen (vgl. ebd., S. 234).

Deutlich wird im diesem Zusammenhang, dass „Heimat" als pädagogisch-didaktische Kategorie untauglich ist, da sie der ideologischen Besetzung durch jedwede Couleur schutzlos ausgeliefert ist: der Sprangerschen Wurzelmystik genauso wie dem nationalsozialistischen Blut- und Bodenwahn, dem preußischen Militarismus im gleichen Maße wie dem DDR-Sozialismus. Auf diesen ideologiekritischen Vorbehalt gilt es gerade angesichts einer gewissen Renaissance des Heimatbegriffes in der Didaktik (vgl. Engelhardt / Stoltenberg 2002) aufmerksam zu machen (vgl. auch Götz 2005, S. 602 f.).

Der Ideologievorbehalt gegenüber dem Heimatbegriff war auch ein Grund für die Ablösung der Heimatkunde durch den Sachunterricht am Ende der 1960er Jahre in der Bundesrepublik. Hinzu kamen die Frage nach der Ausschöpfung der Bildungsreserven, die Forderung nach einem Überwinden von Bildungsbarrieren, der dynamische Begabungsbegriff und die Neubeurteilung von „Kindgemäßheit", die Überwindung der volkstümlichen Bildung durch eine grundlegende Bildung als Teil der Allgemeinbildung und der hohe Stellenwert, den man den Wissenschaften einräumte (vgl. z.B. Der Grundschulkongreß vom 2.-5. Oktober 1969 und Köhnlein 1984).

Das folgende Datenblatt fasst die Ausführungen dieses Kaptitels zusammen:

- 1653 / 1654: Johann Amos Comenius (1592-1670) legt mit dem Orbis sensualium pictus eines der ersten Realienlehrbücher vor, das in der Folgezeit hunderte von Auflagen und Nachahmungen erfährt.
- 1695: August Hermann Francke (1663-1727) gründet in Halle an der Saale seine berühmte Waisenhausschule, in der dem Realienunterricht eine tragende Rolle zukam. Ebenso wie bei Comenius steht auch bei Francke der Realienunterricht aber noch ganz im Zeichen einer gottgefälligen, christlichen Lebensführung – es geht nicht um den freien Gebrauch der Dinge.
- 1747: Der Francke-Schüler Johann Julius Hecker (1707-1768) gründet in Berlin die erste Realschule.
- zweite Hälfte des 18. und Beginn des 19. Jahrhunderts: Die Aufklärung formt sich in Deutschland vor allem theologisch und pädagogisch aus. Die Pädagogen der Aufklärungszeit nannten sich Philanthropen (Menschenfreunde). Sie vertraten einen Realienunterricht zum freien Gebrauch der Dinge. Johann Bernhard Basedow (1724-1790) gilt als Begründer dieser Pädagogik. Als bedeutende philanthropische Praktiker sind Christian Gotthilf Salzmann (1744-1811) und Johann Peter Hundeiker (1751-1836) in die Pädagogikgeschichte eingegangen.
- 1779 / 1780: Johann Heinrich Pestalozzi (1746-1827) schreibt den „nähesten Verhältnissen" eigentliche Bildungswirksamkeit zu. Diese stellen für das Individuum den Anschauungs-, Lern- und Wirkungsraum dar.
- 1816: Christian Wilhelm Harnisch (1787-1864) prägt im Geiste der Aufklärung und im Sinne Pestalozzis mit der Vorlage eines dreiteiligen Lehrwerkes für die Schule den Begriff „Heimatkunde". Seine Heimatkunde ist durch eine kosmopolitische Umwelterschließung (von der Heimat über die Welt zum Land) gekennzeichnet.
- 1844: Friedrich August Fingers (1808-1888) Heimatkunde steht im Zeichen der Erdkunde und geht in konzentrischen Kreisen (allmähliches Fortschreiten vom Nahen zum Fernen) vor.
- erste Hälfte des 19. Jahrhunderts: Friedrich Adolph Diesterweg (1790-1866) gilt als ein weiterer wichtiger Vertreter einer sachbezogenen Heimatkunde.
- 1854: Im Zeichen der fehlgeschlagenen bürgerlichen Revolution (1848) setzt die preußische Regierung die sogenannten Stiehlschen Regulative (Erlasse) in Kraft, die nach ihrem Bearbeiter Ferdinand Stiehl (1812-1878) benannt wurden. Realienunterricht wird für die Volksschule weitgehend abgeschafft, an seine Stelle treten Vaterlandskunde und Religion. Die Heimatkunde wird damit ideologisch in den Dienst genommen.

- 1872: Die preußische Regierung erlässt die „Allgemeinen Bestimmungen", die den Realienunterricht wieder stärken. Dies geschieht allerdings nur vor dem Hintergrund des industriellen und militärischen Qualifikationsbedarfs. Im gehobenen und höheren Schulwesen vollzieht sich eine Weiterentwicklung des Realienunterrichts. Es entstehen die Schultypen Realgymnasium (Deutsch, Mathematik, Realien, neue Sprachen und nur noch eine alte Sprache, meist Latein) und Oberrealschule (Deutsch, Mathematik und neue Sprachen, keine alten Sprachen mehr).

- 1900: Unter dem Sammelbegriff „Gymnasium" erhalten neben dem humanistischen Gymnasium auch die Realgymnasien und die Oberrealschulen das Recht, die allgemeine Hochschulreife selbständig verleihen zu dürfen.

- 1911: Der von Berthold Otto (1859-1933) entwickelte Gesamtunterricht wird vom Leipziger Lehrerverein für schulische Belange bearbeitet und in Versuchsklassen im 1. und 2. Schuljahr in Leipzig eingerichtet. Mittelpunkt des Gesamtunterrichts ist die Sachbegegnung.

- 1919: Nach dem Ende des deutschen Kaiserreichs schreibt die demokratische Weimarer Verfassung im Artikel 146 die Grundschule als gemeinsame Schule aller Kinder für die ersten vier Schuljahrgänge fest.

- 1920: Das Reichsgrundschulgesetz verbietet für die ersten vier Schuljahrgänge alle anderen Beschulungsformen (Vorschulen, Privatunterricht) und führt die Grundschule als verbindliche Schulform ein.

- 1921: Die „Richtlinien zur Aufstellung von Lehrplänen für die Grundschule" schreiben den Gesamtunterricht und die Arbeitsschulmethode für die Grundschule als reformpädagogische Gestaltungsmerkmale fest.

- 1923: Im Weimarer Krisenjahr (Ruhrkrise, Inflation) gründet sich die „Studiengemeinschaft für wissenschaftliche Heimatkunde". Eduard Spranger (1882-1963) hält den Festvortrag zum „Bildungswert der Heimatkunde". Die Ideologisierung der Heimatkunde beginnt erneut.

- 1933-1945: Während der Nazi-Diktatur wird der Begriff „Grundschule" abgeschafft und durch „Volksschulunterstufe" ersetzt. Heimatkunde wird durch politische Erziehung i.S. völkischer Themen (Blut- und Notgemeinschaft, Deutsch-, Bauern-, Helden- und Germanentum, „Der Reichsparteitag", „9. November 1923", „Horst Wessel" und „Pimpf und Jungmädel") und durch „Rassekunde" pervertiert.

- nach 1945: In der Sowjetischen Besatzungszone und der späteren DDR kommt es zu einer umfassenden Säuberung im Schulsystem – alle Lehrer und Schulaufsichts- und Schulverwaltungsbeamten aus der Nazi-Zeit werden entlassen. Ab 1946 übernimmt eine Vielzahl von Neu-Lehrern den Unterricht. Die Bezeichnung „Grundschule" bleibt abgeschafft. Die ersten drei Jahrgänge der Polytechnischen Oberschule (POS, endgültige Einführung 1965) werden „Unterstufe" der POS genannt. Heimatkunde wird darin mit Deutschunterricht vermischt. Heimatkunde soll Sachunterricht und politische Erziehung i.S. einer Heranbildung zum „sozialistischen Menschen" sein.

- nach 1945: In den drei Westzonen und der späteren Bundesrepublik Deutschland wird an die reformpädagogisch orientierte Weimarer Grundschule mit der ihr zentralen Konzeption des Gesamtunterrichts angeknüpft. Die Sachbegegnung wird dabei jedoch allmählich in den Hintergrund gedrängt (für die weitere Entwicklung s. Kap. 5).

3 Die konzeptionelle Entwicklung des Sachunterrichts – eine systematisch-analytische Untersuchung

Gemäß den in der Einleitung entfalteten Gesichtspunkten werden im Folgenden die Konzeptionen des Sachunterrichts erläutert und sodann unter wissenschaftstheoretischer, anthropologisch-entwicklungspsychologischer, gesellschaftlicher und curricular-schulpädagogischer sowie bildungstheoretischer Perspektive analysiert, kritisiert und verglichen. Wie bereits weiter oben gesagt werden folgende Konzeptionen des Sachunterrichts dargestellt und analysiert: der fachorientierte Ansatz, das struktur- oder konzeptorientierte Curriculum, das verfahrensorientierte Curriculum, der Ansatz Science 5 / 13, der Situationsansatz, der Mehrperspektivische Unterricht, der exemplarisch-genetisch-sokratische Sachunterricht, Welterkundung, Sachunterricht als Sozial- und Sachunterricht und der vielperspektivische Sachunterricht.

3.1 Der fachorientierte Ansatz im Sachunterricht

Das Maß des Fachbezuges im Sachunterricht gehört bis in die Gegenwart hinein zu den überdauernden Problemen des Sachunterrichts (vgl. Löffler u.a. 2000). In der Entwicklungsgeschichte des Sachunterrichts sind wechselnde Ausschläge von Pendelschwüngen hin zu mehr Fachorientierung oder weg von ihr zu beobachten. Während in den 1980er und 1990er Jahren eher eine Zurückhaltung in Bezug auf eine fachliche Orientierung zu konstatieren war, wird gegenwärtig der Fachbezug des Sachunterrichts wieder stärker wahrgenommen und diskutiert, allerdings immer in Rücksicht auf das Kind und dessen Lebensweltbezug (vgl. Kahlert 2005, S. 194 f.). Damit wird ausdrücklich versucht, die Antinomie Fachbezug versus Lebensweltbezug in ein lohnendes Verhältnis zu setzen.

Aktuell wird demnach eine Vorgehensweise favorisiert, die manche Stimmen der Kritik an der früheren Fachorientierung des Sachunterrichts für nicht möglich hielten (vgl. Süß 1978, S. 50-54). Diese frühe Fachorientierung des Sachunterrichts war die erste konzeptionelle Antwort auf die Forderung nach einer Wissenschaftsorientierung des Sachunterrichts (vgl. Deutscher Bildungsrat 1970, S. 133 f.). Realisiert wurde sie vor allem auf der Ebene der Richtlinien und Lehrpläne. Als Paradebeispiele für den fachorientierten Sachunterricht gelten in diesem Zusammenhang die Richtlinien von Nordrhein-Westfalen (1969, 1973), die Berliner Richtlinien (1970) und der bayerische Lehrplan für die Grundschulen (1971). Die Richtlinien Nordrhein-Westfalens zergliederten den Sachunterricht gleich in neun verschiedene „Lernbereiche": Physik und Wetterkunde, Chemie, Technik, Biologie, Geschlechtererziehung, Soziale Studien, Haushaltslehre, Geographie und Verkehrserziehung (vgl. Siller 1981, S. 33). Die Berliner Richtlinien teilten den Sachunterricht in fünf „Aspekte" ein und nannten den technisch-physikalischen, den biologischen, den erdkundlichen, den geschichtlichen und den sozialkundlichen Aspekt (vgl. Krebs, S. 190). Auch der bayerische Lehrplan fand fünf „fachliche Bereiche" und benannte sie mit einer Ausdrucksweise, die an den Sekundarbereich erinnert: Physik / Chemie, Biologie, Erdkunde, Geschichte und Sozial- und Wirtschaftslehre (vgl. Siller 1981, S. 28).

Zur Legitimierung eines fachorientierten Sachunterrichts dienten im Wesentlichen drei Grundannahmen:

- Im Zuge der Rezeption des dynamischen Begabungsbegriffes (Heinrich Roth) bestand ein breiter Konsens darüber, dass die Kinder in der „alten" Heimatkunde häufig unterfordert gewesen seien (vgl. Rabenstein 1975, S. 9.). Vielmehr sei es möglich, Kindern höhere Anforderungen zu stellen und mit ihnen Inhalte zu erarbeiten, die vormals in späteren Jahrgängen Unterrichtsgegenstände waren. Im Rahmen des Frankfurter Grundschulkongresses 1969 stellte Kopp dazu fest: „Es ist nicht zu bezweifeln, daß durch eine fachspezifische Konzeption vor allem Lernanforderungen besser erfüllt werden können, die heute an die Grundschule – mit Recht – herangetragen werden" (1970, S. 165). Sodann erteilt er dem bisherigen konzeptionellen Paradigma des Grundschulunterrichts, dem Gesamtunterricht, eine endgültige Absage: „Die Versuchung zu spielerischen oder künstlichen Konzentrationsformen entfiele" (ebd.). In der Folgezeit kam es im Rahmen der vielfältigen Richtlinienentwicklungen und auf dem Lehrmittelsektor zu einem „Pushing-down-Effekt", der zur Folge hatte, dass Unterrichtsthemen

aus dem Sekundarbereich in den Primarbereich vorverlagert wurden (vgl.
Soostmeyer 1998, S. 47 f.).

- Auf diese Weise könne nun die Grundschule auch ihre Funktion der Vorbereitung des Lernens in Hinblick auf den Sekundarbereich besser erfüllen.
Einmal eingeschlagene Lernwege bräuchten in ihrer Richtung nicht mehr
geändert zu werden (vgl. Deutscher Bildungsrat 1970, S. 133). Der fach-
propädeutischen Funktion des Sachunterrichts wurde in diesem Zusammenhang ein hoher Stellenwert zugemessen (vgl. Katzenberger 2000, S.
166).

- Mit der Vorverlagerung von Unterrichtsinhalten aus dem Sekundar- in den
Primarbereich hinein und durch eine entschiedene Ausrichtung der Grundschule auf ihre propädeutische Funktion versprach man sich eine spürbare
stoffliche Entlastung der Sekundarstufen, auch um dort zusätzlich Raum
und Zeit für neue Inhalte zu finden (vgl. Soostmeyer 1998, S. 47 f.).

3.1.1 Zum Wissenschaftsverständnis des fachorientierten Ansatzes

Orientierte sich die Heimatkunde in ihren fachlichen Ansprüchen noch an den
Anforderungen der späteren Volksschuljahrgänge mit ihren Sachfächern Erdkunde, Geschichte, Naturkunde (Inhalte aus der belebten Natur) und Naturlehre (Inhalte aus der unbelebten Natur), wurde der Grundschule der 1970er Jahre
ins Stammbuch geschrieben, ihre Arbeit stärker an den Bedürfnissen der Sekundarstufe I und der Sekundarstufe II auszurichten (vgl. Deutscher Bildungsrat
1970, S. 133). Damit gerieten die Grundschule und darin besonders der Sachunterricht unter den Einfluss des ausdifferenzierten Fächerkanons der weiterfüh-
renden Schulen.

Die Wissenschaftsorientierung des Sachunterrichts sollte im „Zeitalter der
Wissenschaft" (Wilhelm 1967) durch eine verstärkte Ausrichtung an den Reali-
enfächern des Sekundarbereichs erreicht werden. Wissenschaftsorientierung
versteht sich hierbei als methodische und inhaltliche Fachorientierung (vgl.
Soostmeyer 1990, S. 217), wobei die vermeintliche Nähe der jeweiligen Fächer
zu den entsprechenden universitären Bezugswissenschaften diese Sichtweise
noch unterstützt. Wissenschaft wird dabei als eine „fertige Lehre" aufgefasst, die
sich „mit einer ihrem Objektbereich immanenten Logik darstellt und vermittelt"
(Krebs 1977, S. 192). Der strenge Fachbezug gewährleiste demnach, dass wissenschaftliche Erkenntnisse und Arbeitsweisen durch die jeweiligen Unterrichtsfächer hindurch zu den Schülern transportiert würden. Dieser Argumentations-
zusammenhang greift aber zu kurz, denn selbst bei Namensgleichheit, wie z.B.
Geographie, Geschichte oder Biologie, haben diese Schulfächer mit den gleich-

lautenden universitären Bezugswissenschaften nur wenig zu tun. Diese sind einem rasanten Wandel und einer stetigen Ausdifferenzierung unterworfen, was von der vergleichsweisen groben Einteilung wie sie Schulfächer vornehmen, gar nicht erfasst werden kann, so dass bei den Schulfächern eine „Zuordnung zu oder gar die Ableitung von einzelnen Wissenschaften höchst fragwürdig ist" (Glöckel 1996, S. 230).

Unter historischer Rücksicht wird das bestenfalls lockere Verhältnis von Schulfach zur jeweiligen Bezugswissenschaft besonders deutlich. So gab es das Fach Geographie eher in der Schule als an der Universität und Geschichte hatte in der Schule in der Beförderung von Vaterlandsliebe und Herrschaftstreue lange Zeit eine ganz andere Funktion als Geschichte als wissenschaftliche Disziplin (vgl. ebd.).

Andere Schulfächer umfassen trotz eindeutiger Benennungen Aspekte aus zahlreichen anderen Wissenschaften, so verweist etwa das Schulfach Biologie mindestens auf die Disziplinen Botanik, Zoologie, Genetik, Anthropologie, Paläontologie, Humanbiologie und Ökologie (vgl. Köhnlein 2004a, S. 146), während andere Schulfächer überhaupt keine Bezugswissenschaft aufweisen. Glöckel nennt in diesem Zusammenhang die Arbeitslehre (vgl. 1996, S. 230), aber auch der Sachunterricht besitzt keine Bezugswissenschaft, bzw. fast unüberschaubar viele, wenn er sich fachorientiert auf den Fächerprospekt der Sekundarstufen einlässt. Der Bogen der potentiellen Bezugswissenschaften könnte dann gespannt werden von der Biologie über die Geschichte, der Politikwissenschaft und Meteorologie bis hin zur Geographie, um nur einige Bezüge zu nennen (vgl. Soostmeyer 1990, S. 216). Wissenschaftsorientierung konzeptionell über den strengen Fachbezug einzuholen, erscheint – auch angesichts des dargelegten brüchigen Verhältnisses der Sekundarstufenfächer zu den jeweiligen Bezugswissenschaften – bei dieser fast nicht überschaubaren Vielfalt höchst problematisch.

Desgleichen hatte der fachorientierte Ansatz im Sachunterricht zur Folge, dass er sich in Einzeldisziplinen zu verlieren drohte und dass bereits in der Grundschule Mini-Fachunterricht erteilt wurde, was nicht zu mehr Wissenschaftlichkeit des Unterrichts, sondern zu mehr zusammenhanglosem Einzelwissen führte, mit der Gefahr eines ähnlichen Effektes wie ihn Wagenschein in seinem Pädagogikgeschichte gewordenen Beitrag anlässlich der Tübinger Tagung im Jahre 1951 in Bezug auf den einzeldisziplinären Fachunterricht der höheren Schule äußerte: „Einstweilen endigen ihre Fachsäulen, auseinander starrend, ins Leere. Auch deshalb sind sie ja der rapiden Verwitterung so preisgegeben" (Wagenschein 1952, S. 151).

3.1.2 Fachorientierung und anthropologisch-entwicklungspsychologische Voraussetzungen

Ein Hauptmotiv für das Zustandekommen des impulsmächtigen Frankfurter Grundschulkongresses im Jahre 1969 war die neue Sicht des Kindes, das zunehmend als ein aktiv-lernendes, neugierig-forschendes und kreativ-gestaltendes Subjekt begriffen wurde, dem bereits in der Grundschule eine entsprechende Lernumgebung angeboten werden müsse (vgl. z.B. Band 1 des Arbeitskreises Grundschule: Begabung und Lernen im Kindesalter, Frankfurt a.M. 1969). Schon früh nach dem Zweiten Weltkrieg begann Heinrich Roth (1906-1983) das Verständnis von „Begabung" zu dynamisieren und das Augenmerk verstärkt auf das „begabt werden" zu richten und warnte vor der allzu großen Sorge vor einer Verfrühung des Lernens oder einer Überbürdung des Kindes durch schulische Anforderungen (vgl. Roth 1952, S. 403), vielmehr betonte er die Bedeutung von anregungsreichen und angstfreien Lernsituationen für die Entfaltung von Begabung (vgl. ebd. S. 402). Durch diese grundsätzlich neue Sichtweise wurde allmählich auch die phasentheoretische Auffassung von der Entwicklung des Kindes relativiert, was im Rahmen des Frankfurter Grundschulkongresses zu der Forderung führte, dass das „organologisch-ganzheitliche Entwicklungsdenken" (Retter 1969, S. 53), das die Reifevorgänge in den Mittelpunkt der kindlichen Entwicklungsprozesse stellte, zugunsten einer kognitionspsychologischen, lerntheoretischen und viel stärker auf das Individuum bezogenen Auffassung von Entwicklung zu überwinden sei (vgl. z.B. Retter 1969, bes. S. 64-67).

Dieser Blick- bzw. Paradigmenwechsel fand seinen deutlichen Niederschlag in zahlreichen Formulierungen des Deutschen Bildungsrates, dem Heinrich Roth seit 1966 einflussreich angehörte (vgl. Deutscher Bildungsrat 1970, S. 349). So forderte der Strukturplan nachdrücklich den Unterricht bereits in der Grundschule anspruchsvoll zu gestalten und machte Gegner dieser Bestrebungen in den Verfechtern einer überkommenen Auffassung von „Kindgemäßheit" aus, denn: „Das Kriterium des „Kindgemäßen" reicht nicht mehr aus, um Maßstäbe für den Unterricht in der Schule setzen zu können" (ebd., S. 133). Mit der Feststellung, dass Kinder in ihrer kognitiven Entwicklung nicht zurückgehalten werden dürfen (vgl. ebd., S. 134), wird der Reifungstheorie und der daraus gefolgerten vorsichtigen Herangehensweise an den Unterricht in der Grundschule mit seiner allgegenwärtigen Sorge, die Kinder nur nicht zu überfordern, eine endgültige Absage erteilt. Insoweit lag der fachorientierte Ansatz im Sachunterricht mit seinen eindeutig gehobenen Ansprüchen an das kindliche Lernen ganz im Zeichen der zeitgenössischen Argumentation, zumal der Strukturplan ausdrücklich neue Inhalte für den Grundschulunterricht verlangte; für den Sachunterricht nannte er die Natur- und Sozialwissenschaften (vgl. ebd.).

Der starke Fachbezug, der dem fachorientierten Ansatz innewohnte, führte jedoch oftmals zu einer Ausblendung der kindlichen Belange und Lebenswelt, so dass Kindorientierung und Lebensweltbezug verloren gingen oder aber nur noch formal als Bezugspunkt, als situativer Anlass für einen dann als Fachunterricht einsetzenden Sachunterricht dienten. An diesem Punkt setzte bald die Kritik an. In seiner Lehrplananalyse stellt Süß einen Überhang des „disziplinorientierten Fachunterrichts" im Sachunterricht fest und warnte vor einem Verschwinden der Grundschule als „Schule der Kindheit" (vgl. 1978, S. 50 f.). Erneut wurde vor einer unangemessenen Verfrühung gewarnt, die letztlich weder dem Kind noch der Sache diene (vgl. Krebs 1977, S. 193). Zwar nannten die Lehrpläne und Richtlinien immer wieder den Lebensweltbezug als Ausgangspunkt für den Sachunterricht (vgl. Katzenberger 2000, S. 166 f.), was jedoch oftmals nur den Charakter eines Lippenbekenntnisses hatte, denn es folgten ganze Kataloge von Inhalten und Zielen, die die Kinder zu erarbeiten hatten (vgl. dazu etwa die „Richtlinien und Lehrpläne für die Grundschule in Nordrhein-Westfalen" 1973, die wegen ihres imposanten Umfangs nach der Farbe ihrer Ringordnerdeckel spöttisch als „das grüne Wunder" bezeichnet wurden). Das zunehmend als aktiver Lerner begriffene Kind kommt somit unversehens in die Rolle eines zu belehrenden Objekts, das ohne Umwege möglichst viel Wissen anzuhäufen hat (vgl. Soostmeyer 1998, S. 48 und Krebs 1977, S. 194). Dies aber hintertrieb im Zuge der Rezeption des „dynamischen Begabungsbegriffes" das neue Bild vom Kind.

Muss demnach der fachorientierte Ansatz auch unter entwicklungspsychologisch-anthropologischer Rücksicht verworfen werden? In seiner überdehnten Ausprägung wird dies zu bejahen sein, gleichwohl hat der Fachbezug im Sachunterricht seine unhintergehbare Bedeutsamkeit.

Das Entstehen der Fächer und der mit ihnen in Verbindung stehenden universitären Fachdisziplinen hängt unmittelbar mit den Fragen an die Welt zusammen, die sich die Menschheit in ihrer geistesgeschichtlichen Entwicklung gestellt hat. Die Strukturierung der Welt durch den Menschen hat das System der Fächerung hervorgebracht, so dass es historisch und kulturanthropologisch rückgebunden ist. Auch dem Kind können fachliche Perspektiven beim Erkennen der Welt hilfreich sein, so dass die Grundschule einer gewissen Fächerung Rechnung tragen muss (vgl. Mücke 1980, S. 18). So verweisen auch Inhalte und Aufgabenstellungen des Sachunterrichts immer auf Zusammenhänge, denen Fachbezüge zugeordnet werden können (vgl. Soostmeyer 1998, S. 48 f.), und der

Erwerb fachgemäßer Arbeitsweisen hilft dem Kind auch beim Lösen von lebensweltlichen Problemstellungen (vgl. Rabenstein 1975, S. 12 f.). Dem Fachunterricht bzw. dem fachbezogenen Sachunterricht wird vorgeworfen, er sei nicht kindgemäß, er zersplittere die Welt und er sei lebensfern (vgl. Glöckel 1996, S. 232). In seinen Fehlformen, die zu Einseitigkeiten führten, ist das sicherlich zutreffend. Andererseits vermittelt der Fachbezug aber auch Kategorien, die die kindlichen Erfahrungen ordnen, die helfen, die Welt systematisch durchschaubar zu machen, die auch lebensweltliche Zusammenhänge erschließen und auf zukünftige Aufgaben vorbereiten. Insofern kann ein wohlverstandener Fachbezug im Sachunterricht, der es ausdrücklich zulässt, dass die kindlichen Erfahrungen berücksichtigt werden und dies kultiviert, auch unter anthropologischer Rücksicht gerechtfertigt werden (vgl. Duncker / Popp 1994, S. 18 f.). Der historisch gewordene fachorientierte Ansatz im Sachunterricht kann diesen Begründungszusammenhang für sich jedoch kaum beanspruchen.

3.1.3 Fachorientierung im gesellschaftlichen Kontext und pädagogisch-curriculare Aspekte

Die zweite Hälfte der 1960er und der Übergang zu den 1970er Jahren gelten in der Geschichte der Bundesrepublik Deutschland als „Zeiten des Wandels" (Borowsky 1998). Die ausgehenden 1960er Jahre standen im Zeichen einer Politisierung der Gesellschaft, die sich besonders in den Protesten der Studentenschaft und anderer außerparlamentarischer Bewegungen (APO) vorwiegend in den Jahren 1967 und 1968 artikulierten. Der Protest richtete sich vor allem gegen die Notstandsgesetzgebung, den § 218, die Pressekonzentration, den Vietnamkrieg und gegen den schlechten Zustand des Bildungswesens (vgl. Borowsky 1998).

1957 erschütterte der Sputnik-Schock die westliche Welt. Nachrüstung auf dem Bildungssektor war in den USA die Folge. 1961 erfolgte der Mauerbau durch die DDR in Berlin. Der Zustrom von Arbeitskräften, Facharbeitern, Technikern und Ingenieuren aus Ostdeutschland riss jäh ab (vgl. Herrlitz / Hopf / Titze 2001, S. 166 und S. 204). Georg Picht (1913-1982) warnte vor einer bundesdeutschen Bildungskatastrophe und mahnte zur Ausschöpfung der Bildungsreserven und zur Steigerung der Abiturientenquote. Ralf Dahrendorf forderte 1967 das Bürgerrecht auf Bildung ein, während sich Heinrich Roth für eine realistische Wende in der Erziehungswissenschaft aussprach und fragte, ob denn die Lehrpläne noch stimmten. Saul B. Robinsohn (1916-1972) rief zur Bildungsreform durch eine grundlegende Revision des Curriculum auf.

Nach dem Machtwechsel im Jahre 1969 – erstmals nach dem Krieg befand sich die Bundesrepublik unter einer von der SPD geführten Regierung – wurde die Demokratisierung und die Modernisierung der Gesellschaft in Angriff genommen, wobei besonders die Reform des Bildungswesens eine wichtige Rolle spielte. Der vom Deutschen Bildungsrat 1970 vorgelegte Strukturplan für das Bildungswesen war die Leitschrift für die geplanten Reformen. In diese Zeit fiel die Einführung des fachorientierten Sachunterrichts, aber auch die nachfolgend noch zu diskutierenden struktur- oder konzeptorientierten und verfahrensorientierten Curricula.

Die schulpädagogischen Reformen zu jener Zeit lassen sich vor allen Dingen auf den Nenner der Curriculumrevision bringen (vgl. Robinsohn 1972), die im Wesentlichen durch Curriculumentwicklung, Curriculumforschung, Curriculumimplementierung und Curriculumevaluation geleistet werden sollte. Die Grundschule allerdings stand vor der Tatsache, dass sie mit der Aufgabe ihrer bis dahin sinngebenden Konzeption „Gesamtunterricht" ohne eigenes Profil dastand und dem Zugriff der Fächerung ausgeliefert war. Das traf nicht nur für den Sachunterricht zu, sondern galt für die Grundschule generell. Die alte Gemengelage „Gesamtunterricht" wurde gegen einen gefächerten Zuschnitt ausgetauscht. Der Strukturplan führt dazu aus:

„Schon jetzt werden folgende Tendenzen zur Neugliederung der Lernbereiche in der Grundschule immer deutlicher:

- Neugliederung des bisherigen Gesamtunterrichts als Sachunterricht, in dem historisch-kulturelle Gehalte, sozial- und gesellschaftliche sowie naturwissenschaftlich-technische Inhalte und Verfahren angemessen berücksichtigt werden;
- Verstärkung und Neuordnung des Lernens von Sprache;
- Betonung der fachspezifischen Aufgaben im Kunst-, Musik- und Werkunterricht;
- Artikulation und Herauslösung der Kulturtechniken durch Lehrgänge;
- Einführung von neuen Lernbereichen, zum Beispiel einer ersten Fremdsprache" (Deutscher Bildungsrat 1970, S. 139).

Aus den Gehalten und Inhalten wurde sehr schnell – wie bereits gezeigt – der jeweilige Fachbezug, so dass der Sachunterricht curricular nicht „von unten" aufgebaut, sondern vom Sekundarbereich aus gesehen „nach unten" ausgebaut wurde (vgl. Süß 1978, S. 50 f.), was Süß als „eine folgenschwere Auslegung" (ebd.) des Strukturplans bezeichnet. Mit dieser Entwicklung einher ging die einseitige Ausrichtung des fachorientierten Ansatzes auf seine propädeutische Funktion, so dass dem Sachunterricht der Verlust einer eigenständigen curricularen Identität drohte und er auf Zubringerdienste reduziert wurde (vgl. Giel u.a. 1976).

3.1.4 Fachorientierung und grundlegende Bildung

Die auf Reform und Innovation hinweisende Begrifflichkeit „grundlegende Bildung" hat im Rahmen der Grundschularbeit eine längere Tradition als der umbruchartige Wechsel von der Heimatkunde zum Sachunterricht 1969 / 1970 vermuten lässt. Bereits in den Weimarer „Richtlinien zur Aufstellung von Lehr-plänen" heißt es: „Die Grundschule als gemeinsame Schule für alle Kinder der ersten vier Schuljahre hat die Aufgabe, den sie besuchenden Kindern eine grundlegende Bildung zu vermitteln, ..." (1993 (1921), S. 246). Bereits in diesem Verständnis von „grundlegender Bildung" sollte diese anschlussfähig sein „ ... für jede Art von weiterführender Bildung ... " (ebd.). Da seinerzeit der Löwen-anteil aller Schüler nach der Grundschule auf der Volksschule verblieb, bezog die Grundschularbeit von daher auch ihre Hauptorientierung, so dass trotz der fortschrittlich-demokratischen Formulierungen in dem amtlichen Text eher ein volkstümlich überformtes Bildungsparadigma für die Grundschularbeit ange-zeigt war. Ob diese in jedem Falle so ausgeprägt war, wie aus heutigem Ver-ständnis heraus der Begriff „volkstümliche Bildung" erscheint, bleibt realge-schichtlich unentschieden – auf unterschiedliche Befunde ist im Rahmen dieser Ausführungen bereits hingewiesen worden (vgl. Schubert 1987 und Götz 1989).

Volkstümliche Bildung ist aus heutiger Sicht und aus der Sicht ihrer Kritiker in den Zeiten des Wechsels von der Heimatkunde zum Sachunterricht negativ besetzt. Sie verklärte das einfache ländliche Leben, betonte ein sentimentales Verhältnis zu einer eng umgrenzten Heimat und war auf schlichte Verhältnisse zugeschnitten. Darüber hinaus war sie undemokratisch, da volkstümliche Bil-dung von wissenschaftlicher und damit weiterführender Bildung strikt unter-schieden wurde, wozu Glöckel mit v. Hentig feststellt, dass es in einer Demo-kratie keine zwei Arten von Grundbildung geben könne (vgl. Glöckel 1988, S. 21).

Nach dem letzten Weltkrieg setzte die Kritik an diesem einengenden Bil-dungszuschnitt bereits vor der Einführung des Sachunterrichts ein (vgl. z.B. Glöckel 1964) und wurde im Rahmen der Heimatkunde besonders im Bemühen um mehr Sachlichkeit deutlich. Die frühen Beiträge von Ilse Rother (vgl. 1954) und Rudolf Karnick (1901-1994) (vgl. 1958) stehen für diese Entwicklungsphase der Heimatkunde (vgl. Feige 2000). Wiederum war es dem Frankfurter Grund-schulkongreß vorbehalten, auch den Paradigmenwechsel von der volkstümli-chen hin zur grundlegenden Bildung in der Grundschule endgültig zu vollziehen (vgl. Band 3 des Arbeitskreises Grundschule: Inhalte grundlegender Bildung 1969).

Im Gegensatz zu einer in sich geschlossenen volkstümlichen Bildung hat die grundlegende Bildung die Aufgabe, die Basis für eine potentiell allen zugänglichen Allgemeinbildung zu legen, insofern ist sie auch immer auf Weiterführung angelegt (vgl. Köhnlein 1998b, S. 28 f.). Grundlegende Bildung ist also der Anfang der Allgemeinbildung, sie hat das solide Fundament zu schaffen, auf dem das Gebäude der Allgemeinbildung aufgebaut werden kann, wobei sie aber nicht nur als Mittel zum Zweck dienen soll, sondern selbst auch immer Zweck ist (vgl. Glöckel 1988, S. 16 f.) und eine eigene Wertigkeit aufweist. Grundlegende Bildung vollzieht sich „ ... in der Auseinandersetzung mit Welt und Sache ...“ (Ebd., S. 13), wobei sie auf Inhalte zurückgreift,

- die aus der Lebenswelt der Kinder stammen,
- die fachlich relevant sind
- oder denen überdauernde Bedeutung zukommt. (vgl. ebd., S. 29 f.)

Im Rahmen dieses Auftrags hat der Sachunterricht seinen spezifischen Beitrag zu leisten. Köhnlein bezieht sich auf Eggersdorfer (1928), wenn er sagt, „daß Sachunterricht unter dem Aspekt einer Grundlegung der allgemeinen Bildung eine planvoll geleitete Auseinandersetzung mit der gegenständlichen Welt“ (1998b, S. 37) und mit der sozialen Welt sein soll.

Dabei steht der Sachunterricht immer in einem Spannungsverhältnis von kindlicher Lebenswelt und sachlich-fachlichen Anforderungen. Während Kopp, der im Rahmen des Frankfurter Grundschulkongresses zwar für eine fachbezogene Konzeptionierung des Sachunterrichts plädierte, noch vehement den Bezug zur Lebenswelt des Kindes als ein „Grundaxiom“ (Kopp 1969, S. 165) des Sachunterrichts verteidigte, stellte Glöckel später mit Blick auf die Umbruchsphase in Bezug auf die Fachorientierung fest, dass sie Stückwerk geblieben sei und zu „aufgeblähten Curricula“ geführt habe, die oftmals nur Scheinkataloge mit Auflistungen von anzustrebenden Kompetenzen und Qualifikationen gewesen seien (vgl. Glöckel 1988, S. 14). Deutlich wird, dass eine einseitige Fachorientierung im Sachunterricht der Grundschule die Anforderungen einer grundlegenden Bildung nur unzureichend realisieren kann, da der kindliche Lebensweltbezug weitgehend ausgeklammert wird.

Auch der Bereich der Inhalte, denen überdauernde Bedeutung zukommt, wird vernachlässigt und ist mit reiner Fachsystematik nur schwer zu erfassen. Allerdings bleibt Glöckel in Bezug auf diesen Themenkreis etwas nebulös. Er führt dazu, sich auf Wilhelm Flitner (1889-1990) berufend, aus: „Es sind die Inhalte, die über den engen Bereich des Alltagslebens hinausführen in die Welt des ganz Neuen und Fremden, in das faszinierende Reich der Phantasie, das seelisch so nah und fesselnd sein kann ..." (Glöckel 1988, S. 29). Aus der Sicht der heutigen Diskussion könnten damit Inhalte im Sachunterricht gemeint sein, die gelegentlich als „große Themen" bezeichnet werden und über das, was man üblicherweise Grundschulkindern zumutet, deutlich hinausführen. Solche „großen Themen" könnten sein: „Erdgeschichte", „Saurier", „Evolution des Menschen" oder „grundlegende Astronomie". Als Referenz sei in diesem Kontext auf Maria Montessori (1870-1952) verwiesen, die sich in ihrem Spätwerk „Kosmische Erziehung" in der 2. Hälfte der 1940er Jahre u.a. dafür ausspricht, mit Kindern auch Themen zu bearbeiten, die komplexe und große Fragen der Menschheit unter evolutionsbiologischer, geschichtlicher, soziologischer, astronomischer, ökologischer und friedens-pädagogischer Rücksicht behandeln (für eine Auflistung möglicher Themen vgl. Schaub 1999, S. 245 f.).

Wie dieser kleine Exkurs deutlich macht, reicht im Zuge der Umorientierung von der volkstümlichen zur grundlegenden Bildung eine nur fachliche Orientierung nicht aus, um dem Bildungsanspruch, der mit der „grundlegenden Bildung" formuliert worden ist, zu entsprechen. Folgerichtig kam es daher auch bald zu einer Umkehr: Während der Strukturplan 1970 die fachlichen Orientierungen des Sachunterrichts noch favorisierte, schreiben ihnen die KMK-Empfehlungen zum Sachunterricht 1980 nur noch „dienende Funktion" (KMK-Empfehlungen in Einsiedler / Rabenstein 1985) zu.

Volkstümliche und grundlegende Bildung in idealtypischer Entgegensetzung:

Volkstümliche Bildung in der Heimatkunde	Grundlegende Bildung im Sachunterricht
Verklärung des ländlichen Lebens, oftmals i.S. einer Agrarromantik	Erschließung der Umwelt
Betonung eines sentimentalen Verhältnisses zu einer eng umgrenzten Heimat, die gleichzeitig den Anschauungsraum für Sachbegegnungen bietet	Inhalte sollen aus der Lebenswelt der Kinder stammen oder sollen auf sie bezogen werden können, sie müssen auch fachlich-wissenschaftliche Relevanz haben
Favorisierung einer gefühls- und erlebnisbetonten Aneignung der heimatlichen Verhältnisse	Erschließung der Umwelt erfolgt über alle Fähigkeitsbereiche des Menschen, natürlich auch verstandesmäßig
affirmatives (bejahendes) Heimatverständnis	Umwelt wird immer auch kritisch erschlossen
Abgrenzung von wissenschaftlicher, theoretischer und mithin höherer Bildung	Grundlegende Bildung versteht sich u.a. als wissenschaftsorientiert
demzufolge gibt es zwei Arten von Bildung, die sich qualitativ unterscheiden	Grundlegende Bildung hat die Aufgabe, die Basis für eine potenziell für alle zugängliche Allgemeinbildung zu legen
Darf es in einer Demokratie zwei Arten von Bildung geben?	Chancengleichheit i.S. der Schaffung eines Ausgleichs bei unterschiedlichen Voraussetzungen, Emanzipation i.S. der Freisetzung des Individuums gegenüber gesellschaftlichen Zwängen

3.2 Das struktur- bzw. konzeptorientierte Curriculum im Sachunterricht

Der Deutsche Bildungsrat forderte in seinem Strukturplan ausdrücklich für den naturwissenschaftlichen Sachunterricht in der Grundschule, dass dieser sich beim Aufbau von Curricula an der US-amerikanischen Diskussion zu orientieren habe. Zentrale Denkrichtungen der amerikanischen Curriculumgestalter waren dabei zwei grundsätzliche Auffassungen von Naturwissenschaft. Der eine Weg befasste sich mit den Möglichkeiten, die „Struktur der Disziplin" (structure of discipline) für Grundschulkinder verfügbar zu machen, während sich der andere Zugriff darum bemühte, „Prozesse als Inhalte" (process as content) didaktisch sinnvoll umzusetzen (vgl. Deutscher Bildungsrat 1970, S. 139 f.). In diesem Zusammenhang kam es zur Entwicklung des struktur- bzw. konzeptorientierten Curriculum und des verfahrensorientierten Curriculum – Letzteres wird im Anschluss unter 3.3 erörtert.

Vorbild für den strukturorientierten Ansatz im Sachunterricht war das amerikanische Curriculum „Science Curriculum Improvement Study" (SCIS). Den Ergebnissen des Kognitionspsychologen Jerome Seymour Bruner (*1915) folgend, ging der SCIS-Ansatz davon aus, dass es im Bereich der Naturwissenschaften grundlegende Strukturen gebe, die quer zu den Inhalten liegen und diesen in ihrer Bedeutung für den Lernprozess überlegen sind. Diesen Strukturen werden grundlegende, aufschließende und weiterführende Funktionen im Lernprozess eingeräumt. Sie erst ermöglichten ein Lernen in Zusammenhängen mit dem entsprechenden Potential widerstandsfähig gegenüber dem Vergessen und anschlussfähig für Transferleistungen zu sein. Auch sei es vorteilhafter, Strukturen statt schnell veraltenden Einzelwissens zu erwerben (vgl. Bruner 1971, S. 68 und S. 71-73). Wichtigste Ziele des unter der Ägide von Robert Karplus (1927-1990), Physiker an der Berkeley Universität von Kalifornien, seit 1962 entwickelten SCIS-Ansatzes (vgl. Thomson / Voelker 1971) waren:

- Verständnis naturwissenschaftlicher Prinzipien (Strukturen) aufbauen
- Fertigkeiten für den Erwerb von Wissen entwickeln
- Positive Einstellungen gegenüber den Naturwissenschaften erzeugen

Für den bundesdeutschen Bedarf fand die curriculare Übertragung des SCIS-Ansatzes ab 1968 durch die Braunschweiger und später Kasseler Arbeitsgruppe unter der Leitung von Kay Spreckelsen statt. Dabei kam es aber nicht nur – wie oft behauptet wird – zu einer bloßen Übersetzung oder Adaption der amerikanischen Vorlagen, sondern vielmehr zu einer Neuentwicklung von knapp 100 struktur- bzw. konzeptorientierten Lektionen (vgl. Spreckelsen 2001, S. 99 f.).

strukturorientierter Ansatz = SCIS

40

Strukturkonzepte:

Diese wurden anhand der folgenden grundlegenden Strukturen oder Basiskonzepte entwickelt:

1. das Teilchenstrukturkonzept, das besagt, dass alle Materie (fest, flüssig, gasförmig) aus einzelnen Partikeln besteht und grundsätzlich in diese zerlegt werden kann
2. das Wechselwirkungskonzept, das besagt, dass bei allen chemischen und physikalischen Prozessen verschiedene Einflüsse („Interaktionspartner") aufeinander einwirken
3. das Erhaltungskonzept, das besagt, dass bei Veränderungen zwar Umwandlungsprozesse stattfinden, dass aber bestimmte Größen erhalten bleiben, dass also nichts verloren geht (vgl. ebd., S. 94).

Es entstanden sechs aufeinander bezogene Unterrichtseinheiten, die jeweils 15 bis 18 Lektionen umfassen, insgesamt wurden 94 Lektionen entwickelt. Bemerkenswert ist in diesem Zusammenhang die Tatsache, dass gegenwärtig wieder verstärkt die Erarbeitung von naturwissenschaftlichen Konzepten mit Kindern im Grundschulalter beforscht wird, besonders mit Blick auf das Teilchenkonzept. Eine erkennbare Rückbesinnung auf die von Spreckelsen und seinen Mitarbeitern entwickelten didaktischen Wurzeln erfolgt dabei jedoch nicht (vgl. Benedict / Bolte 2008). Das folgende Diagramm veranschaulicht den Aufbau des struktur- bzw. konzeptorientierten Curriculum (vgl. Spreckelsen 1971):

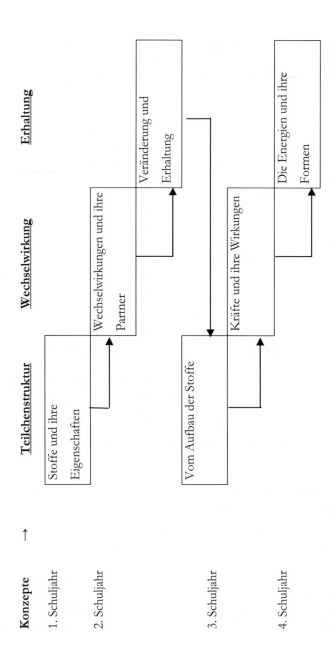

41

Die einzelnen Lektionen sind systematisch angelegt und folgen immer dem gleichen Ablauf:
1. werden Lernziele angegeben
2. wird die Bedeutung der Lektion in der Unterrichtseinheit erläutert
3. wird der zu lernende Wortschatz mit dem Ziel des Aufbaus einer sachgerechten Sprache als Vorform einer Fachsprache benannt – wegen dieser Herangehensweise wird der struktur- bzw. konzeptorientierte Ansatz, der von einer grundlegenden wissenschaftlichen Begrifflichkeit ausgeht und diese auch vermitteln will, gelegentlich als begriffsorientierter Ansatz bzw. begriffsorientiertes Curriculum bezeichnet
4. werden die benötigten Lehrmittel aufgeführt
5. teilen die Autoren ein Flussdiagramm zum Aufbau der Lektion mit
6. folgt ein sehr genauer Stundenverlauf mit genauen methodischen Anmerkungen, diese Ausführungen werden in sich nochmals sehr sorgfältig gegliedert und nennen auch Alternativen
7. werden noch Angaben zu Sachtexten, Tafelzeichnungen oder Hausaufgaben gemacht (vgl. ebd., z.B. S. 1-4).

Diese strengen Einteilungen des gesamten Curriculum – vom Aufbau der Unterrichtseinheiten bis zur detailreichen und sehr genauen Konstruktion der einzelnen Lektionen – trug Spreckelsen und seinen Mitarbeitern bald die vielstimmige Kritik ein, er habe ein „geschlossenes Curriculum" entwickelt, das Lehrer und Kinder unnötig festlege und ihnen keinen eigenen Gestaltungsraum mehr übrig ließe (vgl. z.B. Kaiser 1995, S. 74-77). Spreckelsen, der sich bis heute gegen derartige Vorwürfe wehrt, weist demgegenüber darauf hin, dass diese engmaschige Art der Konzeption vor allem auf Wunsch der am Projekt beteiligten Lehrerinnen und Lehrer zu Stande kam und dass die Ausführungen gleichwohl immer nur als Vorschläge zu verstehen gewesen seien (vgl. Spreckelsen 2001, S. 97).

3.2.1 Zum Wissenschaftsverständnis des struktur- bzw. konzeptorientierten Curriculum

Das Wissenschaftsverständnis des struktur- bzw. konzeptorientierten Curriculum kann als fachwissenschaftlich, formal, funktional und direkt bezeichnet werden.

Die fachwissenschaftliche Rückbindung und damit das selbstverständliche Akzeptieren der fachbezogenen Einteilung des Curriculum ist eindeutig, besonders in seiner deutschen Fassung. Als erster fachwissenschaftlicher Bezug sind die Naturwissenschaften zu nennen. Die amerikanischen Curriculumversionen beziehen sich dabei immerhin noch auf drei naturwissenschaftliche Disziplinen: Biologie (vgl. „Populationen" 1973, S. 89-110, hier werden als grundlegende Strukturen z.b. genannt: Geburt, Wachstum, Vielfalt, Lebenszyklus, Entwicklung, Nahrungskette, ... Ziel ist der Aufbau eines Verständnisses für „das Organismus-Umwelt-Verhältnis", ebd., S. 89), Physik und Chemie, deren Basiskonzepte aber für die Grundschule zusammengefasst werden. Spreckelsens Curriculumvorschläge befassen sich nur noch mit den Fachbezügen Physik und Chemie, so dass sie in Bezug auf diese beiden Fächer auch als ein fachbezogener Ansatz angesehen werden können – ähnlich wie das bereits mit dem fachorientierten Ansatz im Sachunterricht diskutiert worden ist. Zu diesem besteht jedoch ein gravierender Unterschied: während es im fachorientierten Ansatz zu einer Vorverlagerung ursprünglich für spätere Schulstufen vorgesehener Inhalte in den Sachunterricht der Grundschule kam, entwickelte Spreckelsen seine Curricula – zwar mit Blick auf die Fächer Physik und Chemie – eigens für die Grundschule, was ihnen gegenüber dem fachorientierten Ansatz als Vorteil anzurechnen ist. Dass jedoch der Fachbezug Physik / Chemie nicht für den gesamten Sachunterricht steht, sieht auch Spreckelsen sehr deutlich, denn er fordert die Vertreter anderer Fachbezüge des Sachunterrichts auf, doch ähnliche Teilcurricula für ihre Bereiche zu entwickeln (vgl. Spreckelsen 1971, S. V). Auch Bruner fordert von anderen Disziplinen, curriculumrelevante grundlegende Strukturen freizulegen und nennt die Sozialkunde und den Literaturunterricht (vgl. Bruner 1971, S. 71 f.).

Die von Spreckelsen identifizierten Basiskonzepte stellen hochformale Kategorien der Physik und Chemie dar. Sie sind von formaler Qualität, da die mit ihnen verknüpften Inhalte vor den erklärungsmächtigen Basiskonzepten als zweitrangig erscheinen. Folglich werden die Inhalte der Curricula auch nicht begründet. Die Bezugswissenschaften Physik und Chemie werden nur unter formaler Perspektive betrachtet (vgl. Spreckelsen 1970, S. 29), wobei die inhaltlichen Komponenten vernachlässigt werden. Eine weitere, schwerer wiegende Kritik an dieser Sichtweise tragen Thiel und Gümbel vor. Demnach ist es noch nicht einmal erwiesen, ob die hier zur Rede stehenden Basiskonzepte überhaupt Konsens in den entsprechenden Bezugswissenschaften sind, d.h. es ist noch nicht einmal geklärt, ob sich Physik oder Chemie überhaupt darin abbilden lassen (vgl. Thiel / Gümbel 1975, S. 155). Auch dass das Hervorbringen solcher formalen Konzepte das Ergebnis eines Diskurses sein müsse, der historisch-gesellschaftlich rückgebunden ist, werde in diesem Ansatz übersehen (vgl. ebd.).

Das Wissenschaftsverständnis, das hinter der Konstruktion dieser Basiskonzepte steht, kann des Weiteren als funktional bezeichnet werden. Die Inhalte werden funktional für die Basiskonzepte in den Dienst genommen, wobei dann

44

die Gefahr besteht, dass neuere wissenschaftliche Entwicklungen, die eventuell ihrerseits curriculare Bedeutsamkeit hätten, vielleicht gar nicht mehr in den Blick geraten.

Schließlich noch zu der Feststellung, dass die Wissenschaftsauffassung, die hinter dem strukturorientierten Ansatz steht, direkt sei. Damit ist gemeint, dass folgende lineare Auffassung vertreten wird: Der die jeweilige Fachwissenschaft ausübende Fachwissenschaftler sei am besten geeignet, über Curriculumfragen entscheidend mitzubestimmen. „Die Erfahrung der letzten Jahre hat zumindest eine wichtige Lehre über den Entwurf eines Curriculum erteilt, das der zugrunde liegenden Struktur seines Gegenstandsbereichs entsprechen will, nämlich: die besten Köpfe einer jeden Wissenschaft müssen für diese Aufgabe gewonnen werden" (Bruner 1971, S. 68 f.). Abgesehen von Rekrutierungsproblemen, die diese Forderung nach sich zieht (vgl. ebd., S. 69), wird hier das Deduktionsproblem deutlich (vgl. König 1975, S. 57). Es ist erkenntnistheoretisch nicht möglich, von einem Bestand, der sich zudem selbst ständig verändert, Ziele, Inhalte und Verfahren des (Grund)schulunterrichts abzuleiten. Endlich ist auch noch zu bedenken, dass – wie schon bei der Diskussion des fachorientierten Ansatzes deutlich wurde – die wissenschaftlichen Fachdisziplinen nur wenig mit den teilweise namensgleichen Unterrichtsfächern übereinstimmen, da die jeweils bestehenden Entstehungs-, Realisierungs- und Verwertungszusammenhänge völlig andere sind. Der „direkte Weg" von der Wissenschaft über den Wissenschaftler ins Curriculum und ins Schulfach und von dort aus in die Köpfe der Kinder erweist sich als zu optimistisch gedacht.

3.2.2 Strukturorientierung und anthropologisch-entwicklungspsychologische Voraussetzungen

Der im Zeichen des entwicklungspsychologischen Paradigmenwechsels einsetzende Erziehungsoptimismus drückt sich am besten in der berühmten programmatischen und hypothetischen Formel von Jerome Seymour Bruner aus, die besagt, „daß jeder Unterrichtsgegenstand erfolgreich und in intellektuell vertretbarer Weise jedem Kind auf jeder Entwicklungsstufe gelehrt werden könne" (Bruner 1971, S. 67). Besonders die Naturwissenschaften seien geeignet, der kindlichen Neugier, Kreativität, Originalität und dem kindlichen Explorationsdrang zu entsprechen, sie hervorzurufen und zu befriedigen. Das Kind wird entsprechend seiner Anlagen geradezu als potentieller (Natur)wissenschaftler gesehen: „Kinder reagieren mit Enthusiasmus und Sachverstand, wenn ihnen Drähte, Batterien, Schalter und andere elektrische Geräte, z.B. Klingeln, Lampen und Spielzeugmotoren mit der Aufforderung vorgelegt werden, mit diesen zu experimentieren. Kinder erfahren eine tiefe Befriedigung aus der originären Begegnung mit den Kräften der Natur. Sie erahnen den Geist der Wissenschaft, wenn ihre Neugier durch Entdeckungen belohnt wird" (Blough 1971, S. 89).

Desgleichen spricht Spreckelsen dem Grundschulkind eine sehr große Lernbereitschaft zu, die auch in Hinblick auf das spätere Lernen unbedingt ausgenutzt werden müsse. Als besonders effektiv wird in diesem Kontext der Weg der sachstrukturellen Erschließung angesehen (vgl. Spreckelsen 1970, S. 28). Während aber Blough der hohen kindlichen Lernbereitschaft und dem kindlichen Forschungsdrang mit eher offenen Materialarrangements entsprechen will, führt die gleiche anthropologische Sicht bei Spreckelsen und seinen Mitarbeitern zur Konstruktion relativ geschlossener Curricula, die für Kinder und Lehrer wenig Freiraum lassen. Zudem verweist der strenge, in sich hierarchisch bündige Aufbau der Curricula auf den Belehrungsüberhang des struktur- bzw. konzeptorientierten Curriculum. Die von Krebs formulierte Kritik bemängelt demzufolge die Ausklammerung der Schülerbedürfnisse in dem auf diese Weise vorgetragenen Sachunterricht (vgl. Krebs 1977, S. 202).

Auch Kaiser verweist auf diesen Zusammenhang und vermutet eine durch diesen Ansatz beförderte völlige Abkehr von der Lebenswelt der Kinder (vgl. 1995, S. 77). Während jedoch Krebs eine dem strukturorientierten Curriculum innewohnende Überforderungstendenz feststellt, die durch die „Abstraktionshöhe von Begriffen" (1977, S. 200) erzeugt werde, stellt Kaiser in ihrer Kritik fest, dass schon auf dem ersten Blick klar sei, dass der strukturorientierte Sachunterricht die Kinder hoffnungslos unterfordere, da er nur kleine Häppchen eines festgezurrten „Erkenntnispotpourris" offeriere und die Kinder aus dem Denken entlasse (vgl. Kaiser 1995, S. 76 f.).

Rückschauend wird jedoch deutlich, dass die Krebssche Einschätzung einer potentiellen Überforderung durch den strukturbezogenen Sachunterricht zutreffend ist, denn Speckelsen selbst gesteht aus späterer Sicht zu, dass die „Altersangemessenheit des strukturorientierten Vorgehens im Sachunterricht der Grundschule" (2001, S. 97) nicht richtig bedacht wurde und es auf diese Weise zu Überforderungen gekommen sei (vgl. ebd.). An dem von ihm bereits im Zusammenhang mit der Entwicklung des strukturorientierten Curriculum geforderten „beziehungsreichen Lernen" naturwissenschaftlicher Sachverhalte hält Spreckelsen auch später fest, allerdings nicht mehr in einem streng lehrgangsorientierten Unterricht, sondern in Form eines „unschulischen" Präsentierens von Phänomenkreisen, die die Kinder dazu veranlassen, durch Analogiebildungen die den Phänomenen zugrunde liegenden Gesetzmäßigkeiten zu erschließen (vgl. Hagstedt / Spreckelsen 1986 und Spreckelsen 1997). Dieser weiterentwickelte naturwissenschaftliche Unterricht gestattet eine stärkere Berücksichtigung kindlicher Vorerfahrungen und Erklärungsmuster (vgl. Duncker / Popp 1994, S. 19), als der ursprüngliche strukturorientierte Ansatz dies zuließ, obwohl auch dieser sich bereits darum bemühte, keine künstliche Laborwelt zu schaffen, sondern vielmehr an der Alltagswelt der Kinder anzuknüpfen (vgl. Spreckelsen 1971, S. X) und sie stets aktiv handeln zu lassen. Genannt werden Arbeitsweisen wie Beobachten, Klassifizieren, Messen und Experimentieren (vgl. ebd., S. VIII). Deutlich wird: das strukturorientierte Curriculum versuchte trotz einer hohen konzeptionellen Strenge die Interessen der Kinder zu berücksichtigen, wobei allerdings der naturwissenschaftliche Fachanspruch eindeutig dominierte. Gleichwohl erscheint es auch aus heutiger Sicht überzogen, diesen frühen naturwissenschaftlichen Ansatz des Sachunterrichts als „Drill" zu bezeichnen (vgl. Kaiser 1995, S. 76).

3.2.3 Strukturorientierung im gesellschaftlichen Kontext und pädagogisch-curriculare Aspekte

Der gesellschaftliche Kontext zu Zeiten der Entwicklung des struktur- bzw. konzeptorientierten Curriculum entspricht weitgehend den bereits zum fachorientierten Ansatz vorgelegten Erläuterungen. Als eine Antwort auf Sputnik (1957) begann man in den USA intensiv, Bildungsanstrengungen auf naturwissenschaftlich-technischem Gebiet anzukurbeln. Im Zeichen dieser Bemühungen kam es 1959 unter der Leitung von Jerome Seymour Bruner zu der inzwischen Pädagogikgeschichte gewordenen Konferenz von Woods Hole – einem Ort auf einer etwa 100 km südöstlich der US-amerikanischen Großstadt Boston vorgelagerten Halbinsel. Dort trafen sich rund 30 Erziehungswissenschaftler, Psychologen, Fachwissenschaftler und Medienexperten. Mit dieser wirkungsmächtigen Konferenz wurde der Siegeszug der Naturwissenschaften und Technik im Lehrplan der Schule bis hinein in die Grundschule eingeleitet – zunächst in den USA, später dann in der Bundesrepublik. Pate für die Entwicklung des struktur- bzw. konzeptorientierten Curriculum stand dabei – wie schon erwähnt – der amerikanische Curriculumentwurf „Science Curriculum Improvement Study", den Spreckelsen u.a. als Ausgangspunkt für ihre eigene Arbeit nahmen, wobei er sich bis heute an verschiedenen Stellen gegen einen Adaptionsvorwurf zur Wehr setzt (vgl. z.B. Spreckelsen 1997, S. 190). Der Autor der deutschen Version des strukturorientierten Curriculum ging nur am Rande auf die gesellschaftlichen Rahmenbedingungen ein, die die Erarbeitung seines Ansatzes begleiteten, und stellte lediglich fest, dass in einer von Naturwissenschaft und Technik bestimmten Welt das Fehlen dieser Inhalte bzw. deren hoffnungslose Unterrepräsentanz im Curriculum der Schule und besonders im Curriculum der Grundschule von

— ◊ Aufklärungsimpulse

der Lehrerschaft nunmehr als großer Mangel empfunden wurde, der mit der Vorlage seines Ansatzes behoben werden sollte (vgl. Spreckelsen 1971, S. IV). Dabei darf man Spreckelsen sicherlich auch unterstellen, dass er im Zuge der Demokratisierungs- und Emanzipationsdebatte unausgesprochen auch freisetzende Ziele mit seinem Unterricht verfolgte, da er die Kinder zum freien Gebrauch von Realien – hier Physik und Chemie – befähigen wollte und somit dem Aufklärungsimpuls folgte, der stets mit Realienunterricht verbunden ist.

Für diese These spricht auch der schulpädagogisch-curriculare Zusammenhang. Der struktur- bzw. konzeptorientierte Ansatz baut das Curriculum von unten nach oben auf. Es kommt also nicht – wie beim fachorientierten Ansatz – zu einem bloßen „Pushing-down" von Inhalten und damit zu einer Art Bevormundung der Grundschule durch die Anforderungen des Sekundarbereiches. Vielmehr beanspruchte Spreckelsen mit seiner Konzeption einen fundamentierenden naturwissenschaftlichen Unterricht für die Grundschule entworfen zu haben, der den Beginn des naturwissenschaftlichen Lernens grundlegt und dessen Richtung bis in den Hochschulbereich nicht mehr geändert werden müsse, wobei ausdrücklich vermieden werden sollte, dass es zu einer bloßen Vorverlegung von physikalisch-chemischen Lernanforderungen aus dem Sekundarbereich in die Grundschule hinein kam. Die strenge auf Fachbegriffe hin ausgelegte Herangehensweise des strukturorientierten naturwissenschaftlichen Sachunterrichts vom Anfang der 1970er Jahre neigte in der Tat dazu, Kinder im Grundschulalter zumindest potentiell zu überfordern und die Lebensweltbezüge zu vernachlässigen. Andererseits ist aber auch nicht von der Hand zu weisen, dass den frühen naturwissenschaftlichen Konzeptionen im Sachunterricht das Verdienst zukommt, Naturwissenschaften als Gegenstand des Grundschulunterrichts verankert und damit einen wirkungsmächtigen Impuls für die Entwicklung des wissenschaftsorientierten Sachunterrichts gegeben zu haben (vgl. Spreckelsen 2001, S. 100). *— ▽ fundamentierter naturwiss. Unterricht*

3.2.4 Strukturorientierung und grundlegende Bildung

Der Ansatz des strukturorientierten Curriculum folgte ausdrücklich – wie Spreckelsen auch rückschauend noch betont (vgl. 2001, S. 97 f.) – dem Paradigmenwechsel von der volkstümlichen zur grundlegenden Bildung in der Grundschule als Fundament einer darauf weiterzuentfaltenden Allgemeinbildung, die potentiell bis in den tertiären Bereich fortzuschreiben ist. Während die Heimatkunde mit ihrer Orientierung an der Naturlehre der Volksschule noch von der „Kunde" zur „Lehre" führte, sieht sich der strukturorientierte Ansatz als Basis einer naturwissenschaftlichen Allgemeinbildung mit dem ausdrückli-

— Basiskonzepte sind umstritten

— Wo Kalender Lebensweltbezug

chen Bezug auf die Fächer Physik und Chemie (vgl. Spreckelsen 1971, S. IV). Insofern folgte das Curriculum auch dem Demokratiegebot seiner Zeit, da es auf Weiterlernen zielte und somit zumindest eine fachbezogene Teilhabekompetenz anstrebte.

Zu den drei inhaltlichen Begründungsmerkmalen grundlegender Bildung nach Glöckel kann festgestellt werden, dass ein Lebensweltbezug dem hier zur Rede stehenden Curriculum nur bedingt zugestanden werden kann.

Auch fachlich ist es nicht unumstritten, da bezweifelt wurde, ob die von den Curriculummachern festgelegten Basiskonzepte überhaupt ihre übergreifenden Ansprüche erfüllen können (vgl. Thiel / Gümbel 1975, S. 155).

Und schließlich – drittens – bleibt auch angesichts der Tatsache, dass die Basiskonzepte selbst umstritten sind, festzuhalten, dass sie daher kaum eine Inhaltlichkeit darstellten, der eine überdauernde Bedeutung zugemessen werden könnte – auch zu den neuerdings diskutierten „großen Themen" des Sachunterrichts leisteten sie noch keinen Beitrag, obwohl naturwissenschaftliche Zusammenhänge hier besonders aufgefordert wären – z.b. bei Fragen einer grundlegenden Astronomie. Dazu war aber zu Beginn der 1970er Jahre der Blick offensichtlich noch nicht frei, die Sicht führte allzu eng durch die jeweilige „Konzept-Brille" (vgl. Jeziorsky 1972, S. 85).

Dass naturwissenschaftliche Inhalte, i.S. von Physik und Chemie, unverzichtbarer Bestandteil grundlegender Bildung sind, ist unbestritten. Auf der anderen Seite muss aber festgestellt werden, dass ihr Anteil nach dem vehementen Start des wissenschaftsorientierten Sachunterrichts wieder eindeutig zurückgegangen ist. In einer großangelegten Studie stellte dies schon früh Schreier fest (vgl. 1979). Danach zeigen auch kleinere Studien, dass sich diese Tendenz fortsetzt (vgl. Einsiedler / Schirmer 1986), wobei in der Zwischenzeit Biologie zum Leitfach im Sachunterricht geworden zu sein scheint und somit das einstmalige Leitfach der Heimatkunde, Erdkunde, abgelöst hat (vgl. Koch 2000).

Dass physikalische, chemische und auch technische Bezüge im heutigen Sachunterricht nur noch eine Nebenrolle spielen, kann allerdings nach aktuellen inhaltsanalytischen Studien von Lehrwerken zum Sachunterricht nicht mehr behauptet werden. Vielmehr zeigen diese Untersuchungen erfreulicherweise wieder eine deutliche Zunahme dieser Inhalte (vgl. Blaseio 2009). Gezielte Fortbildungsmaßnahmen, einschlägige fachdidaktische Publikationen, didaktische Materialien, die Arbeit von Fachverbänden wie der Gesellschaft für Didaktik des Sachunterrichts und sicherlich noch andere Zusammenhänge sind an dieser Entwicklung bestimmt nicht ganz unbeteiligt, so dass naturwissenschaftlich-technische Inhalte kein Randthema mehr darstellen (vgl. ebd., S. 120 und S. 129).

3.3   Das verfahrensorientierte Curriculum im Sachunterricht

Ebenso wie der strukturorientierte Ansatz ging die verfahrensorientierte Konzeption auf US-amerikanische Curricula als Lehr-Lern-Systeme zurück, die letztlich über den Markt an die Schulen verkauft wurden. Seit Sommer 1962 entwickelten verschiedene Expertengruppen unter starkem Einfluss der lerntheoretischen Einsichten von Robert Mills Gagné (1916-2002) das Curriculum „Science – A Process Approach" (S-APA) (vgl. Gagné 1971, S. 111), das sich vor allem darum bemühte, Mädchen und Jungen vom Kindergarten bis in die 6. Klasse naturwissenschaftliche Arbeitsweisen zu vermitteln. Ähnlich wie beim SCIS-Projekt suchte auch diese Arbeitsgruppe angesichts des befürchteten schnellen Veraltens naturwissenschaftlicher Einzelkenntnisse nach überdauernden Beständen und erkannte diese in den Verfahren naturwissenschaftlichen Arbeitens, die sie zum Inhalt ihres Curriculum machten (vgl. Gagné 1971, S. 113 f.). Sich an die stufentheoretische Auffassung von Jean Piaget (1896-1980) und dessen Erkenntnistheorie haltend (vgl. ebd., S. 114), wonach die kindliche Erkenntnisentwicklung von der sensumotorischen und der prä-operationalen Phase über die konkret-operationale schließlich bis zur formal-operationalen Phase verläuft, entwickelte Gagné eine Hierarchie von acht Lernformen (vom klassischen Konditionieren, das er Signallernen nennt, über das Begriffslernen bis zum Problemlösen), die er seinem Curriculum zugrunde legte. Es wurden 13 naturwissenschaftliche Verfahren in hierarchischer Anordnung festgelegt. Dabei wurden zwei Gruppen voneinander unterschieden: acht grundlegende Fertigkeiten und fünf darauf aufbauende komplexere Fertigkeiten, die das Durchlaufen der grundlegenden Fertigkeiten zur Voraussetzung haben. Gagné bezeichnet die komplexeren Fertigkeiten auch als „integrierte Verfahren". Als grundlegende Fertigkeiten werden genannt:

1. Beobachten
2. Klassifizieren
3. Gebrauch von Zahlen
4. Messen
5. Gebrauch von Raum-Zeit-Beziehungen
6. Kommunizieren
7. Voraussagen
8. Schlussfolgern

Als komplexe Fertigkeiten oder integrierte Verfahren werden genannt:

9. Operational definieren
10. Formulieren von Hypothesen
11. Interpretieren von Daten

12. Variablenkontrolle
13. Experimentieren

Diese Anordnung der Fertigkeiten und Verfahren bedeutet nun nicht, dass sie nacheinander bearbeitet und dann gleichsam abgehakt werden, vielmehr werden alle Fertigkeiten zwar in der gegebenen Reihenfolge eingeführt und aufbauend entwickelt, aber bereits gelernte Verfahren werden im Laufe des Lehrgangs beibehalten und immer weiter ausgebaut. So bedeutet z.b. die unter 3. genannte Fertigkeit „Gebrauch von Zahlen" nicht mehr aber auch nicht weniger als Mathematik, die in den für das Curriculum vorgesehenen sechs Schuljahren und der Vorschulzeit wie üblich vom Zählen und Addieren im Kindergarten und im 1. Schuljahr bis zum Bruchrechnen im 6. Schuljahrgang geführt werden soll. Übergreifendes Ziel war es, dass die Kinder das Experimentieren erlernen und in der 6. Klasse beherrschen sollten. Das Experiment war der Schlussstein und das oberste Ziel des verfahrensorientierten Curriculum und stellte „die höchste Form der Integration" (Gagné 1971, S. 115) dar.

Die an der Universität Göttingen von Heinrich Roth eingerichtete Arbeitsgruppe für Unterrichtsforschung (AfU) unter der Leitung von Hans Tütken erarbeitete ab 1969 eine deutsche Fassung des S-APA-Curriculum (vgl. Lauterbach 2001, S. 108-110) und publizierte ihre Unterrichtsvorschläge – wie z.b. zu den Aggregatzuständen von Flüssigkeiten – u.a. auch in der seinerzeit noch jungen Fachzeitschrift „Die Grundschule" (vgl. AfU 1970, S. 21-27 und vgl. AfU 1971b). Außerdem entstanden für das 2. Schuljahr weitere Unterrichtsvorschläge (vgl. AfU 1971a).

3.3.1 Zum Wissenschaftsverständnis des verfahrensorientierten Curriculum

Das Wissenschaftsverständnis des S-APA-Curriculum, dem sich das verfahrensorientierte Curriculum besonders in seiner ersten Fassung eng anlehnte, kann als formal und behavioristisch beeinflusst bezeichnet werden, wobei es sich für den Grundschulbereich lediglich naturwissenschaftlich ausprägte und somit fachwissenschaftlich rückgebunden blieb. Soostmeyer meint zwar, dass der verfahrensorientierte Ansatz grundsätzlich interdisziplinär möglich sei (vgl. 1998, S. 47), jedoch bleibt festzustellen, dass für den Sachunterricht in der Grundschule nur naturwissenschaftliche Zusammenhänge thematisiert worden sind und dass diese in der deutschen Fassung – ähnlich wie beim strukturorientierten Curriculum – vor allem auf die Fachbezüge Physik und Chemie bezogen blieben. In der US-amerikanischen Vorlage fanden auch vielerlei biologische, etwas geologische, mathematische und für die späteren Schuljahre auch empirisch fassbare sozialwissenschaftliche Sachverhalte Berücksichtigung. Für den bundesdeutschen Zusammenhang kann hingegen mit einigem Recht gesagt werden, dass das dem verfahrensorientierten Curriculum zugrunde liegende Wissenschaftsverständnis fachlich-naturwissenschaftlich ausgerichtet war. Der verfahrensorientierte Ansatz erhob demnach auch nie den Anspruch – hierin gleicht er dem struktur- bzw. konzeptorientierten Curriculum – den ganzen Sachunterricht vertreten zu wollen.

Für die Anfangsklassen des Sekundarbereichs und teilweise auch noch mit Bezug zur 4. Jahrgangsstufe gab es gleichwohl Bemühungen, eine verfahrensorientierte Vorgehensweise auch auf sozialwissenschaftliche Problembereiche zu beziehen (vgl. Lippitt u.a. 1975), denen aber nur eine wenig erfolgreiche Praxis bescheinigt und ein direkter Grundschulbezug nicht zuerkannt wurde (vgl. Hemmer 1982, S. 21-24).

Der Inhaltsfrage im materialen Sinne wird insgesamt eine eher geringe Bedeutung zugemessen. Das dahinterstehende Wissenschaftsverständnis kann folglich als formal gekennzeichnet werden. Die Arbeitsgruppe um Tütken führt dazu aus: „Wissenschaft wird aufgefaßt als ein strukturierter und gerichteter Weg, Fragen aufzuwerfen und zu lösen" (AfU 1970, S. 21), wobei den Methoden, Wissen zu erwerben, gegenüber dem Wissen selbst der Vorrang eingeräumt wird (vgl. ebd.).   *– Methoden im Vordergrund*

3.3.2 Verfahrensorientierung und anthropologisch-entwicklungs-psychologische Voraussetzungen

Den US-idealistischen Erziehungsoptimismus, der seit John Dewey (1859-1952) in Theorie und Praxis der amerikanischen Schule wirksam ist, teilten auch Gagné und seine Mitstreiter. In dieses Bild passt dann auch die plakativ gewordene 90 / 90-Formel, die auf Studien des US-amerikanischen Erziehungswissenschaftlers und Lerntheoretikers Benjamin Bloom (1913-1999) zurückging. Dieser fand heraus, dass 95 % aller Lernenden mit Hilfe geeigneter Angebote und entsprechender Zeit und Geduld die gesetzten Lernziele erreichen könnten. Die 90 / 90-Formel des S-APA-Ansatzes besagt nun, dass 90 % der Kinder 90 % der Lernziele erreichen könnten (vgl. Gagné 1971, S, 120 f.). Um dies sicherzustellen, wurden ausführliche Beispiele dargelegt, die Kinder zu bestimmten Aktivitäten, zu Stellungnahmen und zu Ausführungen auffordern. Die Lektüre dieser Sequenzen hinterlässt jedoch gelegentlich den Eindruck eines lehrerzentrierten Frage-Antwort-Unterrichts: Der Lehrer präsentiert den Schülern in streng sachlogischer Abfolge kleine Experimente (z.B. zu den Aggregatzuständen und Fließgeschwindigkeiten von Flüssigkeiten oder zum Verlöschen einer erstickenden Kerzenflamme) und fordert sie meist mit W-Fragen auf, dazu Stellung zu beziehen, Vermutungen zu äußern oder Voraussagen zu machen. Ist nun ein Lernschritt erledigt, folgt der nächste usw. (vgl. Handreichungen 1971, S. 125-136 und AfU 1970, S. 22-27). Diese mitgeteilte Vorgehensweise löste zeitgenössisch und später Kritik in der bundesdeutschen Pädagogenschaft aus (vgl. Kaiser 1995, S. 79 f.). Krebs spricht von der Gefahr einer „Ökonomisierung" des Unterrichts, der um der Verfahren willen, Sachinhalte und Kinderwünsche vernachlässige (vgl. 1977, S. 208). Kaiser kritisiert die überlieferten Beispiele als lehrerbestimmt, eng begrenzt, kleinschrittig und starr (vgl. 1995, S. 79). Lauterbach jedoch weist darauf hin, dass diese Art des Unterrichts dem Autonomieverständnis der Person nicht entgegenstand, denn „das idealistische US-Denken geht grundsätzlich von der Vorstellung einer absoluten Autonomie der Person aus, also auch von Kindern. Lehr-Lern-Kurse (Drill and Practice) beeinträchtigen diese Auffassung nicht" (2006).

Des Weiteren wurde der mangelnde Lebensweltbezug des verfahrensorientierten Curriculum vielstimmig beklagt. Auch hier gilt es, sich der angloamerikanischen Curriculumtradition zu vergegenwärtigen (s. Kap. 4.2), in der die konkreten Lebensumstände der Kinder nur einen nachrangigen Stellenwert einnehmen: Expertengruppen arbeiten Curricula aus, die in den Schulen zur Durchführung kommen – den jeweiligen Vor-Ort-Verhältnissen kommt dabei kaum Gewicht zu. Für die bundesdeutschen Verhältnisse stellt Lauterbach rückschauend fest: „Ein großes Problem für die AfU war in der Tat der Lebensweltbezug für die Kinder. Dass er bei S-APA weitgehend ignoriert wurde, schreibe ich der amerikanischen Auffassung von Schule zu. Dort spielt der Lebensweltbezug eine relativ geringe Rolle. Spiel, Phantasie, Comic und action sind der amerikanische Lebensweltbezug von Schülern" (2006). In der Weiterentwicklung der S-APA-Vorlage versuchte die Göttinger Arbeitsgruppe, „das Lernangebot zu differenzieren und die Eigentätigkeit der Kinder in größerem Ausmaß zu fördern" (AfU 1970, S. 22). Diese Bemühungen führten auch dazu, dass Krebs schon in ihrer frühen kritischen Bilanz dem verfahrensorientierten Ansatz nach bundesdeutscher Lesart ein gewisses Maß an Kindbezogenheit einräumte (vgl. 1977, S. 188).

3.3.3 Verfahrensorientierung im gesellschaftlichen Kontext und pädagogisch-curriculare Aspekte

Im Zusammenhang mit der Konferenz von Woods Hole (1959) veranlasste die American Association for the Advancement of Science (AAAS) die Einsetzung entsprechender Fachkommissionen, so auch derjenigen, die unter maßgeblicher

Mitarbeit von Robert Mills Gagné das S-APA-Curriculum entwickelte (vgl. Lauterbach 2001, S. 110).

In seiner deutschen Adaption erfuhr das Curriculum eine Liberalisierung und wurde offener und kooperativer gestaltet als die amerikanische Vorlage (vgl. ebd., S. 109), womit auch den freisetzenden Impulsen eines naturwissenschaftlichen Realienunterrichts im Zeichen der generellen Demokratisierung der bundesrepublikanischen Gesellschaft im Übergang von den 1960er auf die 1970er Jahre entsprochen wurde. Auf diese Weise wollte dieser Unterricht einen entschiedenen Beitrag zur Chancengleichheit und Bildungskompensation leisten.

Jede einzelne Einheit des Verfahrensansatzes verweist auf rück- und vorausschauende curriculare Aspekte, die sich in einem dreischrittigen Frageschema abbilden: „1. welches sind die Voraussetzungen der vorliegenden Einheit; 2. was soll das Kind durch diese Einheit lernen; 3. wie bereitet diese Einheit das Kind auf spätere Lernschritte vor" (Gagné 1971, S. 117). Durch diese ständige Absicherung wird das curriculare Netz eng und fest geknüpft, wobei es – trotz der Rückversicherung über bereits Gelerntes – vorwiegend fortschreitend auf zukünftige Lernanforderungen ausgerichtet ist. In den regelmäßig durchzuführenden Tests etwa sollen immer nur die neuen Lernleistungen und nicht die früheren erfasst werden (vgl. ebd.). Letztendlich steht der Verfahrensansatz somit auch propädeutisch im Dienst der Vorbereitung auf eine spätere naturwissenschaftliche Arbeit (vgl. ebd., S. 118). Um dies leisten zu können, müssen neue Inhalte für die Grundschularbeit pädagogisch-didaktisch fruchtbar gemacht werden, wobei die AAAS und Gagné und seine Mitstreiter meinten, diese neuen Inhalte mit den Verfahren gefunden zu haben (vgl. ebd.).

Insgesamt war das Bemühen um neue Inhalte, die bisher nicht in der Tradition von Grundschularbeit standen, grundsätzlich positiv zu bewerten, führte es doch – auf die bundesdeutschen Verhältnisse gemünzt – eindeutig weg von der nicht mehr haltbaren volkstümlichen Bildung.

3.3.4 Verfahrensorientierung und grundlegende Bildung

Von Beginn an verstand sich der verfahrensorientierte Ansatz als ein Beitrag zur Allgemeinbildung, wobei es nicht darum ging, den Kindern naturwissenschaftliches Spezialwissen zu vermitteln (vgl. Gagné 1971, S. 118). Vielmehr sollen die Kinder die allgemeine Fähigkeit „der Variablenkontrolle" erwerben, die zumindest – so die Annahme – von einem naturwissenschaftlichen Gebiet auf das andere naturwissenschaftliche Gebiet übertragbar sei (vgl. ebd., S. 119). Dabei sei es nicht das Ziel, dass jedes Kind später Naturwissenschafter werden solle, aber jedes Kind solle dazu befähigt werden, die Welt auch so sehen und verste-

54

[handwritten annotation: -o allgemeine Kompetenzerweiterung -o Vermittlung von Verfahren]

hen zu können, wie dies Naturwissenschaftlern möglich sei (vgl. ebd., S. 114). Angestrebt wurde demnach eine allgemeine Kompetenzerweiterung durch die Vermittlung von Verfahren (vgl. ebd., S. 112). In diesem Kontext werden Verfahren – mit ihrer Königsdisziplin des Experiments – als dynamische Qualifikationen begriffen (vgl. AfU 1970, S. 21), die in hohem Maße übertragbar und anschlussfähig sind. Dadurch sollte im Rahmen der Allgemeinbildung eine grundlegende naturwissenschaftliche Bildung angebahnt werden (vgl. Lauterbach 2001, S. 103).

Wiederum die drei Merkmale grundlegender Bildung nach Glöckel zu Rate ziehend, bleibt festzuhalten, dass dem Lebensweltbezug mit dem Verfahrensansatz kaum entsprochen werden konnte (vgl. Lauterbach 2001, S. 119).

Die von den Curriculumkonstrukteuren festgelegten naturwissenschaftlichen Verfahren sind fachlich bestimmt von hoher Relevanz und eröffnen den Kindern auch Handlungsmöglichkeiten.

Inhalte, denen überdauernde Bedeutung zukommt, stellen die Verfahren insoweit dar, als sie auch in den späteren Schulstufen Anwendung finden – curricular gesehen kann ihnen von daher eine überdauernde Relevanz nicht abgesprochen werden. Darüber hinaus können sie dazu beitragen, eine empirische Weltsicht und ein empirisches Weltverhältnis aufzubauen, wie wir es in der abendländischen Tradition seit der Aufklärung kennen. Diese naturwissenschaftlich vermittelte Sicht hat einen hohen Stellenwert für die Allgemeinbildung, wie sie etwa im Verständnis von Adolph Diesterweg (1790-1866), Georg Kerschensteiner (1854-1932) oder Martin Wagenschein (1896-1988) vorliegt. Inhaltsgesättigte „große Themen" unter dem Gesichtspunkt der Verfahrensorientierung zu erarbeiten, dürfte vielversprechend sein. Ansätze hierzu liegen noch nicht vor, obwohl besonders der naturwissenschaftliche Zugriff zur Bearbeitung derartiger Themen hilfreich wäre.

Aus heutiger Sicht gibt Lauterbach zu bedenken, ob durch die zunächst werkgetreue Adaption der US-amerikanischen Vorlagen und die damit einhergehenden Widerstände, sie hierzulande umzusetzen, nicht die Möglichkeit vertan wurde, das Experimentieren als „vierte Kulturtechnik" im Curriculum der Grundschule zu verankern und damit dem Sachunterricht schon früh eine ähnliche Wertigkeit zu verschaffen, wie sie den Fächern Deutsch und Mathematik mit ihrer vorwiegend lehrgangsorientierten Vermittlung der Kulturtechniken Lesen, Schreiben und Rechnen bis heute zukommt. Dem Sachunterricht sei es bis heute nicht gelungen, einen ähnlichen Rang wie die Kulturtechniken vermittelnden Fächer zu erreichen; der lehrgangsbezogene Ausbau des Experimentierens i.S. eines elaborierten Problemlösens als „vierte Kulturtechnik" könne dem Abhilfe leisten (vgl. Lauterbach 2001, S. 123 und vgl. Lauterbach 2004, S. 183).

Als die Arbeitsgruppe um Hans Tütken schließlich dazu in der Lage war, ein Curriculum vorzulegen, das sich zwar noch in den Grundzügen an S-APA orientierte, aber dessen Schwachpunkte eindeutig überwand (vgl. AfU 1977), bestand in der pädagogischen Öffentlichkeit kaum noch Interesse an einem solchermaßen wissenschaftsorientierten Sachunterricht (vgl. Lauterbach 2001, S. 119); ein neues Verständnis von Kind- und Lebensweltorientierung hatte in der Zwischenzeit die Grundschulklassenzimmer erobert, die Naturwissenschaften waren auf breiter Front auf dem Rückzug.

3.4 Der Ansatz Science 5 / 13

Ein wesentlicher Kritikpunkt an den bisher erörterten naturwissenschaftlichen Konzeptionen des Sachunterrichts war deren curriculare Engführung gewesen. Die Arbeitsgruppe um Hans Tütken reagierte noch darauf und legte offenere, handlungs- und situationsbezogenere Weiterentwicklungen ihres Ansatzes vor, die jedoch nach einer allgemeinen Abkehr vom wissenschaftsorientierten Unterricht kaum noch Beachtung fanden (vgl. Lauterbach 2005, S. 578-580). In der historisch-systematischen Aufarbeitung jener Phase der Grundschul- und Sachunterrichtsentwicklung wurde der Stellenwert dieser unter wissenschaftsorientierter Leitvorstellung stehenden Neuerung hingegen sehr wohl zustimmend zur Kenntnis genommen. Darüber hinaus wird jedoch der wachsende Einfluss offener gestalteter Konzeptionen auf den naturwissenschaftlich ausgerichteten Sachunterricht festgestellt (vgl. Rodehüser 1987, S. 625 f.).

In diesem Zusammenhang steht der Ansatz Science 5 / 13, der im Rahmen des englischen Nuffield Junior Science Project entwickelt wurde. Ab 1967 erschienen in England und Schottland Buchveröffentlichungen, die sich zum Ziel gemacht hatten, den naturwissenschaftlichen Unterricht für Kinder im Alter zwischen 5 und 13 Jahren zu verbessern. Die Veröffentlichungen dokumentierten erprobten Unterricht. Sie stellten Erfahrungen, Anleitungen und Materialien i.S. von Handreichungen zum naturwissenschaftlichen Unterricht mit Kindern der genannten Altersgruppe zur Verfügung (vgl. Nuffield Junior Science 1967). Bis 1975 entstanden auf diese Weise insgesamt 26 Bände zum naturwissenschaftlichen Unterricht (vgl. Schwedes 2001). Es wurde demnach eine Fülle von Unterrichtsbeispielen angeboten, die vor allem methodische und organisatorische Hinweise, Vorschläge zur inneren Differenzierung und Anleitungen zum Einsatz der Arbeitsmittel lieferten. Sie stellten keine festen Kataloge dar, die es abzuarbeiten galt. Vielmehr wollten sie Lehrer und Kinder dazu ermutigen, praktisches Problemlöseverhalten in biologischen, physikalischen, chemischen und technischen Zusammenhängen verbunden mit Reflexion und Gespräch durchzuführen. Das vielfältige Angebot sollte eine individuelle Auswahl gestatten und dadurch innere Differenzierung sowohl nach Leistung als auch nach Neigung ermöglichen. Stoff- oder Verfahrenshierarchien kennt dieser Ansatz nicht; er versteht sich ausdrücklich als ein offenes Curriculum (vgl. Jung 1968, S. 45 f.).

In Deutschland machte erstmals Walter Jung in der seinerzeit neu begründeten Zeitschrift „Die Grundschule" auf dieses Curriculum aufmerksam (vgl. 1968). Für die bundesdeutschen Verhältnisse wurde der Ansatz Science 5 / 13 von Elard Klewitz und Horst Mitzkat (vgl. 1973) sowie von Hannelore Schwedes (vgl. 1974) bearbeitet. Insgesamt wurden in Deutschland ab 1973 acht Science 5 / 13-Bände vorgelegt, bevor der Klett-Verlag sie 1984 endgültig aus seinem Programm nahm.

Die Naturwissenschaften wurden im Science 5 / 13-Curriculum nicht so sehr von ihren Inhalten und Verfahren her gedacht, sondern das entdeckende Herangehen an naturwissenschaftliche und technische Probleme sollte im Mittelpunkt stehen. Der Science 5 / 13-Ansatz verstand sich demzufolge als kind- und sachorientiert, als individualisierend und prozessorientiert. Er wollte selbstgesteuertes, entdeckendes, selbst organisiertes und sinnliches Lernen unter angemessener Berücksichtigung des Lebenswelt- und Situationsbezuges ermöglichen. Thematisch locker und assoziativ sollten die Kinder direkte Erfahrungen machen: z. B. mit Wasser hantieren, es färben, verdünnen, vermischen. Oder mit verschiedenen weißen Pulvern umgehen und herausfinden, was es jeweils ist: Mehl, Salz, Zucker, Gips, Puderzucker, Backpulver, Mondamin. Der Lebensweltbezug kann hier etwa durch das Backen hergestellt werden. Im Sinne der Stufentheorie Jean Piagets benannte der Ansatz Science 5 / 13 auch Lernziele (Übergang vom anschaulichen Denken zur konkreten Operation, frühe Entwicklungsstufe der konkreten Operation, fortgeschrittene Entwicklungsstufe der konkreten Operation, Übergang zum abstrakten Denken), die aber nicht krampfhaft verfolgt wurden, vielmehr sollten sie Lehrerinnen und Lehrern gleichsam im Hinterkopf bewusst sein, damit sie von daher die Lernprozesse der Kinder aufmerksam begleiten können. Diese Philosophie wurde in dem Begleitband „With Objectives in Mind" (Mit Lernzielen im Sinn) mitgeteilt (vgl. Schwedes 2001, S. 138). Die Lehrerinnen bzw. Lehrer sollen nicht so sehr Vermittler zwischen dem Stoff und dem Kind sein, sie sollen statt dessen den Lernprozess unterstützen und den Kindern „zur Seite" (Jung 1968, S. 47) stehen. Das Kind wurde als „Agent seiner Lernprozesse" (Klewitz / Mitzkat 1974a, S. 376) gesehen, es sollte zahlreiche Fähigkeiten und Fertigkeiten entfalten. Als solche werden benannt: „1. Entwicklung von Interessen, Einstellungen u. ästhetisch. Bewußtsein 2. Beobachten, Explorieren und Ordnen von Beobachtungen

3. Entwicklung von grundlegenden Begriffen und logischem Denken 4. Stellen von Fragen u. Experiment., um die Fragen zu beantworten 5. Erwerb von Wissen u. Erlernen von Fertigkeiten 6. Kommunizieren 7. Wahrnehmen von Beziehungen u. Strukturen 8. Ergebnisse kritisch interpretieren" (ebd., S. 377). Dies alles gruppierte sich um das oberste Lernziel des Science 5 / 13-Ansatzes: „Entwicklung eines forschenden Geistes und der Fähigkeit, mit naturwissenschaftlichen Methoden an Probleme heranzugehen" (ebd.).

Als Inhaltsbereiche werden genannt: 1. Die unbelebte Umwelt, 2. Der Reichtum und die Natur pflanzlichen und tierischen Lebens, 3. Der Mensch und seine Stellung in der Natur, 4. Unterschiede, Ähnlichkeiten und Muster, 5. Wechselwirkungen und Veränderungen, 6. Energieumwandlungen und 7. Organisationsformen (vgl. Schwedes 2001, S. 139). Für den bundesdeutschen Zusammenhang wurden u.a. folgende Themen erarbeitet: Das Skelett des Menschen (vgl. Klewitz / Mitzkat 1974b), Zeit und Zeitmessung (vgl. Klewitz / Mitzkat 1974a), Zentralheizung (vgl. Klewitz / Mitzkat 1973) oder Holz und Bäume (vgl. Schwedes 1977).

3.4.1 Zum Wissenschaftsverständnis des Ansatzes Science 5 / 13

Das Wissenschaftsverständnis von Science 5 / 13 ist naturwissenschaftlich, kind- und tätigkeitsorientiert. Erstes Anliegen ist die Bearbeitung naturwissenschaftlicher und technischer Inhalte. Insofern verfolgt er hier ähnliche Zielsetzungen wie die beiden bisher vorgestellten naturwissenschaftlichen Konzeptionen des Sachunterrichts. Neu ist jedoch die entschiedene Ausrichtung auf das Kind und dessen Vorerfahrungen und Lebensweltbezüge. Der jähe Wechsel von der kindertümelnden Heimatkunde zu dem streng (natur)wissenschaftsorientierten Sachunterricht sollte mit dem Ansatz Science 5 / 13 vermieden bzw. korrigiert werden. Erkenntnistheoretisch verortet sich Science 5 / 13 zwischen diesen beiden Positionen. In der die Heimatkunde unterfütternden phasenbezogenen Entwicklungspsychologie wurde demnach die Subjektseite überbetont, in den sich zunächst vor allem auf behavioristische Lernmodelle berufenden naturwissenschaftlichen Curricula wurde die Objektseite einseitig überbewertet, so dass eine Ideologie durch eine andere ersetzt worden sei (vgl. Klewitz / Richter 1994, S. 244). Der Mittelweg liege in der Übernahme der genetischen Erkenntnistheorie nach Piaget, die das Kind als tätig werdenden Gestalter seiner Lernprozesse begreife. Anregungsreiche Lernumwelten, tatsächlich vorhandene und zu lösende Probleme aus dem naturwissenschaftlich-technischen Bereich und offener Unterricht sind die didaktischen Konsequenzen, die dieser Ansatz fordert (vgl. ebd., S. 247 f.). Vielfältig bestückte Ausstellungs- und Materialtische gehören demzufolge zum Standardangebot des Unterrichts (vgl. Schwedes 2001, S. 142).

3.4.2 Science 5 / 13 und anthropologisch-entwicklungspsychologische Voraussetzungen

Schon in der ersten bundesdeutschen Vorstellung von Science 5 / 13 wurde deutlich, dass hier das Kind sehr optimistisch als selbstständiger Lerner gesehen wurde. Kinder müssten schon früh vielfältige naturwissenschaftliche Erfahrungen machen und naturwissenschaftliche Denk- und Forschungsweisen entwickeln. Programmatisch heißt denn auch ein Abschnitt aus der Originalveröffentlichung „The Child As A Scientist" (vgl. Nuffield Junior Science 1967). Dass junge Menschen schon früh in der Lage seien, naturwissenschaftliche Fragestellungen und Probleme zu erschließen, ist demgemäß keine neue Erkenntnis. Als Kronzeuge für diese Aussage beruft sich die Originalpublikation auf Joseph Priestley (1733-1804), der u.a. den Sauerstoff als chemisches Element entdeckt hat (1774). Dieser schrieb bereits 1790 folgende Einsicht nieder: „Die Menschen sollten schon sehr früh im Leben an das Experimentieren gewöhnt und in die Theorie und Praxis der Forschung eingeführt werden. Sehr junge Menschen können schon mit allen Voraussetzungen vertraut gemacht werden, so daß sie zu wirklich originalen Forschungen fähig sind" (Priestley zit. n. Jung 1968, S. 46).

Dabei folgt der Ansatz Science 5 / 13 – ähnlich wie die überarbeiteten Varianten des verfahrensorientierten Curriculum – nicht mehr behavioristischen Lerntheorien, sondern richtete sich nach der Entwicklungs- und Erkenntnistheorie Piagets, die er offensiv auslegte. Demnach sei das lernende Kind fähig, in eigentätiger Auseinandersetzung mit der Umwelt naturwissenschaftlich denken und handeln zu lernen. Auf diese Weise würden die dazu notwendigen intensiven Assimilations- und Akkommodationsprozesse bewirkt. Im Piagetschen Sprachgebrauch wird unter Assimilation verstanden, dass vom Individuum neue Zusammenhänge in bestehende Denkmuster (Schemata) eingebaut werden können, wohingegen bei Akkommodationsprozessen neue Zusammenhänge erst durch Umstrukturierungen bestehender Denkmuster bzw. durch deren Neuaufbau erfasst werden können. Im Idealfall – also bei Vermeidung von Unter- und Überforderung des Lernenden – halten sich beide Vorgänge (Assimilation und Akkommodation) in etwa die Waage (das möglichst ausgeglichene Verhältnis von Assimilation und Akkommodation wird auch als Äquilibration bezeichnet), bis wieder ein neues Ungleichgewicht entsteht und die oben skizzierten Abläufe wiederum beginnen. Die Betonung des selbstständigen, individuellen und eigentätigen Lernens rückt den Ansatz Science 5 / 13 in die Nähe zu heutigen konstruktivistischen Aneignungstheorien. Auch von daher beansprucht Schwedes, dass dieses Curriculum „noch immer up to date" (2001, S. 133) sei.

3.4.3 Science 5 / 13 im gesellschaftlichen Kontext und pädagogisch-curriculare Aspekte

Als mit den Veröffentlichungen von Klewitz / Mitzkat und Schwedes ab 1973 / 74 der vorliegende Ansatz einer breiteren Fachöffentlichkeit bekannt wurde, war die Wissenschaftsbegeisterung der heißen Monderoberungsphase schon längst abgekühlt. Darüber hinaus hatte mit den Erfahrungen der ersten Ölkrise die allgemeine Fortschrittsgläubigkeit einen erheblichen Dämpfer erhalten. Auf pädagogischem Gebiet ging damit die Zurücknahme der Machbarkeitsvorstellungen einher, die noch die frühen naturwissenschaftlichen Curricula genährt hatten.

Innerhalb der drei Bezugsgrößen eines Curriculum „Gesellschaft", „Fachdisziplin" und „Kind" betont der vorliegende Ansatz nun eindeutig das Kind und seine Bedürfnisse, womit es zu einer Vernachlässigung der beiden anderen Gesichtspunkte kommt, die jedoch bewusst in Kauf genommen wird. Die Betonung der direkten Erfahrung, der sinnlichen Wahrnehmung und des entdeckenden Lernens schränkt den Aktion- und Erkenntnisraum notwendig auf das unmittelbar Zugängliche ein. Zwar werden häufige Exkursionen in die Schulumgebung empfohlen, dennoch besteht die Gefahr, dass die Klasse bzw. die Schulgemeinde zu einem abgekapselten Mikrokosmos wird, der zu gesellschaftlichen, ökonomischen und politischen Verhältnissen keinen Zugang mehr hat. Diesen Umstand bemerken auch die bundesdeutschen Vorkämpfer für Science 5 / 13. Sie geben sich aber schnell mit dem Argument zufrieden, dass die Vorteile dieses Ansatzes diesen Nachteil mehr als ausgleichen würden; denn durch die spontane, situative und wahrnehmungsbezogene Kommunikation der Kinder in den Entdeckungen stiftenden Lernsituationen würden soziokulturelle Unterschiede keine große Rolle spielen und sprachliche Unterschiede etwa würden schnell ausgeglichen bzw. kompensiert (vgl. Klewitz / Mitzkat 1973, S. 191 f.). Dass (kritische) gesellschaftliche, ökonomische und politische Bezüge aber notwendig zu einem modernen Sachunterricht gehören, wird dabei übersehen. Zugespitzt ließe sich dem entgegen halten, dass ein solchermaßen gesellschaftsferner Unterricht leicht Gefahr laufen könnte, zu einer ins Naturwissenschaftliche übersetzten kleinräumigen Heimatkunde der fußläufig zu erreichenden Umgebung zu werden.

3.4.4 Science 5 / 13 und grundlegende Bildung

Die englische Curriculumvorlage richtete sich an eine Altersgruppe, die früher als die deutsche Grundschule einsetzt und später als diese endet. Vor allem Letzteres war in der Bundesrepublik Deutschland nicht möglich, da die Grundschule nicht über das vierte Schuljahr hinausführt – schon damals war Berlin (zeitgenössisch West-Berlin) mit 6 Grundschuljahren eine Ausnahme. Heutzutage kommen noch Brandendburg und – wenn auch etwas anders gelagert – Hamburg hinzu. Infolgedessen bezogen sich die bundesdeutschen Beiträge zu Science 5 / 13 im Wesentlichen auf das hiesige Grundschulalter, wobei es aber Beiträge für den vorschulischen Bereich gab. Insofern war der Bildungskorridor eines gleichen Bildungsangebotes für alle – wie ihn eben nur eine alle Schülerinnen und Schüler eines Jahrgangs erfassende Schule vorhalten kann – institutionell eingeschränkt. Im Rahmen dieser Grenzen aber war es auch für die bundesdeutschen Science 5 / 13-Gestalter ein Anliegen, im Zeichen von Chancengleichheit und ausgleichender Bildung gerade die benachteiligten Kinder zu fördern, wobei der zugrunde liegende Bildungsbegriff deutlich formal ausgeprägt war, da die konkrete Inhaltsebene als zweitrangig angesehen wurde (vgl. Schwedes 2001, S. 139 f.).

Bleibt mit Glöckel die Frage nach den Kriterien grundlegender Bildung (Lebensweltbezug, Fachrelevanz und überdauernde Bedeutung). Der Lebensweltbezug des vorliegenden Ansatzes ist offenkundig. Die Lebenswelt dient in erster Linie dazu, Entdeckungsraum zu sein. Ein kritisches Nachdenken etwa über die Zustände in ihr ist jedoch nicht Gegenstand von Science 5 / 13.

Fachrelevanz i.S. der Erarbeitung einer fachlich rückgebundenen Systematik wird nicht beansprucht. Da das (spontane) Interesse des Kindes die Auswahl der Inhalte und Tätigkeiten bestimmen soll, bekennen sich die Vertreter des vorliegenden Ansatzes klar zu inhaltlichen und methodischen Zufälligkeiten, die keiner Fachsystematik folgen (vgl. Klewitz / Mitzkat 1973, S. 191). Andererseits soll ausdrücklich das naturwissenschaftlich-technische Lernen angeregt werden, so dass in Bezug auf diesen Bereich von einer allgemeinen Fachrelevanz gesprochen werden kann.

Ein wesentliches Anliegen von Science 5 / 13 war die Erzeugung einer „positiven Einstellung gegenüber Problemen der Naturwissenschaft" (ebd.) bei den Kindern, so dass von daher überdauernde Wirksamkeit dieses Ansatzes erhofft wurde. Auch curricular betrachtet würde sich eine positive Einstellung gegenüber den Naturwissenschaften sicherlich günstig für ein Weiterlernen nach der Grundschule auswirken. Während in der didaktischen Diskussion des Sachunterrichts der vorliegende Ansatz durchaus zur Kenntnis genommen wurde,

Rezeption und Weiterentwicklungen erfahren hat (vgl. z.B. Möller 1999 und Klewitz / Richter 1994), blieb er in der bundesdeutschen Schulwirklichkeit fast unbeachtet. Zum einen wird als Ursache dafür gesehen, dass nach dem naturwissenschaftlichen Siegeszug, der am Beginn des Sachunterrichts stand, ab der zweiten Hälfte der 1970er Jahre allgemein die Bedeutung der Naturwissenschaften in der Grundschule wieder deutlich abnahm. Zum anderen wird der mangelnde Einsatz der Lehrerinnen und Lehrer genannt (vgl. Schwedes 2001, S. 144 f.). Dieser Grund ist oftmals wohlfeil; er sollte aber nicht zu einer allgemeinen Lehrerschelte führen, die ihrerseits die Rezeption anspruchsvoller Curricula erheblich erschweren kann.

Die Entwicklung des Ansatzes Science 5 / 13 ist auf jeden Fall abgeschlossen, insofern zählt er zu den in der jungen Geschichte des Sachunterrichts bereits historisch gewordenen Konzeptionen. Dementsprechend wird er hier tabellarisch in Ergänzung zu dem Schaubild „Konzeptionen des Sachunterrichts I" (s. Kap. 4.1) zusammengefasst.

Ansatz	Science 5 / 13
Vertreter Namen	ab 1967 in England: eine Arbeitsgruppe, die aus dem Nuffield Junior Science Project hervorgegangen ist (die erste Publikation erscheint in London und Glasgow 1967); in der Bundesrepublik Deutschland wird der Ansatz durch den Aufsatz von Walter Jung (1968) in der Zeitschrift „Die Grundschule" erstmals bekannt; ab 1973 erfolgt der Übertrag ins Deutsche vor allem durch Elard Klewitz, Horst Mitzkat und Hannelore Schwedes
Entstehungs- zusammenhang	in England wurde Science 5 / 13 als offenes Curriculum in bewusster Kritik zu den geschlossenen „Curricula Science Curriculum Improvement Study" und „Science – A Process Approach" im Rahmen der Reform der Primary School entwickelt; im Zuge der Bildungsreformdebatte der 1970er Jahre wollte der Ansatz ausgleichende Erziehung und Chancengleichheit fördern; naturwissenschaftlicher Unterricht in der Grundschule
Ziele Prinzipien	als übergreifendes Lernziel wird genannt: Entwicklung eines forschenden Geistes und der Fähigkeit, mit naturwissenschaftlichen Methoden an Probleme heranzugehen; Lernzielorientierung i.S. der Entwicklungstheorie von Jean Piaget (Übergang vom anschaulichen Denken zur konkreten Operation, frühe Entwicklungsstufe der konkreten Operation, fortgeschrittene Entwicklungsstufe der konkreten Operation, Übergang zum abstrakten Denken) ; offener Unterricht, Lebenswelt- und Situationsbezug, Kind- und Wissenschaftsorientierung
Inhalte	als Themenbereiche werden genannt: 1. Die unbelebte Umwelt, 2. Der Reichtum und die Natur pflanzlichen und tierischen Lebens, 3. Der Mensch und seine Stellung in der Natur, 4. Unterschiede, Ähnlichkeiten und Muster, 5. Wechselwirkungen und Veränderungen, 6. Energieumwandlungen, 7. Organisationsformen; es liegen zahlreiche Unterrichtsvorschläge vor, u.a.: Das Skelett des Menschen, Zeit und Zeitmessung, Zentralheizung oder Holz und Bäume
Verfahren, Methoden	prozessorientiertes Entdecken; Explorieren und Experimentieren; selbst gesteuertes, selbstorganisiertes und individualisiertes Lernen; entdeckendes Lernen; innere Differenzierung; Lehrer als Beobachter, Anreger, Helfer; anregungsreiche Lernumgebungen (reichhaltig befüllte Materialschränke, Arbeits- und Ausstellungstische)

3.5 Das situationsorientierte Curriculum im Sachunterricht

Die konzeptionelle Diskussion des Sachunterrichts wurde zu Beginn durch naturwissenschaftliche Entwürfe bestimmt. Aus dem Bereich der Sozialwissenschaften, der Sozialkunde oder auch des sozialen Lernens lagen in den späten 1960er Jahren und in den frühen 1970er Jahre zunächst noch keine Beiträge vor, was sicherlich auch daran lag, dass es im Zeichen der damaligen weltpolitischen Lage in den USA darum ging, die naturwissenschaftlich-technischen Qualifikationen der nachwachsenden Generation zu steigern. Das hatte u.a. zur Folge, dass die Curriculumentwicklung besonders auf naturwissenschaftlich-technischem Gebiet vorangetrieben wurde und somit Vorlagen entstanden, die hierzulande übertragen und adaptiert, später ergänzt und verbessert werden konnten. Dabei wird nicht übersehen, dass es in den USA durchaus Curricula zu sozialwissenschaftlichen Zusammenhängen gab, die sehr wohl auch in der Bundesrepublik jener Jahre mit Blick auf die Grundschule wahrgenommen wurden. Diese sind aber eher in Hinblick auf „politische Bildung" diskutiert worden, die jedoch seit 1971 für den Bereich der bundesdeutschen Grundschule eine eigenständige Entwicklung aufwies (vgl. Engelhardt 1971). Eine Übertragung oder Adaption dieser Curricula erfolgte – auch unter Berücksichtigung der Erfahrungen aus dem naturwissenschaftlichen Bereich – nicht. Gleichwohl setzten auch diese Curricula – zu denken ist dabei an das „Greater Cleveland Social Science Program" (vgl. Wenzel 1968), an die vorwiegend wirtschaftskundlichen Entwürfe „Our Working World" von Lawrence Senesh (1910-2003) und an das seinerzeit vielbeachtete Curriculum „Costa County Social Studies" von Hilda Taba (1904-1967) (vgl. Mitter 1969) – Impulse für die Entwicklung der sozialwissenschaftlichen Seite des Sachunterrichts (vgl. Feige 2002).

Der Entstehungszusammenhang des Situationsansatzes war jedoch ein anderer: Der Deutsche Bildungsrat verabschiedete im März 1973 die Empfehlung „Zur Einrichtung eines Modellprogramms für Curriculum-Entwicklung im Elementarbereich". Im Zuge dieser Initiative entwickelte Jürgen Zimmer in enger Anlehnung an die Erfahrungen der Arbeitsgruppe Vorschulerziehung des Deutschen Jugendinstituts, deren Leiter er war, seine curricularen Positionen für den Bereich der Elementarerziehung (vgl. Zimmer 1973a, S. 7-9) und für die Schuleingangsstufe bis einschließlich des 2. Schuljahrganges (vgl. Zimmer 1973b, S. 689 f.). Als Bezugstheorie diente dabei der von der Curriculum-Forschungsgruppe des Max-Planck-Instituts in Berlin unter der Leitung von Saul Benjamin Robinsohn entwickelte Dreischritt:

64

1. Identifizierung und Analyse relevanter Lebenssituationen
2. Bestimmung von Qualifikationen zur Bewältigung der jeweiligen Situationen
3. Konstruktion von Curriculumelementen, mit deren Hilfe die entsprechenden Qualifikationen erarbeitet werden sollen (vgl. Zimmer 1973a, S. 32)

Ziel des Curriculum war es, Kindern konkrete, auf Lebenssituationen bezogene Handlungsfähigkeiten zu vermitteln, die für sie in der Gegenwart und in der Zukunft relevant sind. Es geht darum, „Kinder aus verschiedenen subkulturellen Milieus und mit unterschiedlicher Lerngeschichte zu befähigen, Situationen ihres gegenwärtigen und künftigen Lebens zu bewältigen" (Zimmer 1973b, S. 684). Dabei wird aber nicht eine funktionale, sondern vielmehr eine autonome Selbständigkeit angestrebt. Die Kinder sollen demnach lernen, in gegebenen sozialen, sachlichen und institutionellen Situationen „autonom und kompetent" (ebd., S. 685) zu handeln, wobei sich natürlich schnell die Frage erhebt, welches denn solche Situationen sein könnten?

Zimmer und seine Mitarbeiter betonen, dass es sich dabei nicht um idealtypische, formale Situationen handeln dürfe, vielmehr gehe es um konkrete aus der kindlichen Lebenswelt stammende und auch zu beeinflussende Situationen, in denen Kinder auch tatsächlich Handelnde sind oder sein werden (vgl. Zimmer 1973a, S. 36 f.).

Didaktisch problematisch und dementsprechend aufwendig stellte sich die Identifikation von geeigneten Situationen dar. Die konkreten Situationen, „von denen Kinder unmittelbar betroffen sind" (Zimmer 1973b, S. 686), sollten demzufolge in einem rationalen Diskurs aller Beteiligten gefunden werden. Zu diesen zählen die Erzieherinnen bzw. die Lehrerinnen und Lehrer, die Eltern, die am Projekt beteiligten Wissenschaftler und indirekt die betroffenen Kinder und gegebenenfalls auch andere Handlungsbeteiligte (vgl. Zimmer 1973a, S. 36-38).

Als situative Anlässe werden genannt:

- (lokal)geschichtliche Vorfälle
- aktuelle Gegebenheiten mit lebensgeschichtlicher Bedeutsamkeit für die Kinder (z.B. Geburt, Tod, Trennung, Umzug)
- alltägliche Vorfälle (z.B. Krankenhaus, Verlaufen, Zubettgehen)

Das Verfassen von Curricula scheint dem eigenen Anspruch, Kinder in Hinblick auf konkrete Vor-Ort-Situationen vorzubereiten, zu widersprechen, denn keine der jeweiligen Situationen wird sich mit anderen zur Deckung bringen lassen – schon Ort, Zeit und die beteiligten Personen werden immer andere sein, so dass eine notwendigerweise generalisierende didaktische Überformung der gegebenen oder vorgefundenen Lebenssituationen nur auf Kosten der jeweiligen Authentizität zu bewerkstelligen ist. Diesen potentiellen Widerspruch sieht auch Zimmer. Er versucht ihn auf zwei Wegen zu umgehen: Erstens gebe es in konkreten Situationen immer auch nicht wenige Erfahrungen, die übertragbar seien. Bei der Konstruktion von situationsorientierten Curricula müsse daher auf die „Hoffnungen auf Übertragbarkeit von Erfahrungen" (Zimmer 1973b, S. 686) gebaut werden.

Zweitens verstehen sich die Curricula als offene Curricula, die Anregungen und Impulse geben wollen und entsprechende Materialien zur Verfügung stellen und auf diese Weise bestimmte Themenkreise inhaltlich zwar erarbeiten, aber offen bleiben für die je konkreten Verwendungszusammenhänge.

So entstanden in der Folgezeit Curricula zum „Sozialen Lernen" im Elementarbereich und für die unteren Jahrgänge der Grundschule. Soziales Lernen bedeutet im vorliegenden Kontext, dass Kinder selbständig, emanzipiert und solidarisch mit Kompetenz und Autonomie handeln können (vgl. Zimmer 1973a, S. 28-31). Insgesamt entwickelten Zimmer und Mitarbeiter 28 offene Curricula zum sozialen Lernen, die ihrerseits recht handfest in Erscheinung traten. Jeder Themenbereich füllt einen umfangreichen massiven gelben Plastikordner, der den Nutzern eine Vielzahl von Materialien anbot: Tonkassetten, Diareihen, Bildmaterialien, Poster, Sachtexte, erzählende Texte, Kollagen, Arbeitsblätter, Unterrichtsvorschläge, Hinweise zu möglichen außerschulischen Lernorten etc. Als Themen wurden u.a. erschlossen: „Kinder im Krankenhaus", „Verlaufen in der Stadt" „Neue Kinder in der Gruppe", „Junge und Mädchen", „Ich habe einen Bruder / eine Schwester bekommen", „Gastarbeiterkinder", „Spielaktionen" (vgl. Krebs 1977, S. 213 und DJI 1980). Als geeignete Formen der Vermittlung werden „Projekt" und „didaktische Schleifen" angesehen.

Ohne Kenntnis der heutigen Forschungssituation (vgl. Knoll 1993, S. 571-587) wird das „Projekt" mit Verweis auf John Dewey (1859-1952) und William H. Kilpatrick (1871-1965) als für sich selbst sprechend eingeführt, während „didaktische Schleifen" als „Stützkurse" zur Kompetenzvermittlung beschrieben werden, die immer dann zum Einsatz kommen, wenn das Projekt aufgrund offenkundiger Kompetenzmängel zu scheitern droht. Dabei dürfen die „didaktischen Schleifen" wegen ihrer Nähe zu einem schulförmigen Unterricht keine Eigendynamik entwickeln (vgl. Zimmer 1973a S. 47), denn ausdrückliches Bekenntnis des situationsorientierten Curriculum ist seine Schulferne. Als Referenzen werden in diesem Zusammenhang die „Befreiungspädagogen" Julius Nyerere (1922-1999) in Tansania und Paolo Freire (1921-1997) in Brasilien genannt, weiterhin wird mit Ivan Illich (1926-2002) auf die „Entschulung der Gesellschaft" und mit Helen Parkhurst (1887-1959) und deren „Parkway-Program" in Philadelphia auf entschulte Formen des Lehrens und Lernens verwiesen. Folgerichtig wird dem außerschulischen bzw. außerinstitutionellen Lernen ein hoher Stellenwert zugemessen, gleichfalls wird der Einsatz von „Laienpädagogen" i.S. außerschulischer „Experten" empfohlen (vgl. Zimmer 1973a, S. 14-16).

Der Situationsansatz stellt kein Curriculum dar, das der Sachunterrichtsdidaktik oder der Grundschulpädagogik entstammt. Seinen Ursprung verdankt es der zeitgenössischen Suche nach sinnvollen Vorschulprogrammen. Die Berliner COLFS-Arbeitsgruppe (Curriculumorientierte Lehrerfortbildung für den Sachunterricht) um Gerhard Dallmann bemühte sich in der Folge darum, den Situationsansatz für den Sachunterricht fruchtbar zu machen (vgl. Dallmann / Meißner 1980a, S. 99), nachdem sie die Grenzen der Fachorientierung, der sie sich zuvor verpflichtet sah (vgl. ebd., S. 104), erkannt hatte. Allerdings blieb diesen Anstrengungen eine größere Rezeption außerhalb Berlins versagt. Die COLFS-Gruppe versuchte über die Lehrerfortbildung ihre Curricula in die Schulen zu tragen, indem sie diese zusammen mit Lehrerinnen und Lehrern entwickelten. Allerdings scheint die Zahl der daran beteiligten Lehrer gering gewesen zu sein, wie aus dem rückschauenden Selbstzeugnis hervorgeht. So ist bei dem mitgeteilten Beispiel von nur drei Lehrerinnen die Rede, die eine Unterrichtseinheit in einem ersten und zweiten Schuljahr erprobt haben (vgl. Dallmamm / Meißner 1980a, S. 132). Im Übrigen wird der Situationsansatz durch bildungsadministrative Vorgaben viel stärker relativiert als das bei dem ursprünglichen Muster nach Zimmer der Fall war. Die COLFS-Arbeitsgruppe bemüht sich stets um „Kompatibilität eines favorisierten Unterrichtsthemas mit dem gültigen Rahmenplan", was dazu führt, dass die Arbeitsgruppe immer nur „durchschnittliche, idealtypische Lebenssituationen der Schüler" (ebd., S. 100) erfassen konnte.

Inhaltlich waren indes ähnliche Missgriffe wie bei dem weiter unten noch auszuführenden Zimmerschen Curriculum „Kinder im Krankenhaus" zu verzeichnen. Das Thema „Lagerung von Lebensmitteln" konfrontiert die Kinder einer 1. und 2. Klasse mit dem Verlesen eines Zeitungsartikels, der davon berichtet, wie in einem Jugendlager in Folge des Verzehrs von verdorbenen Hühnerfleisch 150 Jugendliche erkrankten, von denen sogar 32 ins Krankenhaus gebracht werden mussten (vgl. ebd., S. 127). Das Problem der Angstauslösung, das Flitner dem Situationsansatz von Zimmer vorhielt (vgl. 1974), ist auch hier offensichtlich. Die Zeitungsstory wurde später entfernt, weil die Kinder von „freien Assoziationen" (Dallmann / Meißner 1980a, S. 132) abgelenkt waren. Im Übrigen bleibt die Frage, was dem Situationsansatz gemäß Kinder eines ersten oder zweiten Schuljahres mit der Lagerung von Lebensmitteln im Haushalt überhaupt zu tun haben? Auch ist nicht einsichtig um welche Probleme es dabei geht, denn am Ende der 1970er Jahre waren wohl doch nahezu alle Haushalte, zumal in einer Großstadt, mit Kühlaggregaten bestückt. Auch spielte hier eine private Lebensmittelvorratshaltung sicherlich keine relevante Rolle mehr – diese gab es zu jener Zeit wohl auch nur noch im ländlichen Bereich, wo noch eher Obst und Gemüse eingekocht, Konserven befüllt und Kartoffeln und andere Feldfrüchte eingelagert wurden. Unterrichtsvorschläge, die an anderer Stelle veröffentlicht worden sind, vermögen ebenfalls nicht so recht zu überzeugen. So wird z.b. in einem Unterrichtsvorschlag zur Umwelterziehung für einen vierten Schuljahrgang nur auf Tätigkeiten wie Müll sammeln, Müll trennen und Altglas zum Container bringen und einwerfen abgehoben – eine stärker kognitiv akzentuierte Durchdringung des Themas wird weitgehend abgelehnt (vgl. Dallmann / Meißner 1980b, bes. S. 167).

Die Unterrichtsvorschläge, die in dem Versuch, den situationsorientierten Ansatz für den Sachunterricht zu übertragen, ausgearbeitet worden sind, rufen in der Tat nicht gerade Beifallsstürme hervor, auf der anderen Seite jedoch fordert das situationsorientierte Curriculum bis heute dazu auf, einen nicht mehr nur naiven Umgang mit „Situationsorientierung" als didaktischer Kategorie zu pflegen, sondern vielmehr reflektiert und besonnen mit einer anscheinend so leichtfüßig daherkommenden Kategorie „Situationsorientierung" umzugehen.

3.5.1 Zum Wissenschaftsverständnis des situationsorientierten Curriculum

Der Situationsansatz wurde in scharfer Abgrenzung zu den naturwissenschaftlichen Curricula formuliert. Mit ihm wird grundsätzlich bezweifelt, ob mit den dort gefundenen Kategorien wie „concepts" oder „processes" überhaupt ein tragfähiger Unterricht zu gestalten sei. Der durch wissenschaftliche Strukturen und Verfahren überformte Unterricht erzeuge nur „Hilflosigkeit" und sei völlig ungeeignet, Kinder zur Bewältigung von Lebenssituationen zu befähigen, denn der wissenschaftsorientierte Sachunterricht zwinge dazu, dass sie „an ihren Lebensproblemen vorbeilernen müssen" (Zimmer 1973a, S. 24). Der situationsorientierte Ansatz kann als zumindest wissenschaftsskeptisch und in Teilen sogar als anti-wissenschaftlich bezeichnet werden.

Nach Zimmer hat Wissenschaft häufig ein „gebrochenes Verhältnis" zur Lebenspraxis (vgl. ebd., S. 26), da sie mit ihrer Rationalität dazu neige, sich vom Alltag loszulösen (vgl. ebd., S. 32 f.). Es sei daher auch nicht anstrebenswert, Didaktik von den Bezugswissenschaften ausgehend zu entwerfen, wie dies etwa Bruner vorschlug, vielmehr müssten gegenwärtige oder künftige Lebenssituationen mit ihren sozialen Verstrickungen für das Lernen didaktisch fruchtbar gemacht werden. Wissenschaftspropädeutik als Gegenstand der Vorschul- oder auch der frühen Grundschularbeit wird abgelehnt (vgl. ebd.). Wissenschaft und

Erziehung werden fast als sich widersprechend gesehen, mindestens werden die Möglichkeiten der Wissenschaft zur Freilegung relevanter Curriculumelemente i.S. des lebensweltlich rückgebundenen Situationsansatzes sehr bezweifelt (vgl. Zimmer 1973b, S. 690 f.).

Kritik richtet sich dabei auf die Ableitungsproblematik des naturwissenschaftlichen Struktur- oder Konzeptansatzes nach Spreckelsen (vgl. Zimmer 1973b, S. 691). Auch im Rahmen des situationsorientierten Curriculum sei es erkenntnistheoretisch nicht möglich, bedeutsame Lebenssituationen durch bloße Deduktion aufzufinden, „weil stringentere Begründungszusammenhänge auf deduktivem Wege nicht herstellbar sind" (Zimmer 1973b, S. 685). Da auch der induktive Weg nicht zu generalisierbaren Aussagen führen kann (vgl. König 1975, S. 151) und daher im vorliegenden Kontext erkenntnistheoretisch auch nicht in der Lage ist, curricular relevante Lebenssituationen zu erkennen, beschreitet der Situationsansatz einen dritten Weg und versucht, Induktion und Deduktion miteinander zu verknüpfen (vgl. Zimmer 1973a, S. 34 und Zimmer 1973b, S. 685), so dass die Curriculumentwicklung selbst als integraler Bestandteil des Erkenntnisprozesses aufgefasst wird: „In der Durchführung situationsbezogener Lernprozesse wird ein Stück Curriculumentwicklung geleistet" (ebd.).

Die Curricula sollen auf diese Weise zwar ständig weiterentwickelt werden, jedoch anders als etwa beim verfahrensorientierten Ansatz sind hierbei nicht die gewünschten Schülerverhaltensweisen die Grundlage für curriculare Innovationen, sondern der Gedankenaustausch der an der Curriculumkonstruktion beteiligten Personengruppen. Autonomie und Kompetenz als situationsrückgebundene Qualifikationen lassen sich nach Zimmer nicht in behavioristischer Manier bis in die letzte Einzelheit hinein beschreiben, sie müssten vielmehr handlungsgebunden erworben werden, wobei die jeweiligen Standards auszudiskutieren und weiterzuentwickeln seien (vgl. Zimmer 1973a, S. 45 f.).

Der situationsorientierte Ansatz versteht sich ausdrücklich als nicht wissenschaftsorientiert. Die Wissenschaften haben lediglich dafür zu sorgen, Wissensbestände vorzuhalten, die möglicherweise zur Bewältigung von Lebenssituationen didaktisch fruchtbar gemacht werden können, es komme ihnen daher nur eine dienende Funktion zu, sie haben sich zuarbeitend in den Dienst des Qualifikationserwerbs der Kinder zu stellen. Der eigendynamische Selbstwert, der ihnen noch in den naturwissenschaftlichen Konzeptionen des Sachunterrichts zugemessen wurde, wird von den Vertretern des Situationsansatzes zurückgewiesen (vgl. Krebs 1977, S. 215 f.).

3.5.2 Situationsorientierung und anthropologisch-entwicklungs-psychologische Voraussetzungen

Die Machbarkeitsvorstellungen in Bezug auf die intellektuelle Förderung bei Kindern, wie sie noch von Bruner ins Feld geführt worden sind, lehnt Zimmer für seinen Ansatz ab. Er warnt davor, die Erkenntnisse der Entwicklungspsychologie, die ausschließlich auf die kognitive Genese abzielten, auf die Erziehung der Kinder – hier vor allem im Vorschulalter – zu übertragen. In der Rezeption dieser Entwicklungspsychologie seien vielmehr Intelligenztrainingsprogramme entstanden, die völlig isoliert und ohne jeden Bezug zur Lebenswelt der Kinder zur Anwendung kämen. Das Scheitern dieser Ansätze, die Zimmer als „psychisch-funktional" (1973a, S. 20) bezeichnet, und damit die Hoffnung auf die Früchte einer kompensatorischen Erziehung seien aufgrund dieser verschulten und lebensfernen Vorgehensweise vorprogrammiert gewesen. Das Bild vom Kind könne nicht an irgendwelche Items (Merkmale) von Intelligenz aufgehängt werden, die ihrerseits nicht auf den konkreten Lebenszusammenhang bezogen seien. Vielmehr gelte es, den Kindern konkrete lebenssituationsbezogene Qualifikationen zu vermitteln. Mit Blick auf den schulischen Kontext kritisiert Zimmer vor allem die disziplinbezogenen Konzeptionen, wobei der struktur- oder konzeptorientierte Ansatz des Sachunterrichts nach Bruner wegen seines Formalismus die heftigste Kritik erfährt (vgl. ebd., S. 22 f.).

Vielmehr gelte es, Kinder zu befähigen, gegenwärtige und künftige Lebenssituationen zu bewältigen (vgl. Zimmer 1973b, S. 684). Dies solle auch vorrangiges Ziel der schulischen Arbeit sein. Beim Übergang von vorschulischen Einrichtungen zur Schule, etwa in einer schulisch verorteten Eingangsstufe, komme dem Spiel als besonders kindgerechte Aktions- und Lernform eine herausgehobene Bedeutung zu (vgl. ebd., S. 688 f.). Ohne den Begriff „Spiel" genauer zu bestimmen – z.B. Lernspiel, Kinderspiel, Regelspiel oder Rollenspiel (vgl. Einsiedler 2004a, S. 287 f. und Einsiedler 2004b, S. 465-467) –, wird es als geeignetes Mittel zur Gestaltung des Überganges vom Kindergarten in die Grundschule empfohlen. Nach Zimmer werden unter „Spiel" freie, ungebundene Aktionsformen der Kinder verstanden, die besonders im Vorschulalter vorherrschend seien. Mit Eintritt in die Grundschule gewinnen *Formen geregelten Lernens* (Zimmer 1973b, S. 688, kursiv wie im Original, Anm. B.T.) an Gewicht, wobei Zimmer rät, das Spiel auch im schulischen Kontext weiter zu berücksichtigen. Das Spielen und Lernen der Kinder sieht er dabei nicht als sich ausschließende Aneignungsformen der Umwelt, vielmehr seien diese im Kindesalter verschränkend aufeinander bezogen. Dabei bestimmt Zimmer das Verhältnis von Spielen und Lernen als eine allmähliche Zunahme des regelhaften Verhaltens. Um Spielen und Lernen in ein produktives Verhältnis zu setzen, sei besonders das entschulte Erarbeiten von Lebenssituationen geeignet, da hier das zielgerichtete, regelhafte Handeln dann an Bedeutung gewinne, wenn der spielerische Umgang allein nicht mehr ausreiche (vgl. ebd., S. 699).

Mit Blick auf den Schuleintritt kommt dem Spiel demnach eine „Brückenfunktion" zu (Einsiedler 2004b, S. 467), wobei dann immer die Gefahr besteht, dass das Spiel schulisch funktionalisiert und in die pädagogisch nicht unumstrittene Form eines Lernspiels überführt wird (vgl. Einsiedler 2004a, S. 287 f.). Diese Gefahr scheint Zimmer nicht zu sehen. Er bleibt in diesem Punkt spieltheoretisch unscharf, zumal sich nach seiner Auffassung in seinem Situationsansatz Spiel und Lernen ohnehin harmonisch ergänzen würden.

Möglicherweise trägt diese spieltheoretische Unschärfe auch dazu bei, dass es zu didaktischen Empfehlungen kommt, die nur als „didaktische Kunstfehler" bezeichnet werden können. Bei dem von Zimmer selbst als Vorzeigeeinheit gewählten Curriculum „Kinder im Krankenhaus" wird folgender Umsetzungsvorschlag unterbreitet: „Wenn innerhalb der Einheit »Kinder im Krankenhaus« nach Erklärungen für körperliche Geschehnisse bei äußeren Verletzungen und infizierten Wunden verlangt wird, läßt sich das, was in einer Ader geschieht (Blutplättchen, die Blutgerinnung bewirken; der Transport von Sauerstoff durch die roten Blutkörperchen; der Abwehrkampf weißer Blutkörperchen gegen eindringende Bakterien) dramatisieren und verdeutlichen (man baut sich aus Stühlen einen Gang, der – mit Decken zugedeckt – eine Ader symbolisiert; die Kinder spielen Abwehrversuche der weißen Blutkörperchen gegen Eindringlinge)" (Zimmer 1973a, S. 51). Auch wenn es heute teilweise in der Sachunterrichtsdidaktik nicht mehr so streng gesehen wird wie noch in Zeiten einer entschlossenen Wissenschaftsorientierung (vgl. z.B. Lück 2000, S. 123-129), so liegen hier doch anthropomorph-animistische Erklärungsmuster vor, die für sich nicht mehr beanspruchen können, einen Sachverhalt didaktisch angemessen zu reduzieren, vielmehr werden hier hoch komplexe Vorgänge unzulässig vereinfacht und es ist kaum zu erwarten, dass aus solchen „Spielvorschlägen" – im besten Falle – mehr als lustige Balgereien herauskommen; anschlussfähiges Wissen wird mit diesem naiven anthropomorph-animistischen Vorgehen wohl kaum erzeugt werden können.

Der Situationsansatz vollzog gegenüber den disziplinorientierten Curricula die Kehrtwendung zu einer neuen „Kindorientierung". Er will Kinder situationsbezogen konkrete Handlungskompetenzen erwerben lassen und ihnen somit zunehmende Autonomie verschaffen. Dabei wird zwischen Spiel und Lernen nicht immer hinreichend unterschieden und es kommt zu Umsetzungsvorschlägen, die unangemessen vereinfachen. Anstelle kindgemäß zugeschnittener Lernprozesse treten dann verfälschende, Lernwege abschneidende und infantilisierende Beschäftigungsvorschläge, die zudem nicht geeignet erscheinen, bei der Bewältigung der angezielten Situation für die Kinder hilfreich zu sein. Darüber hinaus kritisierte Andreas Flitner den Situationsansatz dahingehend, dass er zu bedenken gab, ob nicht durch das Bearbeiten von Situationen wie „Kinder im Krankenhaus" überhaupt erst Ängste bei den Kindern geweckt werden würden – ähnlich wie in dem oben ausgeführten Beispiel von Dallmann und Meißner –, von denen sie realiter größtenteils gar nicht betroffen seien (vgl. Flitner 1974, S. 52).

3.5.3 Situationsorientierung im gesellschaftlichen Kontext und pädagogisch-curriculare Aspekte

Mit der Mondlandung von Apollo 11 im Juli 1969 wurde in der westlichen Welt der Höhepunkt der Wissenschaftsbegeisterung und der Technikeuphorie erreicht, selbst das unmittelbare Nachfolgeprojekt Apollo 12 löste kaum noch diese Begeisterung aus, und Apollo 13 wurde nur noch wegen seiner Havarie wieder mit entschieden mehr Aufmerksamkeit bedacht. Das restliche Apolloprogramm fand kaum mehr die anfängliche Aufmerksamkeit und wurde schließlich um drei Flüge (Apollo 18-20) zusammengestrichen. Der Niedergang dieses Interesses ging Hand in Hand mit einer zunehmenden Wissenschaftsskepsis.

Auch die politische Aufbruchsstimmung der jungen Brandt-Scheel-Ära begann sich zu verflüchtigen. Nach Jahren der Vollbeschäftigung setzte im Zuge der ersten Ölkrise im Winter 1973 / 74 politische Ernüchterung ein, die durch die folgende Wirtschaftkrise, bei der die Arbeitslosenzahl auf über 1, 5 Millionen stieg, noch verstärkt wurde.

In diese Zeit hinein fielen die ersten sozialwissenschaftlichen Konzeptionen (Situationsansatz und Integrativ-mehrperspektivischer Unterricht) des Sachunterrichts und der Grundschularbeit, die naturwissenschaftlichen Konzeptionen hatten bereits schon wieder ausgedient und erfuhren keine Neuauflagen mehr.

Auch von dem curricularen Grundzuschnitt empfanden sich die sozialwissenschaftlich orientierten Ansätze als alternative Antwort auf den naturwissenschaftlichen Sachunterricht, da sie sich im Gegensatz zu diesem entschieden als offene Curricula verstanden. Die pädagogische Einschnürung durch nur noch zu befolgende Vorgaben lehnten sie für sich strikt ab.

Allerdings akzeptierte der Situationsansatz ausdrücklich den Aufbau des Lehrplans in Form eines Spiralcurriculum und beanspruchte mit seinen Einheiten zum „Sozialen Lernen" der Grundstein für ein für die Grundschule weiter zu entwickelndes Spiralcurriculum zu sein, wobei sich aufsteigend fachliche

Bezüge anzulagern hätten (vgl. Zimmer 1973a, S. 689 f.). Unversehens wird damit auf die reformpädagogische Konzeption des Gesamtunterrichts zurückgegriffen, die dann auch ausdrücklich genannt wird (vgl. ebd., S. 687). So liegt hier in diesem Punkt ein frühes Beispiel für die reformpädagogische Renaissance vor, die im Zeichen einer neuen Kindorientierung vor allem in den 1980er Jahren Einzug in die Grundschule hielt (vgl. Neuhaus-Siemon 2000, S. 192 f.).

3.5.4 Situationsorientierung und grundlegende Bildung

Die in den 1970er und 1980er Jahren teilweise zu bemerkende Zurückhaltung gegenüber dem Bildungsbegriff, der – wie Klafki kritisch feststellt (vgl. 1985, S. 12 f.) – als überholt angesehen wurde und deshalb auf die gegebenen historischen Verhältnisse nicht mehr anwendbar sei, teilen die Vertreter des Situationsansatzes nicht. „Bildung" gehört zunächst scheinbar wie selbstverständlich zu ihrem Vokabular (vgl. Zimmer 1973b, S. 684 f.), bevor dann doch eine eingehendere Auseinandersetzung mit dem Bildungsbegriff folgt. Dabei zeigen die Argumentationszusammenhänge eine interessante und vielleicht unerwartete Nähe zu der Verteidigung des Bildungsbegriffes, wie sie etwa von Klafki formuliert worden ist (vgl. 1985).

Unter Verweis auf die philosophisch-aufklärerische und die philosophisch-idealistische Auffassung von „Bildung" wird festgestellt, dass sie ursprünglich auf eine freisetzende Autonomie des Individuums abzielte und ihr mithin ein starkes gesellschaftskritisches, die bestehenden Machtverhältnisse zumindest hinterfragendes Moment eingeschrieben war. Im Zuge der weiteren gesellschaftlichen Entwicklungen in der zweiten Hälfte des 19. Jahrhunderts – vor allem mit Blick auf die wirtschaftlichen und militärischen Anforderungen – musste eine Qualifikationsverbesserung der Bevölkerung bewirkt werden, was zu einer immer deutlicheren Trennung von Bildung und Ausbildung (vgl. Zimmer 1973a, S. 29 und ganz ähnlich Klafki 1985, S. 15 f.) führte, wobei Ausbildung im Zeichen der steigenden Arbeitsteilung in verstärktem Maße bereichsbezogene technisch-instrumentelle Kompetenzen vermittelte mit einem entschiedenen Zug zum Realienwissen (vgl. Zimmer 1973a, S. 29) und Bildung, besonders im humanistischen Verständnis, sich zu einem Vorrecht für eine vom unmittelbaren Nahrungserwerb befreite elitäre bürgerliche Schicht entwickelte. Klafki spricht in diesem Zusammenhang von der „Verfallsgeschichte der klassischen Bildungsidee" (1985, S. 15), die ursprünglich die Idee individueller Selbstbestimmung mit der Humanisierung und Demokratisierung der Gesellschaft verband (vgl. ebd.).

Dieses Auseinanderfallen der „Bildungen" schreibt Zimmer der Philosophie des deutschen Idealismus zu (vgl. Zimmer 1973a, S. 29), wobei die Wurzeln für das Auseinanderdriften von Bildung und Ausbildung bereits in der bildungstheoretischen Uneinigkeit zwischen Philanthropismus und (Neu)-humanismus liegen (vgl. z.B. Blankertz 1982, S. 95-101); (erinnert sei hier nur an die programmatische Kampfschrift von Friedrich Immanuel Niethammer (1766-1848) „Der Streit des Philanthropismus und des Humanismus" aus dem Jahre 1808, die Borsche (vgl. 1993) bildungstheoretisch analysiert hat).

Die in der Folge entstandene Kluft zwischen humanistischer Bildung und realistisch-utilitärer Ausbildung, zwischen Autonomie und Kompetenz, soll durch den Bezug auf Lebenssituationen aufgehoben werden. Der Situationsbezug lässt die künstliche Trennung von Kompetenzen, die Autonomie befördern, und technisch-instrumentellen Kompetenzen nicht mehr zu. Ebenso verknüpft sich in ihm das lehrplanmäßig häufig unverbunden vermittelte Sachwissen mit dem sozialen Leben. Das situationsorientierte Curriculum stellte also den Versuch dar, „technisch-instrumentelle Qualifikationen auf ihre sozialen Kontexte rückzubeziehen und sie in ihnen zu vermitteln, um damit jenes Mehr an Kompetenz zu schaffen, das notwendig erscheint, wenn Autonomieansprüche erkannt und vertreten werden sollen" (Zimmer 1973a, S. 30). Dadurch – so der Autor weiter – könne es auch gelingen, die historisch gewordene, bildungstheoretische Trennung der Realitätsbetrachtung einerseits durch „Humaniora" und andererseits durch „Realien" zu überwinden (vgl. ebd., S. 31 und 1973b, S. 686). Damit wird die Überwindung des Gegensatzes zwischen formaler und materialer Bildung angesprochen. Beiden klassischen Bildungsauffassungen liegt ein klar kodifizierter Bildungskanon zugrunde. Einen solchen vermochte und wollte der Situationsansatz aber nicht erzeugen. Trotz der Vorlage von immerhin 28 Einheiten zum „Sozialen Lernen" scheint die Inhaltsfrage die große Schwäche des Situationsansatzes zu sein, vielleicht gerade begründet durch sein Bemühen, alle möglichen Bildungsansprüche in sich vereinen zu wollen und sie letztlich doch nur an mehr oder weniger zufällig gefundene Situationen mit höchst fragwürdigen Unterrichtsempfehlungen (z.B. „Kinder im Krankenhaus") auszuliefern.

Obwohl das situationsorientierte Curriculum sich selbst in die Nähe eines „vorfachlichen Gesamtunterrichts" bringt (vgl. Zimmer 1973b, S. 687), teilt es auf keinen Fall dessen volkstümliches Bildungsverständnis. Ziel ist es vielmehr – auch schon bei Kindern im Vorschulalter – eine soziale und instrumentelle Handlungskompetenz aufzubauen, die reflektiert die jeweiligen sozialen und gesellschaftlichen Verwertungszusammenhänge durchschaut und über Handlungsalternativen verfügt, die souverän und selbstbestimmt eingesetzt werden können. Ausdrücklich wird betont, dass es bei der zu erzeugenden Handlungskompetenz nicht um Qualifikationen geht, die fremdbestimmt „einfach auf

Abruf" (Zimmer 1973a, S. 31) bereit stünden, sondern um Fähigkeiten, die auf Autonomie, Selbstbestimmung und Solidarität abzielten (vgl. ebd., S. 28-31). Abschließend sollen auch hier die drei Bestimmungsmerkmale für grundlegende Bildung nach Glöckel auf den vorliegenden Ansatz bezogen werden. Der von Glöckel geforderte Lebensweltbezug der auszuwählenden Inhalte wird durch den Situationsansatz im besonderen, fast überzogenen Maße eingelöst. Die Lebensweltrelevanz bestimmt allein die Auswahl der Situationen und damit die Auswahl der Inhalte. Trotz aller Emanzipationsbekundungen ist daher die Gefahr einer bloßen Abbild- und Zurichtungsdidaktik nicht ganz von der Hand zu weisen.

Die fachliche Relevanz der Inhalte wird durch die Dominanz des Situationsbezuges eindeutig vernachlässigt. Sie wird auch ausdrücklich nicht angestrebt. Dabei ist allerdings zu beachten, dass der Situationsansatz zunächst für die Vorschulerziehung entwickelt worden ist und sich von daher die Frage nach dem Fachbezug von vornherein relativierte. Die an unterweisenden Unterricht erinnernden „didaktischen Schleifen", die noch am ehesten einen Fachbezug vermuten ließen, dienen aber nur dazu, unbedingt notwendige Qualifikationen in belehrend-ökonomischer Form zu vermitteln (vgl. 1973b, S. 688). Für die weitere Entwicklung des Ansatzes auf die Grundschule bezogen räumt Zimmer eine allmähliche Anlagerung von „disziplinären Zugängen" an seinen Situationsunterricht ein (vgl. ebd., S. 690), wobei er jedoch für seine Konzeption eine ausdrückliche Lokalbezogenheit fordert (vgl. ebd., S. 687). Zusammen mit seinem Bekenntnis zum Gesamtunterricht erinnert dieser Ansatz unversehens an die „alte Heimatkunde", in deren Zentrum gleichfalls der Unterricht über die nahen Verhältnisse stand, an dem sich – ganz im Sinne des heimatlichen Gesamtunterrichts – allmählich die Fachbezüge anlagern sollten.

Trotz dieser überraschenden Übereinstimmungen bleibt ein Unterschied besonders offenkundig: das uneingeschränkte Plädoyer für eine Erziehung zur Autonomie. Dieser freisetzende Anspruch fehlte der Heimatkunde weitgehend, gleichzeitig ist in dieser Zielsetzung auch die überdauernde Bedeutung des Situationsansatzes auszumachen. Inhaltlich kann der Situationsbezug nur schwerlich für sich beanspruchen, über die konkrete Situation hinaus überdauernde Themen zu bearbeiten, das Erschließen von „großen Themen" kann durch die Situationsbeschränkung ebenfalls nicht geleistet werden, derartige Bezüge kommen erst gar nicht in die Aufmerksamkeit dieses Ansatzes.

3.6   Der integrativ-mehrperspektivische Unterricht (MPU)

In ausdrücklicher Kritik zu den vorgängigen Ansätzen entstand im Rahmen des CIEL-Programms (CIEL = Curriculum institutionalisierte Elementarerziehung) der Ansatz des integrativ-mehrperspektivischen Unterrichts, den der Hauptakteur der Arbeitsgruppe bis heute mit „MPU" abkürzt (vgl. Giel 2001, S. 201) – von daher erscheint es berechtigt wenn im Folgenden diese Abkürzung zur Bezeichnung des integrativ-mehrperspektivischen Unterricht gleichfalls benutzt wird.

Am fachorientierten Ansatz wird vor allen Dingen die bloße Vorverlagerung des Fachunterrichts in die Grundschule hinein bemängelt (vgl. Giel 1975, S. 16), die naturwissenschaftlichen Ansätze werden vorwiegend wegen ihres Verständnisses von „Wissenschaftsorientierung" und wegen ihrer fachlich-propädeutischen Ausrichtung in Gestalt geschlossener Curricula kritisiert (vgl. Giel 1974, S. 37-42 und Krämer 1974b, S. 89). Die Heimatkunde wird nicht so sehr wegen ihres konzeptionellen Zuschnitts der Kritik unterworfen, vielmehr wird ihre inhaltliche Vordergründigkeit missbilligt (vgl. Giel 1974, S. 53 f.). Indirekt wird auch der Situationsansatz abgelehnt, wendet sich doch die CIEL-Arbeitsgruppe entschieden gegen eine bloße „Abbilddidaktik", womit genau der Kritikpunkt angesprochen ist, der dem situationsorientierten Curriculum häufig vorgehalten wurde (vgl. Giel 1975, S. 29). Generell habe die Grundschule mit der Aufgabe des heimatkundlichen Gesamtunterrichts ihre Sinnmitte, Identität und – durch die Überdehnung ihrer propädeutischen Funktion – auch ihre Eigenständigkeit verloren. Durch den MPU soll nun diese verloren gegangene Eigenständigkeit zurückgewonnen werden, ohne dass alte Heimatkundekonzeptionen wiederbelebt werden. Gleichzeitig wird die Reduktion der Grundschule nur auf Propädeutik abgelehnt (vgl. CIEL-Arbeitsgruppe 1976, S. 5).

Während der Situationsansatz das Ziel hatte, Kindern auf Situationen bezogene konkrete Handlungskompetenzen zu vermitteln, geht es dem MPU darum, eine „allgemeine Handlungsfähigkeit" aufzubauen. Diese wird deutlich als „Gegensatz" formuliert: „Allgemeine Handlungsfähigkeit setzt sich ab gegen spezifische (rollen-, funktions- und situationsspezifische) Handlungsfähigkeit" (Hiller 1974, S. 69). Vielmehr gelte es, Kindern über ihre Spezialrollen hinaus eine Handlungskompetenz zu vermitteln, die sie dazu befähige, an gesellschaftlichen Prozessen kritisch-konstruktiv und abständig-reflektierend teilzuhaben (vgl. Giel 1974, S. 51 f.).

Um das zu erreichen, müssen die Kinder zunächst über die Alltagswirklichkeit, in die sie verstrickt sind, aufgeklärt werden. Die Alltagswirklichkeit ist aufklärungsbedürftig. Angezielt wird dabei eine Handlungskompetenz, die „zur

Bewältigung von Alltagsbesorgungen" (CIEL-Arbeitsgruppe 1976, S. 5) jenseits von Spezialrollen befähigt, z.b. im Straßenverkehr, beim Einkaufen, beim Umgang mit der Post oder auch beim Spielen auf dem Spielplatz. Da das Agieren in den beispielsweise genannten Zusammenhängen gesellschaftlich geprägt ist, werden diese von der CIEL-Arbeitsgruppe auch als „Handlungsfelder" bezeichnet, die nun ihrerseits – nach einem entsprechenden Aushandlungsprozess zum Gegenstand des Unterrichts werden können. Der MPU will nun nicht nur das „faktische Agieren" in diesen Handlungsfeldern vermitteln – das wird oft völlig beiseite gelassen –, vielmehr sollen die Bedingungen für das Zustandekommen bestimmter Handlungsmuster, Sprachkonventionen, Werthaltungen und Vorurteile, die die jeweiligen Handlungsfelder kennzeichnen, objektivierbar und durchschaubar gemacht werden, um zu verdeutlichen, welche gesellschaftlichen Mechanismen sich dahinter verbergen, welche Macht- und Interessenskonstellationen bestimmte Handlungsbereiche beeinflussen und wie es möglich sein könnte, die vorgefundenen Handlungsfelder, etwa nach Maßgabe eigener Interessen und Bedürfnisse, umzugestalten. Aufklärerisches Ziel des MPU ist es, die den Handlungsfeldern zugrunde liegenden Strukturen aufzudecken und diese damit als „gemacht" zu entlarven, damit sie nicht länger als „natürliche Gegebenheiten" missverstanden werden können und somit ihre prinzipielle Veränderbarkeit deutlich wird (vgl. ebd., S. 5 f.). Ein in dieser Weise verstandener Unterricht bekommt leicht eine Tendenz zum Theoretisieren und Verbalisieren. Der Erweiterung der Kommunikations- und Diskutierfähigkeit wird dann auch der Vorrang gegenüber direkten Vor-Ort-Aktionen eingeräumt (vgl. Krämer 1974b, S. 88).

Als gesellschaftliche Handlungsfelder werden vor allen Dingen Konventionen und Institutionen gesehen, deren Funktionszusammenhänge es zu klären gilt. Als Institutionen werden dabei im Wesentlichen mit Arnold Gehlen (1904-1976) „gesellschaftliche Führungssysteme" verstanden, in denen Menschen Rollenträger sind, wodurch diese Systeme dann überhaupt erst funktionsfähig werden. Die Verstricktheit dieser Prozesse gilt es nun zu entwirren, durchschaubar und artikulierbar zu machen (vgl. Hiller 1974, S. 77 f.), um nicht unkritisches Umgangswissen – wie in der „alten Heimatkunde" –, sondern emanzipatorisch-freisetzendes Funktions- und Strukturwissen zu erzeugen.

Um den Aufbau eines dermaßen abständigen Wissens zu bewirken, reicht es nicht aus, die Dinge lediglich an der Realität, so wie sich dem Augenschein darbieten, zu erarbeiten, sondern Realität muss nach didaktischer Maßgabe für den Unterricht rekonstruiert werden. Als eine Art Bauplan für diese Rekonstruktionen nach didaktischer Maßgabe dienten ursprünglich sieben „Rekonstruktions-Typen" (vgl. Giel / Hiller / Krämer 1974, S. 14-17), die später

-v Realität muss rekonstruiert werden v

auf vier Rekonstruktionstypen verdichtet worden sind. Die CIEL-Arbeitsgruppe sah in diesen vier Rekonstruktionstypen die erste Dimension didaktischer Erwartungen, mit deren Hilfe der Unterricht konstruiert werden sollte (vgl. CIEL-Arbeitsgruppe 1976, S. 7 f.).

Diese Rekonstruktionsfelder im einzelnen sind:

1. Der „scientische Rekonstruktionstyp", mit dessen Hilfe die wissenschaftlich abgesicherten Fakten eines Handlungsfeldes erfasst werden sollen.
2. Der „erlebnis-erfahrungsbezogene Rekonstruktionstyp" sichert die individuellen, erfahrungs- und erlebnisbezogenen Zugangsweisen bei der Rekonstruktion eines Handlungsfeldes.
3. Der „politisch-öffentliche Rekonstruktionstyp" verdeutlicht die jeweiligen Macht- und Interessenslagen und fragt nach Änderungsmöglichkeiten.
4. Der „szenische Rekonstruktionstyp" bringt die im jeweiligen Handlungsfeld agierenden Personen als Rollenträger ins Spiel. Die Rollenhaftigkeit des Verhaltens soll entschlüsselt und durch Rollenspiel sollen verschiedene Rollen eingenommen werden, um auf diese Weise das jeweilige Agieren durchschaubar zu machen (vgl. ebd.).

Die zweite Dimension didaktischer Erwartungen stellen die vier Ebenen der *Ebenen d. Kommunikation* unterrichtlichen Kommunikation dar:

1. Die „Ebene der Memoria" bezieht sich auf das bereits vorhandene Vorwissen, auf Einzelwissen, das jederzeit präsent sein kann, und auf Informationen, die aus anderen Zusammenhängen bekannt sind und auf den gegebenen Kontext Anwendung finden können.
2. Die „empirisch-pragmatische Ebene" deckt bereits vorhandene begriffliche oder modellhafte Interpretationen zu dem vorliegenden Handlungsfeld auf.
3. Auf der „logisch-grammatischen" Ebene werden verschiedene Wissensbestände verknüpft, in Beziehung zueinander gesetzt und möglicherweise auch umstrukturiert. Dabei werden die zur Rede stehenden Zusammenhänge auf ihre Regelhaftigkeit untersucht bzw. wird gefragt, ob die vorliegenden Zusammenhänge durch Veränderung von Regeln umorganisiert werden könnten.
4. Auf der „theoretisch-kritischen Ebene" werden die Zusammenhänge als „gemacht" aber auch als „machbar" diskutiert. Durch distanziertes Hinterfragen werden die Macht-, Interessens- und Verwertungskontexte freigelegt. Die Bedingungen ihrer jeweiligen Erscheinungsformen werden analysiert (vgl. ebd., S. 9).

Als dritte Dimension der didaktischen Erwartungen werden die vier Strukturmomente bezeichnet:

1. Das Moment der „Präsentation" bezieht sich auf die Richtung, die der Unterricht annehmen soll. Auch soll unter diesem Gesichtspunkt ein Vorverständnis für das zu bearbeitende Handlungsfeld erzeugt werden. Darüber hinaus soll ein Verständnis für mögliche Auseinandersetzungen innerhalb des Feldes aufgebaut werden.

2. Der Aspekt der „Objektivation" legt frei, auf welche Weise die Themen in den Unterricht eingebracht werden und eröffnet Möglichkeiten der Auseinandersetzung. Als Formen der Objektivation kommen Medien, Materialien, Tafelbilder, Skizzen und Modelle ins Spiel.

3. Unter dem Gesichtspunkt der „Interaktion" kommen Handlungs- und Kommunikationsformen, die den Unterricht und die darin stattfindenden Auseinandersetzungen in Bezug auf das jeweilige Handlungsfeld ausmachen, in den Blick. Ebenso werden hier unterrichtliche Verfahrensweisen wirksam.

4. Der Aspekt der „Integration" fragt nach der Bedeutung eines jeden der genannten didaktischen Erwartungsfelder für die Rekonstruktion des jeweiligen Handlungsfeldes. Es geht demzufolge um die Beziehungen der Erwartungsfelder untereinander und deren jeweilige Gewichtung auch in Hinblick auf die Erzeugung der gewünschten allgemeinen Handlungsfähigkeit. (vgl. ebd.).

Nach dem Verständnis der CIEL-Arbeitsgruppe lässt sich mit Hilfe dieser verschiedenen didaktischen Erwartungsfelder ein Unterricht gestalten, der sich dann wie auf einem „Spielfeld" verwirklichen kann: „Dabei gelten keine Regeln, die bestimmte Reihenfolgen oder Kombinationen von Spielzügen vorschreiben. Sie bleiben abhängig von den Intentionen, die im Unterricht verfolgt werden sollen, von der Informationsgrundlage der Klasse, von Vorlieben des Lehrers und der Schüler usw." (ebd.) (s. auch eigenes Schaubild auf der Folgeseite).

Die Relation der Erwartungsfelder im Rekonstruktionsprozess

(eigenes, erheblich erweitertes Schaubild; vgl. auch Giel 2001, S. 214.)

Strukturmomente
Rekonstruktionstypen
Kommunikationsebenen

Objektivation, Distanz

szenische Rekonstruktion   scientische Rekonstruktion

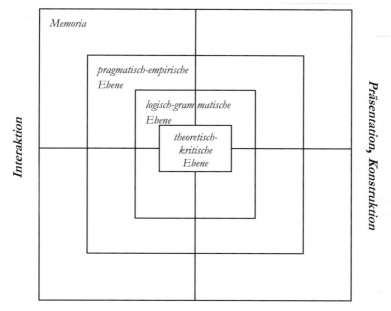

Memoria

pragmatisch-empirische Ebene

logisch-grammatische Ebene

theoretisch-kritische Ebene

Interaktion

Präsentation, Konstruktion

erlebnishaft-erfahrungsbezogene politisch-öffentliche Rekonstruktion
Rekonstruktion

Integration

Unterricht wird zur „Bühne" von „Modellaufführungen", in denen der Lehrer der „didaktische Interpret" und „Regisseur" ist und die Schüler die „Mitspieler" und „Partner" sind. Der Lehrer erstellt mit Hilfe der Erwartungsfelder eine „Partitur" des Unterrichts, nach der Lehrer und Schüler den Unterricht gemeinsam gestalten. Unterricht wird zu einem kreativ-schöpferischen Prozess, der betont in die Nähe von „Kunst" wie etwa „Musik, Theater, Tanz" (ebd., S. 7) gerückt wird.

Als Materialien entwickelte die Arbeitsgruppe um Klaus Giel eine Reihe von offenen Teilcurricula und eine Vielzahl von Materialien – z.b. Collagen, Bildfolgen und Texte, Pläne und Tabellen, Modelle und Experimentierkästen (vgl. z.B. Nestle 1974). Als Unterrichtsformen kennt der MPU den Projektunterricht, der in dieser Konzeption zentral ist, den Informationen und Fertigkeiten vermittelnden Kursunterricht und den das Unterrichtsgeschehen gemeinsam reflektierenden Metaunterricht (vgl. Giel u.a. 1974, S. 18 f.).

Zu folgenden Themen entwickelte die CIEL-Arbeitsgruppe Teilcurricula und didaktische Materialien – die Klammern verweisen auf das übergreifende Handlungsfeld:

* Schule / Einschulung (Erziehung)
* Post (Dienstleistung)
* Supermarkt (Handel und Gewerbe)
* Geburtstag (Fest und Feier)
* Technischer Überwachungsverein (Verkehr)
* Sprudelfabrik (Produktion)
* Kinderzimmer (Wohnen)
* Fernsehen (Kommunikation)
* Wahlen (Politik)
* Spielhaus (Freizeit) (vgl. Krämer 1974b, S. 97).

Die Arbeit der CIEL-Gruppe wurde von der VW-Stiftung finanziert. Als in Folge der zweiten Ölkrise 1979 / 80 VW die Finanzierung einstellte, musste die CIEL-Gruppe ihre Arbeit abbrechen.

3.6.1 Zum Wissenschaftsverständnis des MPU

Der MPU reflektiert „Wissenschaft" in einem doppelten Verständnis: zum einen bezogen auf den Unterricht, zum anderen in Hinblick auf die eigene wissenschaftstheoretische Verortung.

In Bezug auf den Unterricht kann festgestellt werden, dass Wissenschaft im Rahmen des Rekonstruktionswerkzeuges nur eine von vier Rekonstruktionstypen darstellt, womit die Relativierung dieser Kategorie deutlich wird. Damit setzt sich der MPU von den „wissenschaftsgläubigen" Konzeptionen des frühen naturwissenschaftlichen Sachunterrichts ab (vgl. Giel 1974, S. 37-46) und sieht Wissenschaft nur noch als „realitätserschließendes Werkzeug" (Krebs 1977, S. 229), womit sich der MPU in diesem Punkt dem Situationsansatz annähert. Mag die Rolle von Wissenschaft für die Ebene des konkreten Unterrichts im Rahmen der hier vorliegenden Konzeption auch durchaus eingeschränkt sein, bezüglich der eigenen wissenschaftstheoretischen Legitimierung ist der MPU sicherlich eine der anspruchsvollsten Konzeptionen zum Sach- und Grundschulunterricht.

Leittheorie ist dabei der französische Strukturalismus nach Roland Barthes (1915-1980). Barthes überträgt in Anlehnung an den syntaktisch-linguistischen Strukturalismus eines Ferdinand de Saussure (1887-1913) oder eines Noam Avram Chomsky den strukturalen Erkenntnisprozess auf über Sprache hinausweisende Realitätsausschnitte und begründet damit eine allgemeine Semiologie (vgl. Barthes 1966). Damit wird eine dynamische Realitätsauffassung grundgelegt, die den Erkenntnisprozess als einen intellektuellen Entschlüsselungsvorgang von Zeichensystemen auffasst, der Strukturen und Funktionen analysiert und synthetisiert (vgl. ebd.) Erst nach Zerlegung und Wiederzusammenfügung in einem intellektuellen Akt wird das zunächst unspezifisch Gegebene für das auf diese Weise vorgehende Subjekt klar fasslich (vgl. Giel 1974, S. 89). Das so entstandene neu Zusammengefügte ist nun keine bloße Abbildung des zuvor Gegebenen, vielmehr erhält es den Charakter eines Modells, dessen intellektuelle Rekonstruktion dem Subjekt Funktionen und Regelhaftigkeiten entschlüsselt. Ein auf diese Weise entstandenes Modell, das die Musterhaftigkeit des Gegebenen freilegt, bezeichnet Barthes als „Simulacrum" (vgl. Barthes 1966, S. 191).

Nach Lesart des MPU hat der Sachunterricht die vornehmliche Aufgabe, Modellbildungen i.S. der Hervorbringung von „Simulacren" zu bewerkstelligen, um das hinter den Erscheinungen Stehende zu enträtseln, aufzudecken und aufzuklären. Die Gegenstände des Sachunterrichts werden daher nicht mehr als schlicht gegebene Objekte aufgefasst, „sondern als Relationssysteme, die durch Beziehungen von austauschbaren Elementen bestimmt sind" (Nestle 1974, S. 16) und die es im Unterricht zu entschlüsseln gilt.

Im Zeichen der semiotischen Betrachtungsweise führt Nestle dazu in Hinblick auf die Thematik „Wohnen" aus: „Es wird also versucht, die durch Konventionen festgelegten Beziehungen zwischen architektonischen Zeichen (Signifikanten) und ihren Bedeutungen (Signifikaten) durch Modelle und Schaubilder (semiotische Schemata) sichtbar zu machen." Besondere Bedeutung kommt dabei den durch die CIEL-Arbeitsgruppe entwickelten didaktischen Materialien zu, die als „Halbfertigfabrikate" (CIEL-Arbeitsgruppe 1976, S. 10), Lehrer und Schüler dazu einladen, gewohnte Sehweisen zu verlassen und kreativ neue Deutungen und Perspektiven einzunehmen. Dabei kommt dem Spiel mit seiner zwischen Integration und Distanz hin und her schwingenden Erscheinungsform und seiner zwischen Kommunikation und Konstruktion pendelnden Durchführung eine besonders hohe Bedeutung im Erzeugen von Modellen i.S. von „Simulacren" zu (vgl. Giel 2001, S. 212-214).

Das Arrangieren günstiger Umstände für das Zustandekommen derartiger Prozesse bezeichnet Giel als „didaktische Kunst" mit hoher Nähe zur „wirklichen Kunst", von der sich die „didaktische Kunst" nur graduell durch ihren über sich hinausweisenden Realitätsbezug unterscheidet (vgl. ebd., S. 206 f.). Unterricht wird zu einer „Inszenierung", die einer „Partitur" folgt (CIEL-Arbeitsgruppe 1976, S.7). Damit kommt die Konzeption des MPU sehr in die Nachbarschaft jener „didaktischen Symphonien" eines Wilhelm Albert, die als überstilisierte Hochformen des Gesamtunterrichts gelten. Der Vorwurf einer Neuauflage des Gesamtunterrichts, wie ihn Einsiedler erhob (vgl. 1976, S. 27), ist auch vor diesem Hintergrund nicht so ganz von der Hand zu weisen, wie dies z.b. Katzenberger meint (vgl. 2000, S. 185).

Bei der Erzeugung von Unterrichtsinhalten stoßen die Vertreter des MPU auf ähnliche erkenntnistheoretische Probleme wie Zimmer mit seinem Situationsansatz, der zur Umgehung der Deduktions- und Induktionsproblematik (vgl. König 1975, S. 57 und 151) vor allen Dingen im diskutierenden Gedankenaustausch der an der Curriculumentwicklung beteiligten Personen einen Weg sah, geeignete Curriculuminhalte zu finden.

Im Zeichen „emanzipatorischer Pädagogik" spielte der Diskurs auch im MPU eine herausragende Rolle bei der Hervorbringung von Unterrichtsinhalten und -zielen, wobei sich Giel und seine Mitarbeiter ausdrücklich dem Diskurs-Verständnis der Frankfurter Schule nach Habermas anschlossen (vgl. Hiller 1974, S.71). Dieser unterschied zwischen „kommunikativen Handeln" und „Diskurs" dahingehend, dass im Prozess des „kommunikativen Handelns" Informationen bei naiver Setzung von Geltungsansprüchen ausgetauscht werden, wohingegen im „Diskurs" eben jene Geltungsansprüche thematisiert werden (vgl. Habermas / Luhmann 1971, S. 115). Demnach gilt: „Der Diskurs dient der Begründung problematisierter Geltungsansprüche von Meinungen und Normen" (ebd., S. 117). Die „Kritische Theorie" der Frankfurter Schule richtete sich gleichermaßen gegen den „klassischen Positivismus" wie gegen den „Kritischen Rationalismus", denen sie vorwarf, nur technisches Verwendungswissen zu liefern, ohne sich um die gesellschaftlichen Zusammenhänge des Zustandekommens von Wissenschaft und Erkenntnis zu kümmern und ohne die jeweiligen Verwertungsinteressen zu hinterfragen (vgl. König 1975, S. 177-182). Nach Habermas richtet sich „Emanzipation" auf eine „Ablösung gewalthabender

Institutionen" durch Reflexion und Rollendistanz (vgl. ebd., S. 182). „Emanzipation zielt dabei letzten Endes auf eine öffentliche, uneingeschränkte und herrschaftsfreie Kommunikation" (König 1975, S. 183). So ist letztlich nur derjenige allgemein handlungsfähig, der in der Lage ist, an diesem gesellschaftlichen Diskurs sinngebend teilzuhaben. Diese Fähigkeit zu entwickeln, ist das oberste Anliegen des MPU, denn – negativ formuliert – wird festgestellt: „Wer nicht zur Fähigkeit der Teilnahme am Diskurs erzogen wird, wer nur aktionsfähig wird, den macht man verhaltensstabil, er wird abgerichtet zum funktionstüchtigen Element ohne Horizont und ohne Alternativen" (Hiller 1974, S. 72).

Wichtige Bezugstheorien des MPU sind der Strukturalismus mit seinen analytischen und synthetisierenden Erkenntnismöglichkeiten und die „Kritische Theorie" der Frankfurter Schule mit ihrem diskursiven Aufklärungsanspruch. Von daher wird auch verständlich, dass konstruktive Modellbildungen gesellschaftlicher Handlungsfelder, die sich häufig auf Institutionen beziehen, einen hohen Stellenwert einnehmen. Sprache in der Vollform des Diskurses und elaboriertes Rollenspiel sind demzufolge weitere zentrale Anliegen des integrativ-mehrperspektivischen Unterrichts, der sich freisetzende Partizipationsfähigkeit als oberstes Ziel auf die Fahnen geschrieben hatte; das Deduktionsproblem allerdings – wie denn etwa „Emanzipation" inhaltlich zu füllen sei – blieb für die Frankfurter Schule ebenso wie für den MPU bestehen.

Ein letzter Zusammenhang sei noch erwähnt: während die naturwissenschaftlich ausgerichteten Konzeptionen die gesellschaftswissenschaftlichen Bezüge außer Acht lassen – sie beanspruchten gar nicht für diese reden zu wollen –, vernachlässigt der MPU durch seine starke gesellschaftswissenschaftliche Ausrichtung die naturwissenschaftliche Seite des Sachunterrichts, obwohl er ausdrücklich beanspruchte, für beide Bereiche zu gelten (vgl. Krämer 1974a, S. 10). Durch Vernachlässigung der naturwissenschaftlichen Bezüge bewirkte er funktional einen Dualismus zwischen den Natur- und den Gesellschaftswissenschaften im Sachunterricht. Diesen Verdacht äußerte schon Krebs zeitnah (vgl. 1977, S. 233), aus größerer zeitlicher Distanz kann diese Befürchtung bestätigt werden. Mitunter bildet sich diese Zweigeteiltheit bis in die Gegenwart hinein in Standardwerken zur Schulpädagogik ab. So kennt z.B. das „Taschenbuch Grundschule" zwei Arten von Sachunterricht: naturwissenschaftlichen und gesellschaftswissenschaftlichen Sachunterricht (vgl. Köhnlein 1995, S. 194-209 und Katzenberger 1995, S. 210-231 in Becher/ Bennack 1995), während andere Standardwerke, etwa das „Wörterbuch Schulpädagogik", diesen Bruch überwinden helfen, indem sie unter dem Stichwort „Sachunterricht" einen, beide Bereiche verbindenden Beitrag bringen (vgl. Köhnlein 2004c, S. 370-375 in Keck / Sandfuchs / Feige 2004).

3.6.2 MPU und anthropologisch-entwicklungspsychologische Voraussetzungen

Im ersten Entwurf der Rekonstruktionstypen kennt der MPU noch den Rekonstruktionstypus „der menschliche Leib", wobei aber nicht die konkrete physische Verfasstheit des Menschen gemeint ist, sondern körperliche Aktionen werden verstanden als „Medium der auslegenden Darstellung von Handlungsfeldern". Einige Sätze später heißt es: „Hierher gehören die Pantomime und die nicht-verbalen Formen der Kommunikation" (Giel u.a. 1974, S. 17).

Im zweiten Entwurf der Rekonstruktionstypen wird die Kategorie „Leib" konsequenterweise im Wesentlichen dem „szenischen Rekonstruktionstypus" zugeordnet. Dabei wird jedoch nicht der anthropologischen Auffassung gefolgt, die „leibliche Erziehung" meistenteils als „Organbildung" verstand, vielmehr gelte es, wie dies schon im 1974er Entwurf angeklungen war, den „Leib als Medium der Darstellung, des Transparentmachens" (Giel 1975, S. 54) der gesellschaftlichen Realität zu nutzen. Hauptsächliches Mittel dafür – und auch hier erfährt der 1974er Entwurf eine Erweiterung und Präzisierung – ist das „Rollenspiel". In ihm geht es nun darum, bewusst aus der alltäglichen Rolle hinauszutreten und eine andere Rolle zu übernehmen, um auf diese Weise gesellschaftlich bedingte Konventionen in dem Umgang miteinander und in der alltäglichen Kommunikation sichtbar zu machen und diese zu hinterfragen und möglicherweise zu verändern. Dies soll die Teilnehmer dazu befähigen, ihre Rolle nicht bloß zu übernehmen, sondern sie distanziert und bewusst zu gestalten (vgl. ebd., S. 54 f.). Bei dieser Art des abständigen Rollenspiels kommt es allerdings nicht mehr auf das „natürliche Ausdrucksvermögen" der Kinder an (vgl. ebd., S. 55).

Generell drängt sich bei den Publikationen der CIEL-Arbeitsgruppe der Eindruck auf, dass das Kind mit seinen Bedürfnissen, Interessen und Lebensweltbezügen in den theoretisch durchgestylten Ausführungen zu verschwinden droht (vgl. z.B. Krämer 1974a, S. 10 f.). Im Zuge der „realistischen Wende" (Heinrich Roth) stimmten die Vertreter des MPU der Überwindung einer romantisch verklärten und überhöhten Auffassung von Kindsein ausdrücklich zu (vgl. Giel 1975, S. 15), wobei jedoch eher die Auffassung vertreten wurde, dass diese Distanzierung noch nicht weit genug gegangen sei.

Neil Postman befürchtete in den 1980er Jahren für die USA das „Verschwinden der Kindheit" (vgl. 1983), weil die Erwachsenenwelt diese z.B. durch ihre allgegenwärtige Medienpräsenz zu überwuchern drohe, mit der Folge, dass der Bereich „Kindheit" immer stärker der Welt der Erwachsenen ausgeliefert werde. Die zunehmende Relevanz der Erwachsenenwelt für das Aufwachsen der Kinder sehen auch die Vertreter des MPU, wobei sie aber nicht so sehr ein

„Verschwinden der Kindheit" befürchten als vielmehr eine zunehmende Handlungsunfähigkeit der Kinder in dieser gesellschaftlich-medial vermittelten Welt. Kinder leben in einer „durch Informationen, Wissenschaften und Techniken bestimmten Zivilisation, inmitten einer Welt, von der eine hohe Faszination ausgeht" (Giel 1974, S. 51), so dass nicht mehr die Frage besteht, wie das Kind von der Welt der Erwachsenen getrennt werden kann, vielmehr muss es für die Welt handlungsfähig i.S. einer „kritischen Partizipationskompetenz" gemacht werden, um den Ausschluss von Kindern aus vielen Bereichen des öffentlichen Lebens zu überwinden (vgl. Krämer 1974b, S. 87).

In der Konsequenz bedeutet das, Kinder aus ihren „Gettos" (Giel u.a. 1974, S. 27) herauszuholen und Kindheit selbst im Unterricht zu rekonstruieren, um die gesellschaftliche Konstruktion von Kindheit deutlich zu machen (vgl. ebd.). Kinder sind nicht in eine gesellschaftliche Realität zu überführen – sie befinden sich bereits darin. Schule hat nicht mehr die Aufgabe, durch „Methode" Kinder auf eine vermeintliche Zukunft vorzubereiten. Kinder sollen vielmehr aus dem Status von „nichtpartizipierenden Tabulisten" (Giel 1974, S. 51) herausgeführt und zu konkreter Teilhabe gebracht werden, durch „die Preisgabe der Idee der Methode zugunsten einer schulischen Aufarbeitung der tatsächlichen Partizipation der Kinder an der gesellschaftlichen Realität" (ebd.).

Diese „Entkindlichung" von Schule und Unterricht setzte sich bei der Entwicklung didaktischer Materialien durch die CIEL-Arbeitsgruppe fort. Die von ihr erstellten Arbeitsmaterialien und Medien zeigten bewusst „keinerlei Grundschultouch" (CIEL-Arbeitsgruppe 1976, S. 11), um sich dadurch auf keinen Fall dem Verdacht einer „(mißverstandenen) "Kindgemäßheit" "(ebd., Klammern und Anführungszeichen wie im Original, Anm. B.T.) auszusetzen. Die Medien sollten bewusst Spuren ihres Herstellungsprozesses aufweisen, um nicht „einer präparierten Kinderwirklichkeit" (ebd.) nahe zu kommen und als „gemacht" erkannt zu werden. Ihre „Machart" oder auch ihre „Mache" (ebd.) sollte stets deutlich bleiben.

Steht der Sachunterricht nach Lesart des MPU durch seine Modellbildungen in der Gefahr, die Wirklichkeit wegzumodellieren (vgl. Bolscho 1976, S. 34), so ist ebenfalls nicht auszuschließen, dass er auch in der Gefahr stand – mit wohlwollenden Absichten – Kindheit wegzukonstruieren.

3.6.3 MPU im gesellschaftlichen Kontext und pädagogisch-curriculare Aspekte

Die Konzeption des MPU wurde ab 1971 entwickelt, die wesentlichen Publikationen dazu wurden ab der Mitte der 1970er Jahre vorgelegt, zu einer Zeit also,

// Emanzipation //

in der gesellschaftliche Wandlungs- und Modernisierungsprozesse die relative Stetigkeit der „Langen Fünfziger Jahre" abzulösen begannen (vgl. Abelshauser 1987; Abelshauser bezeichnet wegen der langen wirtschaftlichen Aufstiegskontinuität den Zeitraum bis zur ersten Rezession in der Bundesrepublik in den Jahren 1966 / 67 als die „Langen Fünfziger Jahre").

Politisch blieb die Macht zwar bei der SPD-FDP-Koalition, jedoch erfolgte 1974 aufgrund der Guillaume-Spionage-Affäre der Rücktritt der Brandt / Scheel-Regierung, deren Arbeit von Schmidt und Genscher fortgesetzt wurde. Die politischen Verwerfungen der 1968-Zeit waren größtenteils überstanden und in eine allgemeine Demokratisierung der Gesellschaft überführt worden, wobei sich aber Reste des ursprünglichen Protestes in Form der terroristischen RAF radikalisierten. Generell wurden in der Bundesrepublik Deutschland der 1970er Jahre Liberalisierungstendenzen wirksam, die pädagogisch unter dem Leitziel „Emanzipation" (vgl. Mollenhauer 1968) zusammengefasst werden können. An dieser Stelle setzte auch der MPU an, dessen Hauptanliegen es war, gesellschaftlich bedingte Realität durchschaubar und veränderbar zu machen. Demzufolge besitzt der MPU einen hohen Gesellschaftsbezug, denn die für den Unterricht ausgewählten „Handlungsfelder" repräsentieren gesellschaftliche Wirklichkeitsausschnitte, die im Unterricht unter verschiedenen Perspektiven rekonstruiert werden (vgl. Krämer 1974b, S. 91 f.). Aus dem „klassischen" didaktischen Dreieck „Lehrer-Schüler-Stoff" wird im MPU das Dreieck „Gesellschaft-Individuum-Schule", das mit gesellschaftskritischer Einstellung bearbeitet wird. In diesem Zusammenhang wird dem Unterricht ein hohes Maß an Wirksamkeit zugeschrieben, denn dieser sei dafür verantwortlich, ob die Kinder zu „bloßer Angepasstheit" oder zu „blindem Revolutionseifer" erzogen würden (vgl. ebd., S. 86). Es ist demnach zu vermeiden, dass das „Curriculum eine konservative oder einseitig systemüberwindende Schlagseite erhält" (ebd.). Vor dem Hintergrund der Geschichte der Pädagogik mutet diese Sichtweise recht naiv an, weil es bisher nicht ein einziges Beispiel dafür gibt, dass Schule die Gesellschaft verändert hat – dieser Prozess lief, trotz mancher pädagogischer Hoffnungen, bislang immer umgekehrt.

Als die Konzeption des MPU entstand, war die Zeit der durch Robinsohn entfachten Curriculumeuphorie schon wieder vorbei und die hochfliegenden Pläne zur Einrichtung von Landesinstituten zur Curriculumentwicklung waren schon wieder ad acta gelegt (vgl. Vorwort 1974, S. 6). Gleichwohl hoffen die Vertreter des MPU, dass es mit Hilfe ihrer Konzeption gelingen würde, der Grundschule wieder ein eigenständiges Profil zu verleihen, das sie nach dem Wegfall der Heimatkunde und des Gesamtunterrichts verloren habe (vgl. CIEL-Arbeitsgruppe 1976, S. 5). Andererseits betonen die Curriculummacher mehrfach, dass sich ihre Ausarbeitungen als „offene Curricula" verstehen, die nur als „Teilcurricula" konzipiert sind und die den Lehrern vor Ort keine Vorschriften für die Art und Weise der Umsetzung machen wollen (vgl. Giel u.a. 1974, S. 24). Die in den Planungen übergreifenden Bereichen zugeordneten Handlungsfelder bauen zumindest teilweise aufeinander auf, wobei sich der Komplexitätsgrad mit zunehmender Jahrgangsstufe erhöht. Die Handlungsfelder stehen aber offenkundig nicht in einem hierarchischen Verhältnis zueinander. So wird z.b. die Thematik „Wohnen" mit den Handlungsfeldern „Kinderzimmer" (1. Schuljahr), „Hochhaus" (2. Schuljahr), „Stadtplanung" (3. Schuljahr) und „Unbehaustes Wohnen / Zwangswohnen" (4. Schuljahr) inhaltlich gefüllt, wobei die Themen für die 3. und 4. Klasse den unmittelbaren Lebensweltbezug der Kinder verlassen und der Bezugspunkt „Gesellschaft" den Vorrang erhält. „Gesellschaft" ist durchgängig der Hauptbezugspunkt des MPU, so dass es innerhalb des selbstgewählten didaktischen Dreiecks Gesellschaft-Individuum-Schule immer wieder zu einseitigen Schwerpunktsetzungen kommt und das Curriculum insgesamt als „gesellschaftslastig" bezeichnet werden kann.

3.6.4 MPU und grundlegende Bildung

Die Heimatkunde ist nach Ansicht der Vertreter des MPU nicht daran gescheitert, dass sie keine modernen Inhalte hätte integrieren können, vielmehr sei es ihr nicht gelungen, über eine nur vordergründige Vermittlung der Dinge hinaus zu kommen. Die Heimatkunde hat sich demzufolge nur beipflichtend (affirmativ) am äußeren Schein der Sachen abgearbeitet. Das Zustandekommen und die Berechtigung bestimmter gesellschaftlich vermittelter Gegebenheiten wurden in der Heimatkunde nicht thematisiert, womit sie den Anforderungen an Unterricht und Schule in einer hochkomplexen Industriegesellschaft nicht mehr entsprechen konnte (vgl. Giel 1974, S. 52-55 und CIEL-Arbeitsgruppe 1976, S. 5). An dieser Einschätzung wird auch deutlich, dass der MPU entschlossen von einem volkstümlichen Bildungsparadigma Abstand nimmt und seinen Ansatz ganz in den Dienst emanzipatorischer Aufklärungsarbeit stellte. In diesem „Aufklärungsprozess" kommt dem Lehrer zwar eine zentrale Bedeutung zu, da er die aufklärerischen „Modellaufführungen" (ebd., S. 7) in seinem Unterricht zu inszenieren habe. Der Schüler werde dabei aber auf keinen Fall zu einem Belehrungsobjekt in einem lehrerzentrierten Frontalunterricht – gegen diesen Vorwurf an die Adresse des MPU wehrt sich Giel nach wie vor (vgl. 2001, S. 206). Vielmehr betont Giel die Subjektivität der jeweiligen Aneignungsprozesse, wobei in diesem Zusammenhang auf den ursprünglich Herbartschen Begriff der „Bildsamkeit" zurückgegriffen wird (vgl. 1974, S. 79), die „per se als individuelle

Bildsamkeit" (ebd.) verstanden wird, die nicht nur darin besteht, Vorgefundenes nachzuvollziehen, sondern auch darauf verweist, dass mit Hilfe der Entfaltung der individuellen Bildsamkeit über das Vorgefundene hinausgegangen werden kann. Nach Mollenhauer versucht der Mensch über Bildsamkeit, seinen Selbstentwurf, der über das empirisch Gegebene projektiv hinausweist, zu verwirklichen (vgl. Mollenhauer 1985, S. 103 f.). „Bildsamkeit" ist demzufolge der Treibriemen, über den der Eigenentwurf Stück für Stück erreicht werden und auf diese Weise möglich werden kann, um nicht Fiktion zu bleiben (vgl. ebd.). Eine ähnliche Rolle wird der „Bildsamkeit" auch im Ansatz des MPU zugerechnet. Sie ist die dynamische Vermittlungskategorie zwischen Gesellschaft und Individuum, wobei sie qualitativ mehr als „lernen" meint und das individuelle Moment in der Auseinandersetzung mit der Umwelt hervorkehrt, was darauf abhebt, dass der Mensch nicht nur auf den Nachvollzug von Vorhandenem beschränkt ist, sondern vielmehr dazu fähig ist, die Gegebenheiten analytisch, kritisch-fragend und innovativ-schöpferisch zu überwinden und zu übersteigen (vgl. Giel 1975, S. 79).

Bleibt noch abschließend den MPU mit Hilfe der drei Kriterien für grundlegende Bildung nach Glöckel zu befragen. Die von der CIEL-Arbeitsgruppe vorgeschlagenen Inhalte besitzen durchgängig einen zumindest potentiellen Lebensweltbezug, auch wenn Themen wie „Konzern", „Begräbnis" oder „Politische Feiertage" (vgl. Krämer 1974b, S. 98) nicht unbedingt solche sind, die im allgemeinen als Grundschulthemen erwartet werden, was aber dem Aufklärungsdenken dieses Ansatzes voll entspricht.

Auch die fachliche Relevanz i.S. sachlicher Richtigkeit der unterbreiteten Vorschläge kann nicht bestritten werden. Allerdings orientiert sich der MPU nicht an fachlichen Ausrichtungen, sondern bedient sich ihrer Einsichten bei der Rekonstruktion seiner Handlungsfelder, wobei diese vorwiegend gesellschafts- und sozialwissenschaftlich in den Blick genommen werden, was zu einer Vernachlässigung der naturwissenschaftlichen Bezüge führt.

Themen von überdauernder Bedeutung, wie sie hier i.S. von „großen Themen" bezeichnet worden sind, liefert der MPU nicht. Allerdings befasst sich der oftmals als „Gesellschafts- und Institutionenkunde" daherkommende MPU mit einer Vielzahl von öffentlichen Einrichtungen – z.B. „Stadtverwaltung", „Banken" oder „Verkehrssysteme" (ebd.) –, denen auch im späteren Leben der Kinder Relevanz zukommt, so dass der überdauernden Bedeutung von Inhalten über den Zukunftsbezug der meisten Themen entsprochen wird.

3.7 Der exemplarisch-genetisch-sokratische Sachunterricht

Die bisher erörterten Konzeptionen des Sachunterrichts können als „historisch" bezeichnet werden. Ihre Entwicklungsgeschichte ist in jedem Falle abgeschlossen, rezeptionsgeschichtlich spielen sie hingegen – wenn auch mit unterschiedlichen Gewichtungen – bis in die Gegenwart hinein eine Rolle, womit sich weiter unten der Vergleich der hier diskutierten Konzeptionen befassen wird (s. Kap. 4). Der exemplarisch-genetisch-sokratische Sachunterricht ist – ebenso wie die noch folgenden Ansätze – eine aktuelle Konzeption des Sachunterrichts. Gleichwohl reicht ihr Entstehungszusammenhang in eine Zeit lange vor dem wissenschaftsorientierten Sachunterricht zurück, der die bisher bearbeitete Konzeptionsvielfalt hervorbrachte. Für den pädagogisch-didaktischen Kontext ist der exemplarisch-genetisch-sokratische Sachunterricht (als Kurzbenennung hat sich in der Zwischenzeit die Bezeichnung „genetischer Sachunterricht" eingebürgert, vgl. Soostmeyer 2002) auf die Pädagogik Martin Wagenscheins (1896-1988) zurückzuführen, für den sachunterrichtsdidaktischen und naturwissenschaftlichen Zusammenhang kann die Arbeit von Agnes Banholzer (1908-1982) aus dem Jahre 1936 als Pioniertat angesehen werden. Banholzer hat erstmals systematisch Äußerungen von Kindern im Grundschulalter (und auch älteren) zu bestimmten Naturphänomenen – Schwimmen von Holz, Eisen, Papierschiffchen; Magnet und Eisen; Lichtbrechung – gesammelt und vor dem Hintergrund der Entwicklungspsychologie von Oswald Kroh (1887-1955) gedeutet und ausgewertet. Dabei hat sie festgestellt, dass ursprüngliche, kindliche Ansätze des Verstehens von Naturphänomenen mit ihren gelegentlichen Animismen auch in der weiteren Entwicklung wirksam bleiben und bei der naturwissenschaftlichen Weltdeutung auch im Erwachsenenalter eine Rolle spielen (vgl. Banholzer (1936) 1990, S. 76). Wagenschein wurde früh auf die Dissertation Banholzers aufmerksam und fasste sie tabellarisch zusammen, so dass sie auch heute noch, wenigstens als Fragment, vorhanden ist (vgl. Thiel 1990, S. 199). Zwischenzeitlich wurde der Originaltext (vgl. Banholzer 1936) in kopierter Form wieder gefunden, und es ist geplant, diesen mit Blick auf den 100. Geburtstag von Agnes Banholzer wieder einer interessierten Öffentlichkeit zugänglich zu machen. Da dies mittlerweile geschehen ist, kann erfreulicherweise auf den Forschungsband 8 der Gesellschaft für Didaktik des Sachunterrichts (GDSU) hingewiesen werden, der von Bernd Thomas (vormals Feige) und Hilde Köster herausgegeben worden ist (vgl. Banholzer 2008). Hier findet sich auch erstmals eine Biographie zu Agnes Banholzer (vgl. Feige 2008).
     Bedeutsam für die weitere Entwicklung eines exemplarisch-genetisch-sokratischen Sachunterrichts war die Vorlage des Buches „Kinder auf dem Wege zur

Physik" im Jahre 1973. In diesem Band wurden von Martin Wagenschein „Geschichten" publiziert, in denen zum Teil schon sehr junge Kinder (Vorschulalter) von Naturbegegnungen und -phänomenen erzählen, die ihnen fremd oder absonderlich waren, sie zum Staunen brachten und zum Nachdenken anregten. Neben diesen „Geschichten" wird in einem Überblick die Arbeit von Banholzer vorgestellt, umfangreiche Unterrichtsprotokolle von Siegfried Thiel, die in der Tübinger Versuchsgrundschule „Auf der Wanne" entstanden sind, bilden einen weiteren Schwerpunkt des Buches, das mit einem kurzen Beitrag von Wolfgang Faust schließt (vgl. Wagenschein u.a. (1973) 1990).

Im Erscheinungsjahr der ersten Auflage dieser Publikation ist die anfängliche Euphorie um die naturwissenschaftlichen Konzeptionen zum Sachunterricht – die struktur- bzw. konzeptorientierten und die verfahrensorientierten Curricula – schon fast wieder verflogen. Nun aber zeigte dieser Beitrag, dass es offenkundig noch einen anderen Weg gibt, um mit Kindern im Grundschulalter angemessen naturwissenschaftliche Zusammenhänge zu bearbeiten. Für den Grundschulbereich kann Siegfried Thiel als der Pädagoge gelten, der zuerst versucht hat, nach Martin Wagenschein, der selbst Gymnasialpädagoge und Physik- und Mathematikdidaktiker war, naturwissenschaftlichen Unterricht mit Kindern zu gestalten – zahlreiche Unterrichtsprotokolle, die an verschiedenen Stellen publiziert worden sind, liegen bearbeitet und ausgewertet vor (vgl. z.B. Thiel 1984). Während Thiel Wagenscheins Pädagogik vorwiegend praktisch-konzeptionell für den naturwissenschaftlichen Sachunterricht fruchtbar machte, arbeitete Walter Köhnlein die Pädagogik Martin Wagenscheins vor allen Dingen theoretisch-konzeptionell für den Sachunterricht auf. Zahlreiche andere Autoren arbeiten bis heute daran, Wagenscheins Pädagogik auf den Sachunterricht zu beziehen. Soostmeyer z.B. legte eine Studie vor, die die Ansätze von Bruner und Wagenschein für den Sachunterricht produktiv aufeinander bezieht und somit hilft, scheinbare Gegensätze zu überwinden (vgl. Soostmeyer 2001a, S. 235-256). Vorläufiger Höhepunkt der Wagenschein-Rezeption in der Sachunterrichtsdidaktik ist der von Feige (jetzt Thomas) initiierte aktuelle Sammelband, in dem 15 Sachunterrichtsdidaktiker die Pädagogik Wagenscheins für den Sachunterricht fruchtbar machen (vgl. Feige u.a. 2001).

Eine voll ausformulierte Konzeption des exemplarisch-genetisch-sokratischen Sachunterrichts liegt indes noch nicht vor, aus der Vielzahl der dazu seit 1973 erschienenen Beiträge können nachstehend nur einige wenige berücksichtigt werden. Zuvor soll im Folgenden kurz Wagenscheins Ansatz vergegenwärtigt werden. Wagenschein, der nach eigenem Bekunden seine ihn prägenden pädagogischen Erfahrungen an der Odenwaldschule von Paul Geheeb (1870-1961) machte (vgl. Wagenschein (1983) 1989, S. 31-38; eine sehr gut lesbare tabellarische biographische Skizze liegt vor von Eisenhauer / Kohl 1996, S. 244-249), trat nach dem Zweiten Weltkrieg anlässlich der Tübinger Gespräche und als Mitverfasser der Tübinger Resolution (1951) wieder im Rahmen einer größeren pädagogischen Öffentlichkeit in Erscheinung. Hauptanliegen der mittlerweile Pädagogikgeschichte gewordenen „Tübinger Resolution" (vgl. Pädagogische Rundschau (1951 / 52) Dezember-Heft 1951, S. 142) war es, die Lehrpläne der Gymnasialoberstufe zu entrümpeln, die Stofffülle – oder wie Wagenschein es nannte – „die Stoffhuberei" zu beenden, und stattdessen vertiefend an wenigen ausgewählten, exemplarischen Inhalten zu lernen. Es dürfe kein hohles Pensenlernen mehr geben, an dessen Stelle sollte ein auf Verstehen abzielendes exemplarisches Lehren und Lernen erfolgen. Dabei sollte den Schülern eine große Wahlfreiheit zugestanden werden.

Bereits hier deutet sich an, dass das zunächst auf quantitative Stoffbeschränkung zielende Prinzip des Exemplarischen auf qualitative Konsequenzen verweist, die Wagenschein in der Folgezeit mit der Formulierung des genetischen Prinzips hinzufügt (vgl. Wagenschein (1965) 1989, S. 75). Auf den Sachunterricht übertragen bedeutet dies, dass das Vorwissen, die Erfahrungen und die Interessen der Kinder produktiv in den Lernprozess einzubeziehen sind. Dieser soll über Entdecken, Handeln und Gespräch zu einem verstehenden Wissen führen, wobei dem Verstehen gegenüber der zu bewältigenden Stoffmenge eindeutig der Vorrang eingeräumt wird, was auch zur Folge hat, dass unnötiger Zeitdruck vermieden wird (vgl. Köhnlein 1996, S. 60 f.).

Ausgangspunkt für den Unterricht ist meist ein naturwissenschaftliches Phänomen, das bei den Kindern Verwunderung und Erstaunen auslöst. In dem als einen Klassiker des exemplarisch-genetisch-sokratischen Sachunterrichts zu bezeichnenden Unterrichtsbeispiel „Wie springt ein Ball?" (Thiel 1987, S. 18-23) lässt der Lehrer als Einstieg vor den im Kreis versammelten Kindern einen Kittball und einen normalen Gummiball auf den Boden fallen. Die Kinder sind erstaunt, dass der eine Ball springt und der andere nicht. Es werden eine Vielzahl von Vermutungen angestellt, woran das wohl liegen könnte (der Kittball ist zu schwer, er klebt am Boden, es ist keine Luft in ihm ...). Diese werden im Verlauf des folgenden Unterrichts durch verschiedene Versuche überprüft – z.B. wird der Kittball in Papier eingewickelt, um das „Kleben" zu verhindern. Schließlich kommen die Kinder darauf, dass es mit dem „Material", aus dem die Bälle bestehen, zu tun habe könnte. Der eine Ball sei „elastisch", der andere nicht. Mit Hilfe einer berußten Glasplatte wird das Verhalten der beiden Bälle sichtbar gemacht. Während der Kittball sich nur einmal verformt und beim ersten Auflegen auf die Rußplatte einen kleinen Abdruck hinterlässt und beim Aufprall einen großen, hinterlässt der Gummiball beim ersten Auflegen ebenfalls einen kleinen Abdruck, beim Aufprall einen großen – im Gegensatz zu dem Kittball aber springt er weiter und die Abdrücke verkleinern sich allmählich bis zur Ausgangsform. Die „Elastizität" des Balles ist sichtbar gemacht worden, die Kinder haben mit Hilfe des Lehrers einen Versuch entwickelt, mit dem es möglich ist, dem Phänomen des „Springens" auf die Spur zu kommen – sie haben ihr Wissen selber erzeugt und dadurch in Verstehen überführt. Das Ergebnis des Unterrichts wird nicht von dem Weg seines Zustandekommens getrennt – beides bleibt aufeinander verwiesen.

Die Kinder haben ein Phänomen, etwas „Gegebenes auf den Prozess des Entstehens" (Möller 2001, S. 23) zurückgeführt und damit einen Sachverhalt seiner inneren Logik nach entschlüsselt, womit der logisch-genetische Aspekt des genetischen Lehrens und Lernens angesprochen ist. Wenn es zudem noch gelingt, dass dieses Lernen selbständig geschieht und subjektiv bedeutsam wird, wäre auch der individual-genetische Aspekt des genetischen Lehrens und Lernens eingelöst (vgl. Köhnlein 2004b, S. 166). Beiden bisher erörterten Ausprägungen des genetischen Lehrens und Lernens wird der historisch-genetische Gesichtspunkt nachgeordnet, der auf das historische Gewordensein von Wissensbeständen mit allen möglichen Irrtümern und Umwegen abhebt (vgl. Möller 2001, S. 24). Genetischer Unterricht vollzieht sich an ausgewählten, ergiebigen Beispielen (Exemplarität), in dem das gemeinsame Gespräch unter grundsätzlich gleichberechtigten Partnern den Verstehensprozess als einen Lernprozess in der Gruppe befördert. Der Lehrer soll sich dabei zurückhalten, jedoch stets aufmerksam zuhören, Impulse setzen, Anregungen geben, nachfragen, in Zweifel stellen, verfremden, nachhaken, ermutigen. Diesen gesprächsorientierten Anteil akzentuiert die Bezeichnung „sokratisch", obwohl die von Wagenschein zurückhaltend-aufmunternde Art wenig mit der sokratischen Strenge zu tun hat. Beiden Arten des Gesprächs ist hingegen gemeinsam, dass keine Scheinerklärungen akzeptiert werden. Es geht darum, beim Schüler verstandenes Wissen zu erzeugen, das er dann auch mit eigenen Worten darlegen kann und auf diese Weise verdeutlicht, dass er es verstanden hat.

Neben der Sachklärung und Sachzielen werden im exemplarisch-genetisch-sokratischen Sachunterricht auch immer übergreifende Funktionsziele angestrebt. Auch hier folgt der vorliegende Ansatz dem Vorbild Martin Wagenscheins, der für den naturwissenschaftlichen Unterricht im Gymnasium solche Ziele vorgeschlagen hatte (vgl. Wagenschein (1968) 1992, S. 42 f.)

Köhnlein entwickelte für den Sachunterricht einen auf Fortschreibung angelegten Katalog möglicher Funktionsziele, von denen im Folgenden drei beispielhaft genannt werden:

„Methoden Kompetenz" (handwritten annotation)

„Die Kinder *sollen* bei der Bearbeitung exemplarischer Fälle und Unterrichtseinheiten *erfahren,*

...

- wie man mit bestimmten Methoden oder Verfahren (beobachten, untersuchen, probieren, messen, befragen, nachschlagen) Probleme aufschließen und Wissen erzeugen kann;
- wie man einen einfachen Versuch als Frage an die Natur oder eine Untersuchung ausdenkt, ausführt und auswertet und die Ergebnisse darstellt;
- daß durch geeignete Methoden Sachverhalte intersubjektiv feststellbar sind; ..." (Köhnlein 1996, S. 69 f.; kursiv wie im Original; Anm. B.T.).

Auf das Unterrichtsbeispiel von Siegfried Thiel bezogen wird deutlich, wie versucht wird, derartige Funktionsziele in den Sachunterricht mit einzubeziehen. Die Kinder lernen Vermutungen zu äußern, diese zu sammeln und durch Versuche, die sie selbst entwickeln, zu überprüfen. Schließlich finden sie ein Verfahren – natürlich alles auch mit angemessener Hilfe des Lehrers – mit dem sie das „Sprungverhalten" des Balles dokumentieren und beweisen können. Sie sind nicht mehr darauf angewiesen, dass sie belehrt werden oder dass ein Buchtext ihnen sagt, wie ein Ball springt. Die Kinder haben die Erfahrung gemacht, dass sie selber in der Lage sind, ihre Fragen zu beantworten. In den Funktionszielen drückt sich auch die Hoffnung aus, dass ein Sachunterricht, der häufiger so verfährt, dazu beitragen möge, dass Kinder gegenüber (naturwissenschaftlichen) Problemen eine kritisch-konstruktive Grundhaltung einnehmen und zur Bearbeitung derselben Methodenkompetenz ausbilden.

3.7.1 Zum Wissenschaftsverständnis des exemplarisch-genetisch-sokratischen Sachunterrichts

Das Wissenschaftsverständnis des genetischen Ansatzes ist un-elitär, aspekthaft-naturwissenschaftlich, pädagogisch-didaktisch und kontinuitätsoptimistisch ausgerichtet.

Wissenschaft, die für schulischen Unterricht taugen soll, ist nicht in einem realitätsentrückten Elfenbeinturm angesiedelt, wo sie in abstrakter Verstiegenheit jeglichen Kontakt zu den ursprünglichen Zusammenhängen – in der Physik zu den Phänomenen – verloren hat. Diese elitäre Auffassung von Wissenschaft ist auf hohem Niveau gleichsam „im obersten Stockwerk" stecken geblieben (vgl. Wagenschein (1968) 1992, S. 101) und kann den Rückweg zu ihren Anfängen nicht mehr finden.

Diese Entwicklung bescheinigt Wagenschein den Fachwissenschaften – bei ihm sind damit Mathematik und Physik gemeint –, und er warnt vor der

„entpädagogisierenden Wirkung" eines reinen Fachstudiums (vgl. ebd., S. 103). Für künftige Lehrer lehnt er ein Wissenschaftsverständnis ab, das sich nur fachwissenschaftlich definiert. Demzufolge beurteilt er ein reines Fachstudium für angehende (Gymnasial)lehrer äußerst kritisch, ebenso wie die gängige Praxis, dass ihnen Pädagogik und Didaktik nur als Additiva angeboten werden, vielmehr fordert Wagenschein für die Lehrerausbildung eine Integration von Pädagogik, Didaktik und Fachwissenschaft von Anfang an, die er als „*genetische Metamorphose*" (ebd.; kursiv wie im Original; Anm. B.T.) bezeichnet. Es muss jedoch gesehen werden, dass bis heute eher der umgekehrte Weg beschritten wird und z.b. angehende Lehrerinnen und Lehrer an Grundschulen ihre Unterrichtsfächer in rein fachwissenschaftlich ausgerichteten Lehrveranstaltungen Seite an Seite mit Diplom- oder Magisterkandidaten und -kandidatinnen studieren. Dieser Umstand hat sich durch die Einführung konsekutiver Studiengänge (Bachelor und Master) und der damit einhergehenden weiteren Verfachlichung des Lehramtsstudiums nochmals verschärft. Eine Folge für die Didaktik ist in diesem Zusammenhang der Umstand, dass sie daher häufig vom „Ende der Wissenschaft" konzipiert werde, wodurch aber nur eine „falsche Didaktik" produziert werden kann (vgl. von Hentig 1992, S. 11).

Bescheiden betont der vorliegende Ansatz die Aspekthaftigkeit der naturwissenschaftlichen Sicht auf die Welt, die immer nur aus ihrer Perspektive bestimmte Erkenntnisse liefern könnte (vgl. Köhnlein 1998a, S. 16). Für den didaktischen Kontext bleibt die Feststellung, dass bisher überwiegend Beispiele zum naturwissenschaftlichen Unterricht vorliegen (vgl. z.B. Messner 1998).

Im genetischen Verständnis sind Anfangssituationen der Wissenschaften pädagogisch-didaktisch wertvoll, denn aus ihnen heraus kann das Kind, kann der oder die Jugendliche den ursprünglichen Problemzusammenhang nachentdecken und -erfinden und so das Wesen der Wissenschaft überhaupt erst begreifen. In Anlehnung an Ernst Mach (1838-1916) stellt Wagenschein fest, dass es besonders auf die Anfänge der Wissenschaft ankomme, weil sie bescheiden – aber nicht simpel – seien und somit dem Anfänger besonders entgegenkämen, der sich auf diese Weise „die notwendigen Begriffe erst produktiv schaffen muß" (Wagenschein (1968) 1992, S. 102). Darin nun liegt aber die pädagogisch-didaktische Herausforderung dieser Anfangssituationen: „Gerade dadurch sind sie zugleich ungemein anspruchsvoll. Genau das, was wir im Unterricht wollen: den Anfänger ansprechen, aufrufen und zur Steigerung seines produktiven Selbst herausfordern" (ebd.).

Dieses anfängliche Sehen und Erkunden führt ohne Bruch zum Verstehen und schließlich „in die wissenschaftliche Erforschung von Sachverhalten" (Köhnlein 1998a, S. 14). Wagenschein vertritt hier die Auffassung eines kontinuierlichen Prozesses, der nach ersten Eindrücken und Erfahrungen zum Verständnis komplexer (naturwissenschaftlicher) Zusammenhänge führen kann. In der didaktischen Diskussion ist diese recht optimistische Auffassung Wagenscheins als „Kontinuitätsthese" bezeichnet worden (vgl. Wiesenfarth 1991). Wissenschaft befindet sich demnach am Ende eines Kontinuums, an dessen Anfang Alltagserfahrungen stehen. Dieser Weg ist nach Wagenschein bruchlos möglich, wobei er stets betont, dass ebenso der Rückweg immer möglich sein müsse und dass auch die mathematisierte Physik die ihr zugrunde liegenden Phänomene nicht vergessen dürfe (vgl. Wagenschein (1968) 1992).

Auch im sprachlichen Bereich führe ein kontinuierlicher Weg von Animismen und Alltagssprache über eine sachangemessene Ausdrucksweise zur Fachsprache. Thiel konnte diesen Dreischritt für seinen physikalischen Grundschulunterricht eindrucksvoll belegen (vgl. Thiel 1984), wobei deutlich wurde, dass auch hier Kontinuität nicht nur in eine Richtung zu verstehen ist. Die Kinder wechseln hin und her zwischen den verschiedenen Abstraktionsebenen und wissen auch, dass sich manches in Animismen Gefasste „für uns" leichter verstehen lässt (vgl. ebd., S. 82).

Wagenscheins Grundsätze auf den Sachunterricht der Grundschule angewandt, sollen dazu dienen, mit den Kindern erste Schritte auf dem Weg zur Wissenschaft zu gehen (vgl. Thiel 2001, S. 195). Dabei rät Wagenschein zu einer Mischung aus induktiven und deduktiven Verfahren (vgl. (1968) 1992, S. 97). Es geht demzufolge darum, für den Unterricht beide Möglichkeiten der Erkenntnisgewinnung nicht gegeneinander auszuspielen, sondern gewinnbringend aufeinander zu beziehen (vgl. Thiel 2001, S. 194). Ein wesentliches Anliegen des exemplarisch-genetisch-sokratischen Sachunterrichts ist ein „wissenschaftsverständiges Lernen" (Soostmeyer 1998, S. 68), das Wissenschaft und Kind gleichermaßen gerecht wird (vgl. Katzenberger 2000, S. 175), womit bereits anthropologische Aspekte angesprochen werden. Wissenschaftsorientierung im genetischen Sinne bedeutet dann, Sachzusammenhänge aus der Lebenswelt der Kinder aufzugreifen und im Sachunterricht so zu bearbeiten, dass „Wege in Richtung der Wissenschaften" (Köhnlein 1996, S. 57) aufgewiesen werden. Dabei soll die „schädliche Alternative" Kind oder Sache aufgehoben werden. Wagenschein fasst dies in seiner bekannten Formulierung zusammen, die mittlerweile zu einem geflügelten Wort geworden ist: „Mit dem Kinde von der Sache aus, die für das Kind die Sache ist" (1973, 1990), S. 11; kursiv wie im Original; Anm. B.T.).

→ Kind und Sache nicht trennen !

3.7.2 Der genetische Ansatz und anthropologisch-entwicklungs-psychologische Voraussetzungen

Die der exemplarisch-genetisch-sokratischen Konzeption zugrunde liegende Anthropologie und die darin enthaltenen entwicklungspsychologischen Annahmen strahlen Zuversicht aus. In dem Vorwort zu dem Buch „Kinder auf dem Wege zur Physik" wird dies deutlich. Bereits jungen Kindern wird zugetraut, dass sie „von sich aus" in der Lage sind, einen Zugang zu naturwissenschaftlichen Zusammenhängen zu entwickeln. Die von Wagenschein gesammelten „Geschichten" zeigen, „wie aus unbeeinflußten jungen Kindern durch die Begegnung mit absonderlichen Naturphänomenen ursprüngliche Ansätze physikalischen Verstehens herausgefordert werden" (Wagenschein (1973) 1990, S. 9). Kinder versuchten sich in solchen Situationen der Wiederholbarkeit, der Erhaltung und des Anknüpfens an Bekanntem zu versichern. Kinder verfolgten damit Vorgehensweisen, wie sie auch in den Naturwissenschaften – bei Wagenschein ist damit auch hier die Physik gemeint – zur Anwendung kämen (vgl. ebd., S. 13).

Soostmeyer streicht die Handlungsaktivitäten heraus, die Kinder bei der Begegnung mit interessanten Naturphänomenen entfalten. Sie hantieren und untersuchen, sie manipulieren und probieren aus, bauen auseinander und vielleicht auch wieder zusammen – schon sehr junge Kinder zeigen diesen Forschungsdrang, der sich in ihrem „explorativen Spiel" ausdrückt (vgl. Soostmeyer 1998, S. 37). Die Vertreter des exemplarisch-genetisch-sokratischen Sachunterrichts mahnen demzufolge an, Kinder nicht zu unterschätzen, denn sie seien schon „von sich aus „wissenschaftsorientiert" und bleiben es, wenn wir ihnen nicht den Wind aus den Segeln nehmen durch ein Übermaß an Belehrung" (Wagenschein 1973 (1990), S. 9; vgl. z.B. auch Köhnlein 1998a, S. 9 f.).

Der Erwachsene, die Lehrerin oder der Lehrer sollen vor allem Helfer sein und dem Kind nicht ihr Wissen überstülpen. Schaub macht auf die Nähe der Pädagogik Martin Wagenscheins zur Pädagogik von Maria Montessori (1870-1952) in diesem Punkt aufmerksam. Schaub weist nach, dass sich Wagenschein mehrmals ausdrücklich auf die italienische Pädagogin bezieht (vgl. z.B. Wagenschein (1968) 1992, S. 107), wenn er verdeutlichen will, dass Kinder selbständig Aufgaben bewältigen wollen (Aiutami a farlo da me → Hilf mir, es von mir aus zu tun) und dass sie dabei sachbezogen und anspruchsvoll vorgehen wollen. Auch wenn Wagenschein fordert, dass Schule oberflächliches und „zu leichtes" Lernen vermeiden müsse, bezieht sich Wagenschein auch auf Montessori (vgl. Schaub 2001, S. 33 f.). Deutlich wird, dass im vorliegenden Zusammenhang auf die Fähigkeiten des Kindes vertraut wird, die sich in der Sachauseinandersetzung entfalten. In dem didaktischen Dreieck Kind-Lehrer-Sache tritt der Lehrer hinter die beiden Eckpunkte Kind und Sache zurück. Dabei wird den schöpferischen Kräften des Kindes ein hoher Stellenwert zugemessen. Es wird Kindern zugetraut, einen eigenen Weg zur Sache zu finden, eigene Zugriffsweisen, Denk- und Sprachformen zu entwickeln, die tragfähig seien für spätere abstrakte Aussagen der Wissenschaft (vgl. Thiel 2001, S. 193).

Diese Sicht des Kindes speist sich zumindest teilweise noch aus jenen, das Kind überhöhenden Tendenzen, die größeren Teilen der Reformpädagogik innewohnten. Wohlwollend kritisch gibt Thiel zu bedenken, dass Wagenschein hier dem reformpädagogischen „romantischen Blick" auf das Kind nachhänge, den es in unserer Zeit zu relativieren gelte (vgl. Thiel 1998, S. 61 f.). Kinder wachsen heute unter anderen Bedingungen auf als zu Zeiten der Reformpädagogik, die dazu neigte, Kindheit zu romantisieren. Thiel verweist in diesem Zusammenhang auf eine Traditionslinie, die er von Rousseau über Novalis, Jean Paul, Herder, Fröbel und Montessori bis Wagenschein führt (vgl. ebd., S. 61).

Kinder bringen heute mehr und andere Vorerfahrungen mit – als Schlagworte seien hier nur genannt „Medienkindheit" oder „Konsumkindheit" (vgl. Schorch 2006, S. 135 f.) – als Kinder in der Zeit der Reformpädagogik oder auch in den 1950er oder 1960er Jahren. Didaktisch relevant sind diese Veränderungen auch für den exemplarisch-genetisch-sokratischen Sachunterricht, denn heutige Kinder sehen Naturphänomene mit anderen Augen. Sie sind vielleicht schon medial übersättigt oder besitzen ein medial vermitteltes Wissen, das sie zu schnellen, aber unverstandenen Erklärungen verleitet. Als didaktische Konsequenzen werden vorgeschlagen, durch einen phänomenorientierten Unterricht Kinder wieder für die Wahrnehmung von (Natur)-Phänomenen zu sensibilisieren und bei schnellen Erklärungen zu untersuchen, wie wohl dieses Wissen zustande gekommen sei und sich nicht mit diesen schnellen Erklärungen zufrieden zu geben, sondern beharrlich zu fragen, woher dieses Wissen denn komme. In Anlehnung an Klaus Giel bezeichnet Thiel diese Vorgehensweise als „Didaktik der Zugangswege" (Thiel 2001, S. 192).

Auch unter einer weiteren Rücksicht relativiert sich Wagenscheins „romantischer Blick". Kindheit ist immer auch ein historisch-kulturelles Konstrukt (vgl. Schorch 2006, S. 115), das heute nicht mehr so einheitlich gedacht werden kann wie vielleicht noch in den oben angesprochenen Zeiträumen. In der modernen Kindheitsforschung wird daher zunehmend im Plural „von Kindheiten und ihren subkulturellen und interkulturellen Differenzierungen" (Duncker 2005, S. 143) oder auch von der „Diversität" von Kindheit (vgl. Fölling-Albers 2001) gesprochen. Allerdings fordert auch die moderne pädagogische Anthropologie eine gegenüber „Reproduktionsfunktion" und „Selektionsfunktion" von Schule (vgl. Fend 1979) zu stärkende Orientierung der Grundschule an den Bedürfnissen der Kinder (vgl. Duncker 2005, S. 145) und vertritt damit einen Standpunkt, dem auch der zwischenzeitlich überholte „romantische Blick" auf das Kind nicht entgegensteht.

3.7.3 Der genetische Ansatz im gesellschaftlichen Kontext und pädagogisch-curriculare Aspekte

Die Übertragung des genetischen Ansatzes nach Wagenschein auf den naturwissenschaftlich ausgerichteten Sachunterricht spielt sich vor denselben gesellschaftlichen Hintergründen ab wie die Entwicklung der struktur- bzw. konzeptorientierten und der verfahrensorientierten Curricula. Dennoch sind die „wissenschaftsorientierten" späten 1960er und frühen 1970er Jahre nicht der eigentliche Auslöser für die Entwicklung des naturwissenschaftlichen Sachunterrichts nach dem Vorbild Wagenscheins, sondern sie stellen eher günstige Bedingungen dafür dar. Der Entstehungszusammenhang des naturwissenschaftlichen Sachunterrichts nach genetischer Lesart ist vielmehr personengebunden-biographisch festzumachen und auf den schon mehrfach erwähnten Freiburger Pädagogen Siegfried Thiel zurückzuführen. Dieser kam im Rahmen eigener beruflicher Weiterbildungsbemühungen nach dem Hinweis eines Kommilitonen mit Wagenscheins Lehrveranstaltungen an der Tübinger Universität in Kontakt. Fortan verfolgte er diese mit großem Interesse und wollte Wagenscheins Pädagogik auch im Volks- und Grundschulunterricht wirksam werden lassen. Diese Gelegenheit erhielt Thiel an der Versuchsgrundschule „Auf der Wanne" des Pädagogischen Seminars der Universität Tübingen in den Jahren 1967-1969. Dort entstanden die schon oben erwähnten Verbalprotokolle von Unterrichtssequenzen, die Thiel in einem eigens dafür eingerichteten Kurs von Viertklässlern erteilte. In dem Kurs wurden zu folgenden Sachverhalten erste Unterrichtsversuche durchgeführt: Verdunstung und Kondensation von Wasser, kommunizierende Röhren, Erosion und die „Kugelgestalt" der Erde (vgl. Thiel 2001, S. 196). Im Nachhinein bedauerte Thiel den teilweise bruchstückhaften Charakter seiner Aufzeichnungen, der durch die Eile der Transkription, durch das Nichterfassen des außerschulischen Geschehens und durch die Grenzen der damaligen Technik entstanden sei (vgl. Thiel 1990, S. 194 f.).

Gleichwohl reichten die Protokolle aus, um bei der Arbeitstagung „Naturwissenschaftlich-technischer Lernbereich in der Grundschule", die unter der Leitung von Kay Spreckelsen und Hans Tütken an der Universität Göttingen im Jahre 1969 stattfand, anerkennende Beachtung zu finden. Hier las Thiel Auszüge aus seinen Protokollen vor. Namentlich der Hamburger Pädagoge Walter

Jeziorsky (1903-1992), selbst ein streitbarer Vertreter eines möglichst frühen Sachunterrichts unter Zurückdrängung einer zu frühen Vermittlung der Standardkulturtechniken Lesen, Schreiben und Rechnen (vgl. Jeziorsky 1965, S. 254 f.), beglückwünschte Thiel zu seiner Arbeit und hob besonders die glückliche Verbindung von Kind- und Sachbezug hervor (vgl. Thiel 2001, S. 187).

Dass die gesellschaftliche Großwetterlage nach dem „Sputnikschock", der „Bildungskatastrophe" und der Demokratisierungsbewegung für die Entwicklung des naturwissenschaftlichen Sachunterrichts äußerst günstig war, wurde Thiel, der offensichtlich in erster Linie rein pädagogisch dachte, nach eigenen Bekunden erst später klar (vgl. ebd., S. 186 f.). Eine direkte Rolle spielen die gesellschaftlichen Rahmenbedingungen für das Entstehen des genetisch orientierten naturwissenschaftlichen Sachunterrichts nicht.

Auch Wagenscheins Ansatz entsteht vor allem aus pädagogisch-didaktischer Überzeugung, auch hier sind die gesellschaftlichen Rahmenbedingungen kaum von Bedeutung. Allerdings ist seine Forderung „Verstehen ist Menschenrecht" (vgl. Wagenschein 1979, S. 175-179) nicht nur pädagogisches Programm, sondern auch politisches Bekenntnis zur Demokratie. Dieser Zusammenhang kann auch so interpretiert werden, dass nur verstandenes Wissen ein individuell-freisetzendes Wissen hervorbringen kann und somit eine notwendige Bedingung für eine möglichst gleichberechtigt funktionierende demokratische Gesellschaft darstellt.

Pädagogisch-curricular setzt sich der exemplarisch-genetisch-sokratische Sachunterricht deutlich von den streng lernzielorientierten Entwürfen nach Spreckelsen und Tütken ab. Das struktur- bzw. konzeptorientierte Curriculum (Spreckelsen) ist konsequent durchkonstruiert und in penibel aufeinander bezogene „Lektionen" gegliedert. Auch der naturwissenschaftliche Sachunterricht nach dem verfahrensorientierten Verständnis (Tütken) ist bündig aufgebaut und zunächst auf behavioristisch formulierte Lernziele ausgerichtet.

Vergleichsweise „spielerisch" erscheint hingegen der genetische Ansatz im Sachunterricht. Thiel entwickelte diesen ausprobierend und suchend erst nach und nach. Gemeinsam mit den Kindern führte er seinen Unterricht durch, suchte nach Themen und geeigneten Phänomenen und hielt Rücksprache mit Wagenschein. Auf diese Weise entstanden im Laufe der Zeit Unterrichtssequenzen zu den Themenbereichen „Wie springt ein Ball?" (vgl. Thiel 1987a), „Trägheit und Beharren", „Wie die Menschen lernten, Feuer zu machen" (vgl. Thiel 1987b) und „Wie kommt der Schall an unser Ohr" (vgl. Thiel 1990, S. 195).

Im Gegensatz zu den rein wissenschaftsorientierten Ansätzen des frühen naturwissenschaftlichen Sachunterrichts steht bei Wagenschein und dann bei Thiel immer der Schüler bzw. das Kind im Mittelpunkt aller pädagogisch-didaktischer

Arbeit, ohne dass deshalb die Sache vernachlässigt wird. Bezeichnenderweise orientierte sich Thiel bei seiner Entwicklungsarbeit auch nicht an den einsinnig auf Wissenschaft ausgerichteten US-amerikanischen Curricula SCIS und S-APA, vielmehr fühlte er sich durch die offenen, sachbezogenen und kindorientierten Ansätze „Nuffield Junior Science Programm" (vgl. Klewitz 2001, S. 227 f.) und dem daraus hervorgehenden Curriculum „Science 5 / 13" (vgl. Schwedes 2001, S. 133-136), die Ende der 1960er und während der 1970er Jahre in England entstanden sind, in seiner Kind- und Sachanspruch verbindenden Vorgehensweise bestätigt.

3.7.4 Der genetische Ansatz und grundlegende Bildung

Der exemplarisch-genetisch-sokratische Unterricht ist seinem Entstehungszusammenhang nach eindeutig der bildungstheoretischen Pädagogik zuzurechnen (vgl. Soostmeyer 2001b, S. 111). Die vielseitige Bildung des Menschen ist auch für Wagenschein das oberste Ziel von Unterricht (vgl. Köhnlein 1998a, S. 9), allerdings ist ihm der Begriff „allgemeine Bildung" zu abstrakt und zu überhöht, so dass er zur Präzisierung seines Anliegens den Begriff „Formatio" benutzt (vgl. Wagenschein 1968 (1992), S. 76), um auch auf die Dynamik des Bildungsprozesses zu verweisen (vgl. Köhnlein 1990, S. 108). „Formatio" setzt Wagenschein betont ab von „Informatio" im Sinne von Orientierung und von „Deformatio", womit er auf die möglichen Beschränkungen einer einseitigen Spezialbildung in Ausprägung einer „déformation professionelle" verweist (vgl. Wagenschein 1968 (1992), S. 76). Wagenscheins Begriff der „Formatio" kennzeichnen drei Merkmale:

1. „Produktive Findigkeit", womit die Fähigkeit zum selbständigen Denken und Handeln gemeint ist. Desgleichen soll der Mensch dazu befähigt werden, selbständig Einfälle hervorzubringen und kreativ zu sein.

2. „Enracinement". Diesen Terminus wählt Wagenschein in Anlehnung an die französische Freiheitsaktivistin und Philosophin Simone Weil (1909-1943). Wagenschein meint damit, dass es darauf ankomme, eingewurzelt zu sein und zu bleiben in dem Gesamt der primären Erfahrungen und der primären Umwelt; fachliches Wissen und lebensweltliche Erfahrungen dürfen nicht auseinander fallen. Er zieht den französischen Begriff „Enracinement" dem deutschen Begriff der „Einwurzelung" auch deshalb vor, um nicht in die Nähe einer „Blut-und-Boden-Wurzelpädagogik" gebracht zu werden, die nicht zuletzt auch von Spranger ausging.

3. „Kritisches Vermögen", womit die Fähigkeit gemeint ist, Ideen und Vorstellungen kritisch zu überprüfen. Des Weiteren wird damit auf das kontrol-

lierte Fortschreiten von naiven Weisen des Verstehens bis zu abstrakten Einsichten abgehoben. An dieser Stelle klingt wieder Wagenscheins Kontinuitätshypothese an (vgl. Wagenschein 1968 (1992), S. 76-79). Im Zuge der Wiederbelebung des Bildungsbegriffes ab Mitte der 1980er Jahre besonders durch die Diskussion um die Neubestimmung von „Allgemeinbildung" auf dem DGfE-Kongress im Jahre 1986 (vgl. Sandfuchs 1987, S. 37) und der Verteidigung des Bildungsbegriffes vor allem durch Wolfgang Klafki (vgl. 1985, S. 12-30) kann festgestellt werden, dass auch die Sachunterrichtsdidaktik am Bildungsbegriff festhält (vgl. Köhnlein 1990, S. 108-111). Für den Bereich der ersten vier Schuljahre wird dabei ausdrücklich auf das Paradigma der „grundlegenden Bildung" abgehoben, die am Beginn einer umfassenden Allgemeinbildung steht.

Im Verständnis des vorliegenden Ansatzes ist demnach grundlegende Bildung elementar, fundamental und auf Weiterführung angelegt. Elementar meint nicht simpel oder schlicht, sondern das Zurückführen des Komplexen auf das Wesentliche, um es von daher in den Interessenshorizont des Kindes zu rücken. Auf diese Weise wird im Sachunterricht der Gegenstand für das Kind erschlossen und das Kind für den Gegenstand – diesen Vorgang bezeichnet Klafki als „doppelseitige Erschließung" (vgl. Sandfuchs 1987, S. 54 f.).

Grundlegende Bildung im Sachunterricht ist in einem doppelten Sinne fundamental. Zum einen zielt das Fundamentale darauf ab, dass das Kind Grunderlebnisse und Grunderfahrungen macht und allgemeine „Strukturprinzipien großer Gegenstandsbereiche" (ebd., S. 54) kennen lernt, „durch die wir auf dem jeweils erreichten Stand der geschichtlichen Bewußtseinsentwicklung „Bereiche" bzw. „Dimensionen" der Beziehung von Mensch und Wirklichkeit auffassen und gliedern" (Klafki 1985, S. 98). Als mögliche Modi von Wirklichkeitsbeziehungen nennt Klafki im Folgenden „die wirtschaftliche, die gesellschaftliche, die politische, die ästhetische, die exakt-naturwissenschaftliche, die technische Wirklichkeitsbeziehung" (ebd.), womit auch Bereiche angesprochen werden, die für den Sachunterricht relevant sind und die sich in dem noch zu bearbeitenden „vielperspektivischen Sachunterricht" als „Dimensionen" des Sachunterrichts wiederfinden. Zum anderen wird das Fundamentale auch im Sinne eines Fundamentums verstanden, wobei es darum geht, eine Basis für spätere Lernprozesse zu schaffen. Der Sachunterricht muss sich auch darum bemühen, anschlussfähige Bildungs- und Lernprozesse auf den Weg zu bringen, die weiterführendes Lernen ermöglichen. Insofern soll der Sachunterricht fundierend und weiterführend zugleich sein (vgl. Köhnlein 1990, S. 110 f.), ohne sich einerseits durch ein zu statisches Verständnis dessen, was denn das Fundamentum sei, selbst zu fesseln und ohne sich andererseits durch eine zu starke Ausrichtung auf das kommende Lernen allzu sehr an die Erfordernisse späterer Schulstufen auszuliefern.

Bleibt noch die Vermessung des genetischen Ansatzes nach den drei Merkmalen für grundlegende Bildung nach Hans Glöckel (Lebensweltbezug, fachliche Relevanz, Themen mit überdauernder Bedeutung).

Der Lebensweltbezug der vorliegenden Konzeption wird schnell einsichtig. Das genetische Selbstverständnis des Ansatzes legt nahe, dass die Themen aus der Lebenswelt der Kinder stammen, allerdings werden sie nun nicht im Sinne einer Eins-zu-eins-Übersetzung bearbeitet, vielmehr geht es darum, Umgangswissen in verstandenes Funktionswissen zu überführen. Die Kinder sollen nicht nur wissen, dass ein Ball springt, sondern sie sollen verstehen, wie er springt, indem sie Verfahren kennen und anwenden lernen, mit denen sie ihre Vermutungen überprüfen können. Auf diese Weise wird der subjektiv-genetische mit dem logisch-genetischen Aspekt verschränkt.

Die fachliche Relevanz der vorliegenden Unterrichtsbeispiele für den Sachunterricht nach Maßgabe des vorliegenden Ansatzes kann ebenfalls als eingelöst angesehen werden. Die physikalischen Zusammenhänge werden phänomenorientiert aufbereitet und so vor die Kinder gestellt, dass sie sie zum Staunen, Nachdenken, Vermuten, Probieren und Experimentieren anregen. Einschränkend muss angemerkt werden, dass der exemplarisch-genetisch-sokratische Sachunterricht ebenso wie der struktur- bzw. konzeptorientierte Ansatz und das verfahrensorientierte Curriculum bisher vorwiegend naturwissenschaftlich-technisch ausgeprägt ist. Allerdings sind nunmehr auch Beispiele aus nicht naturwissenschaftlichen Zusammenhängen vorgelegt worden (vgl. Messner 1998 und vgl. Soostmeyer 1998), was die Entwicklungsfähigkeit dieser Konzeption verdeutlicht.

Bildungstheoretisch beinhaltet die Ausrichtung der vorliegenden Konzeption auf das Elementare und das Fundamentale den Anspruch auf überdauernde Bedeutung. Die inhaltlich orientierte Nachfrage nach Themen von überdauernder Bedeutung im Sinne der Bearbeitung „großer Themen" verweist darauf, dass diese zumindest ansatzweise vorhanden sind. Die Thematik „wie der Mensch zum Feuer kam" drängt Bezüge förmlich auf, die über den naturwissenschaftlichen Bereich hinausweisen. Fragen wie „seit wann verfügt der Mensch über Feuer?", „wie und wo lernten die Menschen das Feuer zu gebrauchen?", „welche Menschen gebrauchten als erste das Feuer?" oder „welche Auswirkungen hatte das Beherrschen des Feuers auf die Lebensweise und das Zusammenleben der Menschen?" machen nicht nur historisch-genetische Aspekte offenkundig, sondern sie machen darüber hinaus auf geschichtliche, geographische, biologische und soziale Bezüge dieser Thematik aufmerksam.

. siehe Blätter „Konzeptionen ...

3.8 Sachunterricht als Welterkundung

Nach einer vierjährigen Entstehungszeit legte eine vom Arbeitskreis Grundschule unterstützte Arbeitsgruppe einen Gesamtentwurf zur Reform der Grundschule vor. Der Arbeitsgruppe gehörten an: Gabriele Faust-Siehl, Frankfurt am Main, heute Bamberg; Ariane Garlichs, Kassel; Klaus Klemm, Essen; Jörg Ramseger, Berlin; Hermann Schwarz, Hamburg und Ute Warm ebenfalls Hamburg. Renate Valtin, Berlin, nahm zu Beginn an der Arbeitsgruppe teil (vgl. Faust-Siehl u.a. 1996). Die Arbeitsgruppe sieht ihren Beitrag in der Tradition der pädagogischen Programmschriften der 1970er Jahre. Ihre Ausarbeitung fand parallel zu der Erarbeitung der „Empfehlungen zur Arbeit in der Grundschule" durch die KMK statt, die am 6.5.1994 verabschiedet wurden. Den Autoren der „Empfehlungen zur Neugestaltung der Primarstufe. Die Zukunft beginnt in der Grundschule" ist klar, dass ihre Programmschrift nicht in eine Eins-zu-Eins-Umsetzung einmünden wird, vielmehr soll sie dem Selbstanspruch nach eine richtungsweisende Diskussionsgrundlage sein und entsprechende Anregungen und Impulse geben. Als Eckpunkte ihrer Reformvorschläge nennen die Verfasser:

- die Abschaffung der Einschulungsauslese
- integrative Erziehung aller Kinder
- Team-Teaching und sonderpädagogische Begleitung
- die Abschaffung von Ziffernoten
- die Abschaffung des Sitzenbleibens
- die Einführung der „ganzen Halbtagsgrundschule"
- Computereinsatz, Fremdsprachen und einen neuen Mathematikunterricht
- die Abschaffung des Sachunterrichts und seine Ersetzung durch einen neuen Lernbereich, der Welterkundung genannt werden soll
- die Abschaffung eines konfessionell rückgebundenen Religionsunterrichts zugunsten eines Lernbereichs „Religion, Ethik, Philosophie"
- weitreichende Gestaltungsautonomie der einzelnen Schulen
- die Abschaffung des Beamtenstatus für alle an Schule und Schulaufsicht beteiligten Personen
- Gleichberechtigung der Lehrämter
- intensive Einbindung der Eltern (vgl. Faust-Siehl u.a. 1996)

Im Folgenden wird der eigenen Aufgabenstellung entsprechend nur der Teil der Programmschrift diskutiert, der den Sachunterricht betrifft.

Die Arbeitsgruppe wendet sich gegen fachwissenschaftlich oder fachlich rückgebundene Inhalte im Sachunterricht. Nicht die Wissenschaften lieferten potentielle Inhalte für den Sachunterricht, vielmehr solle die kulturelle Weltaneignung des Menschen im Unterricht thematisiert werden. Wichtig sei es in diesem Kontext über „Verhältnisse" nachzudenken, wobei es inhaltlich um zwei wesentliche Gesichtspunkte geht:

„ - die Bewältigung des Verhältnisses des Menschen zur belebten und unbelebten Natur und

- die Bewältigung des Zusammenlebens der Menschen untereinander" (Faust-Siehl u.a. 1996, S. 63).

Überkommene Heimatkundekonzeptionen werden ebenso kritisiert wie der gegenwärtige Sachunterricht, der als „ein Sammelsurium didaktisch reduzierter Bruchstücke" (ebd., S. 64) verunglimpft wird. Dabei kommen aber nur zwei Formen des Sachunterrichts in den Blick: zum einen wird auf einen rigiden wissenschaftsorientierten Sachunterricht abgehoben, der Mitte der 1990er Jahre schon lange überwunden war. Zum anderen wird auf Fehlformen offenen Sachunterrichts verwiesen. Dabei wird aber die vielfältige konzeptionelle Entwicklung des Sachunterrichts übersehen, die durchaus auch tragfähige Ansätze hervorgebracht hat. Rückblickend sei z.b. auf den MPU, für die gegenwärtige Entwicklung sei auf den genetischen Ansatz und auf den vielperspektivischen Sachunterricht verwiesen. Stattdessen wird die Abschaffung des Sachunterrichts vorgeschlagen und aus der dargelegten Blickverengung heraus empfohlen: „Mit Rücksicht auf diese Entwicklungen schlagen wir eine radikale Neuorientierung für diesen Lernbereich einschließlich seiner neuen Benennung vor: »Welterkundung« statt »Sachunterricht«" (ebd., S. 65). In diesem neuen Lernbereich geht es nun darum, die Kinder weitgehend selbständig entdecken und forschen zu lassen, wobei konkrete Inhalte nicht genannt werden. Dafür stellt die Arbeitsgruppe ein Suchraster vor, das aus vier „Gegenstandsfeldern" besteht. Diese sollen dabei helfen, Fragerichtungen und Inhalte zu finden. Die Gegenstandsfelder sind:

1. Entwicklungstypische Schlüsselfragen von Grundschulkindern, wie z.B. die Frage nach der eigenen Geschichtlichkeit, der eigenen Primärgruppe, der eigenen Endlichkeit oder die Frage nach Freundschaft und Ablehnung.

2. Epochaltypische Schlüsselfragen der Menschheit, wie sie durch Wolfgang Klafki bekannt sind. Dazu zählen für den Bereich der Welterkundung u.a. die Frage nach Krieg und Frieden, die ökologische Frage und die Problematik der Entwicklungsländer.

3. Epochemachende Errungenschaften der Menschheit, ausgedrückt in Ideen wie z.B. Freiheit, Gleichheit und Brüderlichkeit und Praktiken wie z.B. Handwerk, Kunst, Kultur, Religion, Ethik und Philosophie.

4. Methoden der Rekonstruktion und Darstellung der Wirklichkeit, womit auf mögliche Arbeitsweisen und Aneignungsformen im Unterricht verwiesen

wird. Aufzählend werden unter vielen anderen genannt: Hypothesen bilden, Theorien verfolgen, Beobachtung und Experiment, Messen, Schätzen und Klassifizieren (vgl. ebd., S. 67-73). Die Lehrerin oder der Lehrer soll nun den Kindern ihre Fragen gleichsam ablauschen (vgl. ebd., S. 66 f.) und diese zu den vier Gegenstandsfeldern in Beziehung setzen, die ständig „im Hinterkopf" (ebd., S. 72) parat sein müssten. Auf diese Art und Weise gelänge es zuverlässig, geeignete Inhalte zu finden. Geeignete Methoden seien das „freie Forschen" und das „Projekt", wobei es zu begrifflichen Unschärfen kommt. So wird der Begriff „Vorhaben" als Synonym für Projekt gebraucht. Das „Vorhaben" entstammt aber der gesamtunterrichtlichen Tradition um Johannes Kretschmann (vgl. Kretschmann (1932): Natürlicher Unterricht. Neubearbeitet von Otto Haase, 1948), während das „Projekt" bekanntermaßen – die vorgängige europäische Entwicklung einmal außer Acht lassend (vgl. Knoll 1993) – auf John Dewey (1859-1952) und William H. Kilpatrick (1871-1965) zurückgeht und damit auf einen ganz anders gelagerten Entstehungszusammenhang verweist. Von daher ist der synonyme Gebrauch dieser beiden Begriffe zumindest problematisch.

Schließlich raten die Verfasser des Ansatzes der Welterkundung noch dazu, „Experten" wie „Eltern, alte Leute, Handwerker, Künstler, Forscher, Schriftsteller, Arbeiter und Unternehmer" (ebd., S. 72) in den Unterricht mit einzubeziehen.

Mit der Auflösung des Sachunterrichts zugunsten des Fächerverbundes „Mensch, Natur und Kultur" im Bildungsplan für die Grundschulen in Baden-Württemberg, der im Jahre 2004 in Kraft gesetzt wurde, ist das Anliegen der Welterkundung, die im Bildungsplan auch genannt wird (vgl. KM Baden-Württemberg 2004), nach Abschaffung des Sachunterrichts in gewisser Weise erfüllt worden. Ob den ureigensten Aufgaben und Zielen des Sachunterrichts mit der Verquickung von Sachwissen mit Gesang, Tanz, künstlerischer Gestaltung, Sagen und Märchen gedient ist, wird sich erweisen müssen. Wie die Verfallsgeschichte des Gesamtunterrichts verdeutlichte, hat sich dieser Weg historisch bereits schon einmal als Sackgasse herausgestellt.

3.8.1 Zum Wissenschaftsverständnis des Sachunterrichts als Welterkundung

Im Gegensatz zu den wissenschaftsorientierten Konzeptionen des Sachunterrichts steht der Ansatz der Welterkundung den Wissenschaften zurückhaltend bis ablehnend gegenüber. Aus den Wissenschaften ließen sich keine Inhalte für den Unterricht gewinnen und der wissenschaftsorientierte Sachunterricht habe dazu geführt, dass „Kinder zu passiven Rezipienten wissenschaftlicher Modelle und Theorien degradiert" (ebd., S. 64) wurden. Der Lernbereich Welterkundung will eine „Vorwegnahme oder Einführung in irgendwelche Wissenschaftsdisziplinen" (ebd., S. 66) auf jeden Fall vermeiden und vertraut stattdessen weitgehend auf die Selbstentfaltungskräfte des Kindes.

Damit läuft der Ansatz der Welterkundung aber Gefahr, sich der Beliebigkeit oder Zufälligkeit auszuliefern. Es scheint den Verfassern recht gleichgültig zu sein, welche Inhalte in dem umbenannten Sachunterricht eine Rolle spielen sollen: „Geschichten, Zeitungsmeldungen, eine Problemschilderung, ein Stück Literatur, einen Ausschnitt aus einem Film, ein Naturphänomen oder was auch immer den Geist anzuregen vermag" (ebd., S. 67). Nicht nur die bunte Aufzählreihe hinterlässt Ratlosigkeit, auch der Nachsatz, der in Varianten den Beitrag zur Welterkundung durchzieht (vgl. ebd., S. 67-71 und bes. S. 73), zeigt an, dass Inhalte scheinbar nach Belieben gewählt werden können, solange sie sich nur nicht an den Wissenschaften orientieren. So droht aus Welterkundung unversehens ein Alltagswissen wiederholender Gelegenheitsunterricht zu werden, der Kinder nicht systematisch weiterführt, sondern sie an Alltagskonzepte ausliefert. Die Kinder sollen zwar „Hypothesen bilden und Theorien verfolgen", „Modellvorstellungen und Analogiebildung" entwickeln und „Experimente" ausführen (vgl. ebd., S. 73) und auf diesem Wege „forschend-entdeckend lernen" (vgl. ebd., S. 66), aber „nicht etwa, weil dies eine typische Arbeitsform der Wissenschaften ist ... (ebd.)"

Wie aber sollen die Kinder solch hochentwickelte Arbeitsformen erwerben, wenn sie dazu nicht auch wissenschaftsorientiert angeleitet werden? Lauterbach fragt zu Recht, welche und wie viele Kinder denn wohl „von sich aus" Theorien und Modellvorstellungen entwickeln und Experimente durchführen (vgl. 2001, S. 106). Sachunterricht kann Kinder nicht in ihrem Umgangswissen belassen, vielmehr muss er sie auch systematisch zu höheren Wissensformen befähigen. Wenn einerseits von den Kindern erwartet wird, dass sie wissenschaftsorientierte Arbeitsweisen entwickeln, kann andererseits der Wissenschaftsbezug – neben anderen Bezügen – nicht geleugnet werden. Insofern kann dem Ansatz der Welterkundung der Vorwurf historischer und systematischer Schwächen nicht erspart werden (vgl. Lauterbach 2001, S. 106).

Historische Schwächen liegen vor, weil die Errungenschaften – trotz aller Übertreibungen – des modernen Sachunterrichts wie naturwissenschaftliche Inhalte und Methoden ignoriert werden und somit eine Traditionslinie des Sachunterrichts ohne Not gekappt wird. Systematische Schwächen liegen deshalb vor, weil nicht gezeigt wird, wie die Kinder die geforderten Arbeitsweisen entwickeln sollen. Falls aber nur Vorformen gemeint sein sollten, müsste dies gesagt werden. Desgleichen müssten sie beschrieben werden (vgl. Lauterbach 2001, S. 105 f.), um ihren didaktischen Stellenwert einschätzen zu können – so aber bleiben diese Fragen offen.

3.8.2 Welterkundung und anthropologisch-entwicklungspsychologische Voraussetzungen

Zweifellos steht bei der Welterkundung das Kind im Mittelpunkt der didaktisch-pädagogischen Bemühungen, wobei das Bild vom Kind und von Kindheit durch die kulturkritische und kulturpessimistische Diskussion um die sogenannte veränderte Kindheit der ausgehenden 1980er und der ersten Hälfte der 1990er Jahre (vgl. Fölling-Albers 1997, S. 41 f.) beeinflusst wird. Die Arbeitgruppe hebt dabei besonders auf die Vielzahl gegenwärtiger Kindheitsmuster und Lebensentwürfe ab, die mehr denn je auf die Selbstentfaltung der Kinder angelegt seien. Diese ziele vor allem auf die „Selbständigkeit" von Kindern ab, womit eine hohe Zielkongruenz zwischen Elternhaus und Grundschule erreicht sei (vgl. Faust-Siehl u.a. 1996, S. 18 f.). An dieser Stelle wäre sicherlich eine Diskussion des Begriffes „Selbständigkeit" hilfreich gewesen. Meinen Eltern und Pädagogen vorderhand immer dasselbe mit „Selbständigkeit"? Es sollte zwischen funktionaler und autonomer Selbständigkeit unterschieden werden, wobei mutmaßlich Eltern tendenziell eher dazu neigen, zunächst die funktionale Selbständigkeit von Kindern anzustreben, da sie unmittelbar entlastende Funktion hat, während Lehrerinnen und Lehrer tendenziell eher die autonome Selbständigkeit von Kindern im Blick haben dürften. Dieser Zusammenhang könnte sehr wohl Gegenstand der Elternarbeit durch Lehrerinnen und Lehrer sein, die das Verständnis von „Selbständigkeit des Kindes" durchaus zu einem Thema eines Elternabends machen könnten. Ein undifferenzierter Gebrauch des Begriffes „Selbständigkeit" erschwert aber die Wahrnehmung dieser Zusammenhänge.

Als einen weiteren Punkt zur sogenannten veränderten Kindheit betont die Arbeitsgruppe besonders, dass „viele Kinder in sozialer Vereinzelung aufwachsen" (ebd., s. 17). Zurückgeführt wird dieser Umstand in erster Linie auf die veränderten Familienstrukturen, ferner auf die veränderte Wohnumwelt und auf die arbeitsteilige und hochgradig verwaltete Welt (vgl. ebd., S. 19).

Der Frage nach den veränderten Familienstrukturen soll kurz nachgegangen werden. Fölling-Albers, die im Zusammenhang mit der Diskussion um die sogenannte veränderte Kindheit davor warnt, allzu viel Verunsicherung und Pessimismus walten zu lassen (vgl. 2001, S. 10), teilt dazu mit: „Nach wie vor wuchsen noch in den 90er Jahren über 80% der Kinder bis zu ihrem Erwachsenenalter bei ihren verheirateten, leiblichen Eltern auf" (ebd., S. 19). Demnach hat die traditionelle Gattenfamilie (seit dem 18. Jahrhundert) weiterhin in überwiegender Mehrheit Bestand, so dass sich die pauschale Feststellung zur veränderten Familienstruktur dadurch relativiert, wenngleich neuere Zahlen belegen, dass hier eine weiter abnehmende Tendenz zu verzeichnen ist. Demnach leben gegenwärtig hierzulande 70% der Kinder in der klassischen Kernfamilie, und immerhin noch 3% der Kinder in Drei-Generationen-Familien (vgl. WVD 2007, S. 18).

Was die „soziale Vereinzelung" darüber hinaus befördern könnte, wäre die Zahl der Geschwister. Hier ist festzustellen, dass die Zahl der Kinder in den Familien kontinuierlich abgenommen hat. Gleichwohl verfügen immer noch drei Viertel aller Kinder (76%) über Erfahrungen mit Geschwistern, so wachsen 50% der Kinder in Zwei-Kind-Familien und 26% aller Kinder in Drei- und Mehr-Kind-Familien auf (vgl. ebd.). Natürlich ist die Zahl von 24% aller Kinder, die in Ein-Kind-Familien aufwachsen (vgl. ebd.), nicht zu unterschätzen, jedoch bleibt aufgrund der vorliegenden Daten, die der World Vision Kinderstudie 2007 entnommen sind, festzustellen, dass die überwiegende Zahl der Kinder (73%) in traditionellen Familienverbänden aufwächst und immerhin drei Viertel der Kinder mit einem oder mehr Geschwistern.

Auch was die Daten zu Kinderfreundschaften betrifft (vgl. Fölling-Albers 2001, S. 25 f.), scheint sich das Vereinsamungsproblem heutiger Kinder nicht in der von der Arbeitsgruppe ausgemachten Schärfe zu stellen. Gleichwohl dient der Arbeitsgruppe die „Vereinsamungsthese" als Hauptargument für die Forderung nach Erziehung in und für die „Gemeinschaft" und nach der Stiftung einer „seelischen Heimat" in der Grundschule (Faust-Siehl u.a. 1996, S. 20). Diesen Zielen soll hier gar nicht widersprochen werden. Es erscheint jedoch bedenklich, Kindheit reichlich pauschal mit dem Merkmal der „Vereinsamung" zu belegen und damit einen Begründungszusammenhang zu erstellen, der Kinder und Kindheit „wohlwollend stigmatisiert" (vgl. Kiper 1987), ähnlich wie dies Bezeichnungen wie „Konsumkindheit", „Medienkindheit", „Bedrohte Kindheit" unterstellen. Positive Entwicklungen heutiger Kindheit werden ausgeblendet, wenn statistische Erhebungsdaten einseitig negativ interpretiert werden. Es entsteht ein Zerrbild von Kindheit, dass positive Befunde ausklammert und nicht sieht, dass gegenwärtig viele Kinder materiell, medizinisch, partnerschaftlich, informativ, erzieherisch usw. besser versorgt sind als je zuvor in Mitteleuropa (vgl. Schorch 2006, S. 143).

3.8.3 Welterkundung im gesellschaftlichen Kontext und pädagogisch-curriculare Aspekte

Mit der Feststellung, dass die Grundschule den „Erfordernissen unserer Zeit" (Faust-Siehl u.a. 1996, S. 11) nicht mehr entspreche, beginnen die Ausführungen der Arbeitsgruppe. Als Grund dafür wird eine Gesellschaft genannt, die sich im „Umbruch" befände. Für den Bereich des in Welterkundung umbenannten Sachunterrichts wird „Gesellschaft" vor allen Dingen als „Mediengesellschaft" vorstellig: „Schon Sechsjährige entschlüsseln heute problemlos die typischen Verlaufsformen eines fernöstlichen Ritterduells, das Procedere einer nordamerikanischen Gerichtsverhandlung oder die Verhaltensstandards im internationalen Rauschgiftgeschäft, die ihnen das Fernsehen täglich neu ins Kinderzimmer sendet" (ebd., S. 65).

Abgesehen von diesen völlig überzogenen Formulierungen, betont die Arbeitsgruppe in diesem Zusammenhang, dass Kinder durch die Medien heutzutage mit Problemen aus der ganzen Welt konfrontiert würden, was z.b. auch das Festhalten an überkommenen Heimatkundekonzeptionen unhaltbar mache. Aber – und das muss sich die vorliegende Konzeption fragen lassen – besteht denn die zuträgliche Antwort auf die obige Feststellung darin, dass der beklagten medialen Problementgrenzung eine curriculare Entgrenzung hinzugefügt wird? Da das vorgeschlagene Curriculumraster unverbindlich bleibt, was besonders die Zusätze „und andere mehr" oder „und viele andere mehr" (ebd., S. 73) verdeutlichen, wird der Sachunterricht nach dem Verständnis der Welterkundung kontur- und gestaltlos. Die Folge ist, dass der Sachunterricht an Profil verliert und zur curricularen Manövriermasse degeneriert. Fölling-Albers verweist ausdrücklich auf den Ansatz der Welterkundung, den sie zuvor als „besonders symptomatisch für die aktuelle globale Orientierung im curricularen Bereich" (1997, S. 51) bezeichnet hat, wenn sie folgenden Zusammenhang feststellt: „Bemerkenswert ist allerdings, daß parallel zu den genannten Vorstellungen von Pädagogen und Didaktikern, im Sachunterricht vermehrt integrative Konzepte zu praktizieren, der Stellenwert dieses Faches an den Schulen zurückgegangen ist" (ebd.). Die Trennschärfe aufgebende überzogene globale Orientierung der Welterkundung geht einher mit der curricularen Schwächung des Sachunterrichts, die in Baden-Württemberg in dessen Abschaffung gipfelte (vgl. KM Baden-Württemberg 2004). Die Entgrenzung des Sachunterrichts ist kontraproduktiv, stattdessen wäre danach zu fragen, was zu seiner Begrenzung und damit zu seiner Profilierung beizutragen wäre, damit der Stellenwert des Sachunterrichts wieder seinen ihm gebührenden Rang erreicht. Lauterbach schlägt in diesem Zusammenhang vor, die systematische, durchaus auch lehrgangsbezogene Entwicklung von Methodenkompetenz im Sinne einer „vierten Kulturtechnik" zum zentralen Gegenstand des Sachunterrichts zu machen (vgl. 2001, S. 123). Auf keinen Fall kann das Curriculum nur ins Belieben der Lehrer oder der Kinder gestellt werden, denn durch „eine vermeintliche Kindorientierung könnte die vertiefte (auch anstrengende und anspruchsvolle) geistige Auseinandersetzung mit einem Sachverhalt vernachlässigt werden" (Fölling-Albers 1997, S. 51).

Die propädeutische Funktion, die der Sachunterricht auch zu erfüllen hat, wird durch die Aufhebung von Verbindlichkeiten außer Kraft gesetzt. Die aus pädagogisch-didaktischen Gründen zu Recht kritisierten Schwierigkeiten und Probleme beim Übergang von der Grundschule in den Sekundarbereich (vgl. Faust-Siehl u.a. 1996, S. 150) werden durch die Aufgabe von verbindlichen Inhalten, denen bei den Übergängen auch eine Brückenfunktion zukommt, nicht geringer.

3.8.4 Welterkundung und grundlegende Bildung

Auch nach der Auffassung der Arbeitsgruppe ist die Vermittlung grundlegender Bildung die zentrale Aufgabe der Grundschule. Für den Bereich der Welterkundung wird als oberstes Ziel „*Kulturaneignung* als Voraussetzung für die *Teilhabe an der menschlichen Kultur*" genannt (ebd., S. 63; kursiv wie im Original, Anm. B.T.).

Ausgehend von den Fragen der Kinder sollen die Lehrerinnen und Lehrer nun den Kindern „Interpretationsmuster der Welt", die die Menschheit im Laufe ihrer Geschichte entwickelt hat (vgl. ebd., S. 66), zurückhaltend anbieten und vorstellen. Dabei legen die Autoren nach eigenem Bekunden besonderen Wert auf die „materiale Bildung", womit eine durch Klafki überwundene Unterteilung (vgl. 1959) wieder aufgetan wird. In der Tat fallen die Ausführungen zur formalen Bildung sehr knapp aus und sind auf wenige Zeilen bemessen (vgl. Faust-Siehl u.a. 1996, S. 66). Für die materiale Bildung wird das oben schon vorgestellte Vierfelderraster angeboten. Leider wird an keinem inhaltlichen Beispiel gezeigt, wie mit diesem Raster bildungsrelevante Inhalte erkannt werden könnten. Die im „Suchraster" genannten Themen sind derart allgemein gefasst, dass nur schwer nachvollziehbar ist, inwiefern sie bei der Auswahl relevanter Inhalte eine Hilfe sein könnten. So werden beispielsweise in dem Themenfeld „Epochemachende Errungenschaften der Menschheit" unter dem Segment „Systeme und Praktiken" nahezu alle Objektivationsbereiche des Menschen aufgezählt, sogar die Wissenschaften werden genannt.
Dort heißt es: „ ...
• Handwerk, Kunst und Kultur
• Religion, Ethik und Philosophie

- Politik und Geschichte
- Wissenschaft und Technik
- Welthandel und Verkehr
- Information und Telekommunikation
- Naturbearbeitung und Naturpflege
- Ernährung, Gesundheit und Hygiene
- und andere mehr ... " (ebd., S. 73).

Bei dem Aufgeführten handelt es sich nur um die Hälfte des oben genannten Inhaltsfeldes. Der hier vorstellig werdende didaktische Materialismus neigt sich mit seinen überbordend gefüllten Themenfeldern einem Enzyklopädismus zu, der einfach nicht zu bewältigen ist, zumal für die Welterkundung keine Auswahlkriterien genannt werden. Mit seiner inhaltlichen Entgrenzung erliegt der Ansatz der Welterkundung „schlichter Selbstüberschätzung" (Jung 2001, S. 39).

Schließlich soll auch die Welterkundung noch mit den Kriterien von Glöckel für grundlegende Bildung vermessen werden. Ausgangspunkt sollen immer Kinderfragen sein, so dass von daher ein enger Lebensweltbezug gesichert scheint, zumal die Lehrerinnen und Lehrer „vor Ort" entscheiden sollen, welche Inhalte in der Welterkundung bearbeitet werden (vgl. Faust-Siehl u.a. 1996, S. 75). An dieser Stelle droht sich die Welterkundung selbst zu hintertreiben. Mit dem Anspruch konzipiert, mit den Kindern die Welt zu erkunden, wird bei der Auswahl der Inhalte auf die Entscheidung „vor Ort" verwiesen, so dass unversehens aus der „Weltkunde" durch den ausdrücklichen Rückgriff auf die Lokalität eine neue „Heimatkunde" werden könnte.

Welterkundung will sich deutlich vom Sachunterricht absetzen, dem die Arbeitsgruppe vorwirft, dass er ein „Sammelsurium" von unterschiedlichen Fachbezügen darstelle (vgl. ebd., S. 64). Auf jeden Fall soll eine Vorwegnahme oder eine Einführung in „irgendwelche Wissenschaftsdisziplinen" (ebd., S. 66) vermieden werden. Der vorliegende Ansatz erhebt demnach erst gar nicht den Anspruch, auch fachlich orientiert zu sein, so dass die Frage nach der fachlichen Relevanz der Inhalte der Welterkundung ins Leere läuft.

Epochaltypische Schlüsselprobleme der Menschheit oder epochemachende Errungenschaften der Menschheit beinhalten von sich aus Inhalte mit überdauernder Bedeutung. Da der Ansatz der Welterkundung diese jedoch nur auf allgemeiner Ebene benennt, wird ihre potentielle überdauernde Bedeutung nicht fassbar.

3.9 Der vielperspektivische Sachunterricht

Der Ansatz, der im Folgenden als „vielperspektivischer Sachunterricht" bezeichnet wird, geht im Wesentlichen auf die Arbeiten von Walter Köhnlein (vgl. 1988 und 1990) zurück. Köhnlein selbst und auch Joachim Kahlert (vgl. 1994), schreiben diesen Ansatz bis heute fort und entwickeln ihn weiter (vgl. z.b. Köhnlein 1999a, 1999b, 2001, 2006; Kahlert 2005). Systematisch hängt der vielperspektivische Sachunterricht mit zwei Vorläuferkonzeptionen zusammen:

1. Zunächst ist das Komponentenmodell nach Hartwig Fiege zu nennen, das in der Übergangszeit von der Heimatkunde zum Sachunterricht entwickelt wurde (vgl. 1967). Durch diesen Ansatz sollte die inhaltliche Substanz der Heimatkunde bzw. des Sachunterrichts gestärkt werden und die Vorherrschaft der erdkundlich-lebensweltlichen und volkstümlich-historisierenden Themen überwunden werden (vgl. Höcker 1968). Nachstehende Komponenten oder Aspekte wurden angeführt: die erdkundliche, die biologische, die technologische, die wirtschaftliche, die sozialkundliche, die volkskundliche und die geschichtliche Komponente (vgl. Fiege (1967) 1969, S. 27). Da Fiege in seinen weiteren Ausführungen jedoch immer wieder bestimmte Themen seinen Komponenten zugeordnet hat, begünstigte dieser Ansatz die Verfachlichung des frühen Sachunterrichts bzw. widersprach ihr zumindest nicht.

MPU 2. Des Weiteren wird auf den Ansatz des integrativ-mehrperspektivischen Unterrichts hingewiesen (vgl. Köhnlein 1999a, S. 11-13), der bereits weiter oben ausführlich diskutiert wurde (s. Kap. 3.6). Auch hier ging es darum, Unterrichtsthemen unter vielfältigen Perspektiven zu vermessen, um einer vorschnellen didaktischen Schlichtheit vorzubeugen und den hohen Selbstanspruch nach freisetzender Aufklärung einzulösen.

Der vielperspektivische Sachunterricht stellt keine Fortschreibung der beiden hier benannten Entwürfe dar, sowohl das Komponentenmodell nach Fiege als auch der MPU nach Giel u.a. sind als historisch in dem Sinne, dass ihre jeweilige Entwicklung beendet ist, anzusehen. Gleichwohl wird der systematische Zusammenhang auch von den Vertretern des vielperspektivischen Sachunterrichts gesehen. So wird z.B. der MPU mit seinen didaktischen und theoretischen Entwürfen in Anlehnung an Hiller und Popp (vgl. 1994) als „lohnende Spur" bezeichnet, die der vielperspektivische Sachunterricht als Anregung wieder aufnimmt (vgl. Köhnlein 1999a, S. 13).

Köhnlein verweist für den vielperspektivischen Sachunterricht auf vier „Anregungskomplexe" (ebd.). Zunächst wird auf die schulpädagogisch zugeschnittenen 13 Grundsätze zur Gestaltung des alltäglichen Schullebens abgehoben, die von Hentig unter dem Leitgedanken „Die Menschen stärken und die Sachen klären" vorgeschlagen hat, wie z.B. „Zuversicht ermöglichen", „Arbeit mit Sinn", „dem Therapismus widerstehen" oder „für Kinder erwachsen sein" (vgl. 1985, S. 106-124).

Ausdrücklich auf den Sachunterricht bezogen wurde hingegen der zweite Anregungskomplex formuliert. Anlässlich der Gründung der Gesellschaft für Didaktik des Sachunterrichts (GDSU) hielt Wolfgang Klafki das Grundsatzreferat, in dem er dem Sachunterricht die Aufgabe stellte, sich an der Bearbeitung der epochaltypischen Schlüsselprobleme zu beteiligen. Als Schlüsselprobleme, denen bereits in der Grundschule Relevanz zukommt, nennt Klafki: die Frage nach Krieg und Frieden, die ökologische Frage, das Problem des rapiden Bevölkerungswachstums gerade in den ärmsten Ländern der Erde, das Problem der gesellschaftlich produzierten Ungleichheit, die Gefahren und Möglichkeiten der neuen Technologien und das Verhältnis zwischen den Geschlechtern im Bezugsfeld zwischenmenschlicher Verantwortung (vgl. Klafki 1992, S. 19-21). Diese Schlüsselprobleme sollen nun nicht die einzigen Inhalte des Sachunterrichts sein, hinzu kommen lebensweltlich bezogene Themen und Themen, die den Interessen der Kinder entsprechen bzw. diese fördern (vgl. ebd., S. 24-26). Köhnlein rechnet die Bearbeitung der Schlüsselprobleme einer zeitgemäßen Bildungskonzeption zu und empfiehlt ihre exemplarisch-sachgerechte Bearbeitung im Rahmen eines vielperspektivischen Sachunterrichts (vgl. 1999a, S. 15).

In dem einen, diesen Ausführungen folgenden Schaubild (s. Kap. 4.1), ist Klafkis Entwurf aus analytischen Gründen als eine selbständige Konzeption aufgeführt. Das geschah deshalb, weil Klafkis Vorschlag 1992 zunächst als ein eigenständiger Entwurf in die Diskussion eingebracht und mit der Forderung verbunden wurde, Sachunterricht in Präzisierung seines Gegenstandsfeldes als Sach- und Sozialunterricht zu bezeichnen (vgl. Klafki 1992, S. 11). Zwischenzeitlich ist Klafkis Ansatz produktiv in die Sachunterrichtsdiskussion eingeflossen und konstitutiver Bestandteil des vielperspektivischen Sachunterrichts geworden, so dass er in dem hier vorliegenden Erläuterungszusammenhang einbezogen wird. Eine Erweiterung der Bezeichnung der Disziplin, wie Klafki dies vorschlug, ist allerdings nicht vorgenommen worden.

Als drittes Anregungsfeld für den vielperspektivischen Sachunterricht verweist Köhnlein (1999a, S. 16) auf die bereits im Zusammenhang mit dem exemplarisch-genetisch-sokratischen Sachunterricht diskutierten Funktionsziele.

Kernstück und viertes Anregungsfeld des vielperspektivischen Sachunterrichts sind die inhaltlichen Dimensionen, die stets in Zusammenhang mit den Belangen, Interessen und Grenzen und Möglichkeiten der Kinder zu sehen sind, was in den nachstehenden Doppelbezeichnungen ausgedrückt wird:

„ ...

Kind und Heimat	die lebensweltliche Dimension
Kind und Geschichte	die historische Dimension
Kind und Landschaft	die geographische Dimension
Kind und Wirtschaft	die ökonomische Dimension
Kind und soziales Umfeld	die gesellschaftliche Dimension
Kind und physische Welt	die physikalische und chemische Dimension
Kind und konstruierte Welt	die technische Dimension
Kind und lebendige Welt	die biologische Dimension
Kind und Umwelt	die ökologische Dimension"

(Köhnlein 1999a, S. 17 vgl. auch Köhnlein 1990 und 1996).

Während acht Dimensionen auf mögliche fachliche Bezüge hindeuten, die sich im Sekundarbereich weiter ausdifferenzieren, liegt die erste Dimension – die lebensweltliche – gewissermaßen quer zu den anderen. Sie verweist darauf, dass die fachbezogenen Dimensionen die lebensweltlichen Umstände der Kinder in Rechnung zu stellen haben.

Andererseits verdeutlichen die Dimensionen den Anspruch der Sache, der auf fachliche Bezüge verweist und damit anmahnt, dass es im Sachunterricht auch um anspruchsvolle, anstrengende und lohnende Arbeit an Sachzusammenhängen geht. Die Dimensionen dienen als Vermessungsraster für potentielle Inhalte des Sachunterrichts. Im Gegensatz zu den Komponenten nach Fiege werden ihnen nicht bestimmte Inhalte zugeordnet, vielmehr werden sie auf einen Gegenstand bezogen und entfalten so dessen ganze inhaltliche Vielfalt, was einer Verfachlichung des Sachunterrichts entgegenwirkt und stattdessen zu einer multidimensionalen Sicht der Dinge und damit zu einem vielperspektivischen Sachunterricht führt.

Als Beispiele für die multidimensionale Vermessung von potentiellen Inhalten des Sachunterrichts liegen dazu in der Literatur vor: „Müll" (vgl. Kahlert 1994, S. 84), „Markt", „Hafen" (vgl. Köhnlein 1996, S. 53), „Mädchen und Junge" (vgl. Kahlert 1998, S. 75), „Feuer und Flamme" (vgl. Kahlert 1999, S. 103) und „Stammesgeschichte des Menschen" (vgl. Feige 2007a). Sehr differenziert ausgearbeitet und dem Ansatz des Dimensionsmodells nicht unähnlich hat Kahlert für seinen spezifizierten Zugriff der „didaktischen Netze" die Inhalte „Wünschen und Brauchen" und „Wasser und Wasserversorgung" vorgelegt (vgl. Kahlert 2005, S. 239 f.).

Ein eigenes Beispiel soll die inhaltlichen Potentiale andeuten, die die Dimensionen des Sachunterrichts eröffnen. Als Gegenstand des Sachunterrichts wird

für das Beispiel der Inhalt „Wald" gewählt. Dabei beschränken sich die Ausführungen auf jeweils nur drei Beispiele, die überblicksartig dargestellt werden:
die lebensweltliche Dimension → Wald als Spiel-, Erholungs- und Freizeitraum im Leben der Kinder, Wald als außerschulischer Lernort, Wald als mystisch-magischer Ort in Märchen ...
die historische Dimension → Ressourcenverwertung des Waldes im Wandel der Zeit (von der bäuerlichen Bedarfswirtschaft zur industriellen Profitbewirtschaftung), die Entwicklung der Forstwirtschaft (seit dem 18. Jh.), Waldbestand und Städte- und Schiffsbau (z.b. im Mittelalter und in der frühen Neuzeit) mit der Folge der Entwaldung (z.b. Spanien, England) ...
die geographische Dimension → Parkanlagen in unserer Stadt, Wälder in unserem Landkreis, Waldgebiete in Deutschland, Wald (z.b. Regenwald) und Klimazonen auf der Erde ...
die ökonomische Dimension → Wald als Rohstoffreservoir, Wald als Ausstattungsfaktor im Tourismus (z.b. der Schwarzwald), Besitzverhältnisse (z.b. Staatsbesitz, Kirchenforste und Privatbesitz) ...
die gesellschaftliche Dimension → Wald als allgemeiner Regenerationsraum, Landschafts- und Artenschutz als gesellschaftliche Aufgaben, „Waldsterben" als Politikum ...
die physikalische und chemische Dimension → Wasserkreislauf, Photosynthese, saure Böden (z.b. Folgen und Gegenmaßnahmen) ...
die technische Dimension → Maschinen zum Holzeinschlag, Wege- und Wasserbau im Wald, alternative Waldbautechniken (z.b. den Einsatz von Pferden zum Holzrücken) ...
die biologische Dimension → Stockwerke des Waldes, Wald als Lebensraum für eine vielfältige Flora und Fauna (im Gegensatz dazu: der Wald als Monokultur), Nahrungsketten und Nahrungsnetze ...
die ökologische Dimension → Wald als Wasserspeicher, Sauerstofflieferant und Erosionsschutz ...
Erkennbar wird, dass ein vorderhand biologischer Inhalt durch die Vermessung mit den Dimensionen des Sachunterrichts rasch vielfältige Aspekte aufweist, die weit über das Biologische hinausführen. Bestehende Zusammenhänge der Dimensionen und der ihnen zugewiesenen inhaltlichen Bezüge untereinander werden durch diese analytische Zuordnungen oftmals erst bewusst und deutlich.

Teilweise Köhnleins Argumentationen (vgl. z.b. 1996) als auch eigenen Einsichten folgend, soll die nachstehende Zusammenfassung einen Überblick darüber geben, auf welche Weise die Dimensionen des Sachunterrichts zu dessen vielperspektivischer Gestaltung beitragen können, es geht also um die didaktischen Funktionen der Dimensionen des Sachunterrichts:

Die Dimensionen des Sachunterrichts ...
1. eröffnen vielfältige Bezüge eines Inhalts
2. eröffnen unterschiedliche Sichtweisen auf ein Ganzes
3. helfen bei der Auswahl von Zielen und Inhalten des Sachunterrichts
4. ermöglichen eine bewusste Schwerpunktsetzung für die sachunterrichtliche Arbeit, da erst Vielfalt Auswahl ermöglicht
5. können helfen, Einseitigkeiten zu vermeiden, da die jeweiligen fachlichen Bezüge deutlich und bewusst werden. Auf diese Weise kann vermieden werden, dass Sachunterricht ein heimliches Leitfach hat. Für die Heimatkunde war dies die Erdkunde (vgl. Höcker 1968), für den Sachunterrichtsalltag liegen Befunde vor, die darauf hindeuten, dass diese Rolle mittlerweile die Biologie übernommen hat (vgl. Koch 2000). Auch der Anteil der Verkehrserziehung scheint Einzelbefunden nach vor allem in der 4. Klasse gelegentlich unangemessen hoch zu sein (vgl. Berenz 2009). Auf der Ebene von Unterrichtswerken wird jedoch ein dynamisches Gleichgewicht zwischen traditionellen und innovativen Inhalten festgestellt, wobei insgesamt eine Zunahme von Themen aus der unbelebten Natur zu verzeichnen ist (vgl. Blaseio 2009).
6. vermeiden Eindimensionalität des Sachunterrichts, wenn es gelingt, über die vier Grundschuljahre alle Dimension in etwa gleichmäßig zu berücksichtigen
7. müssen auf keinen Fall immer alle (an einem Thema) abgearbeitet werden, die Überfrachtung des Sachunterrichts ist unbedingt zu vermeiden
8. verweisen auf eine curriculare Perspektive und ermöglichen die Anordnung der analysierten inhaltlichen Bezüge etwa nach spiralcurricularen Gesichtspunkten, denn nicht alle gefundenen Bezüge werden nur für eine Schuljahrgangsstufe bedeutsam sein, andere Aspekte werden gegebenenfalls nicht einmal Grundschulrelevanz besitzen
9. meinen auf keinen Fall eine Auffächerung des Sachunterrichts wie etwa zu Zeiten des fachorientierten Curriculum. Ausgangspunkt für den Sachunterricht bleibt der Gegenstand, das Phänomen, ein Problem oder eine Fragestellung, die auch aus der Lebenswelt der Kinder stammen oder auf diese zugeführt werden können. Die Dimensionen helfen in diesem Zusammenhang bei der jeweiligen vielperspektivischen und sachgerechten Erschließung. Eine interne fachliche Gliederung des Sachunterrichts, wie Hinrichs dies vermutet (vgl. 2000, S. 14-16), sollen sie jedoch nicht bewirken
10. entfalten die Vielperspektivität eines Inhaltes und verweisen damit auf dessen mögliche Ergiebigkeit

11. vermögen auf diese Weise auf das exemplarische Potential eines Inhaltes aufmerksam zu machen; denn ein ergiebiger Inhalt weist eher exemplarisches Potential auf als ein weniger ergiebiger.

12. bringen Kind und Sache in ein produktives Verhältnis

Nicht zuletzt der 12. Punkt der obigen Aufzählung führte zu weiterer begrifflicher Schärfung des Dimensionsmodells, wobei der Bezug zum Kind noch deutlicher formuliert wird, wenn es z.b. heißt:

„Im Einzelnen beziehen sich die Dimensionen des Sachunterrichts auf die Teilhabe der Kinder an

- der heimatlichen Lebenswelt und kulturellen Vielfalt (lebensweltliche Dimension)
- der Geschichte des Gewordenen (historische Dimension)
- der Landschaft und ihrer Gestaltung (geographische Dimension)...“

(Köhnlein 2001, S. 317 f.).

Insgesamt gesehen leisten die Dimensionen ihren Beitrag dazu, dass sich relevante Inhalte des Sachunterrichts, die zunächst beispielsweise als Phänomene, Fragen, Problemstellungen, Alltagserfahrungen oder Medienereignisse Eingang in den Sachunterricht finden, methodisch und strukturiert bearbeiten lassen, was auch die Hinzuziehung sach- und fachgemäßer Arbeitsweisen einschließt. Eine Auslieferung des Sachunterrichts an eine diffuse Ganzheitlichkeit kann so vermieden werden (vgl. Köhnlein 2001, S. 322).

Auch Kahlerts Vorschlag der „didaktischen Netze“ sieht sich dem vielperspektivischen Sachunterricht verbunden. Begrifflich unterscheidet Kahlert zwischen Dimensionen und Perspektiven einerseits und zwischen Inhalten und Themen andererseits.

Der Begriff der Dimension wird dabei auf lebensweltliche Orientierung bezogen. Die Dimensionen beschreiben Grundakte des menschlichen Zusammenlebens, denen Kahlert eine mittelfristige Relevanz zuspricht, die jenseits von teils modischen Zuschreibungen wie Risiko-, Freizeit oder Wissensgesellschaft (vgl. 2005, S. 225 f.) oder auch Spaßgesellschaft liegt. Als solche mittelfristig überdauernde Dimensionen identifiziert der Münchener Pädagoge z.B. „Mit anderen Zusammenleben“, „Kaufen, Tauschen, Herstellen und Handeln“ oder auch „Natürliche Gegebenheiten“. Diesen lebensweltlich bezogenen Dimensionen werden nun fachlich orientierte Perspektiven zugeordnet, so dass es auch in diesem Modell zu Doppelbezeichnungen kommt, wobei aber ausdrücklich betont wird, dass es sich nicht um trennscharfe Eins-zu-eins-Zuordnungen handele (vgl. ebd, S. 230).

Die fachlich bezogenen Perspektiven führen aus der individuellen, unmittelbaren und bruchstückhaften Weltbegegnung hinaus und tragen dazu bei, dass

Dimension = lebensweltliche Orientierung

(handschriftliche Notiz am oberen Rand: „fachliche und individuelle Perspektiven")

allgemeingültige Wissensbestände grundgelegt und aufgebaut werden können. „Entscheidend ist, dass ein Themenfeld fachlich gehaltvoll und bezogen auf die Erfahrungen der Schüler erschlossen wird" (Kahlert 2005, S. 230). Dabei werden die Dimensionen und Perspektiven in Beziehung gesetzt, um auf diese Weise Inhalte zu gewinnen. Unter Berücksichtigung der Lernvoraussetzungen der Kinder, der vorhandenen oder aufzubauenden Interessen und der regionalen Bezüge können nun unter Ausrichtung auf eine oder mehrere Perspektiven aus den auf diese Weise erkannten Inhalten Themen für den Sachunterricht gewonnen werden, d. h. das Feld möglicher Inhalte ist wesentlich weiter gesteckt als das, was im Unterricht letztlich zum Thema wird (vgl. ebd., S. 210 f.).

Dass es dabei keine erkenntnistheoretischen Notwendigkeiten geben kann, liegt auf der Hand. Es handelt sich hierbei immer um argumentative Aushandlungsprozesse, die das Interesse der Beteiligten – auch der Gesellschaft und der Fächer – zu berücksichtigen haben. „Große Prinzipien" (vgl. Köhnlein 1998a, S. 12) des Sachunterrichts – z.B. das exemplarische Lehren und Lernen – und die hier vorgestellten Suchraster geben bei der Auswahl relevanter Inhalte und Themen aber die Hilfen, die den Sachunterricht vor einer unterschwellig immer vorhandenen Bedrohung durch Beliebigkeit und Zufälligkeit bewahren können.

Inwieweit in diesem Kontext die Einbeziehung des ästhetischen und des ethischen Bereichs in den Sachunterricht sinnvoll ist, wie Kahlert dies vorschlägt (vgl. 2005, S. 240), muss seine künftige Entwicklung zeigen. Es besteht hier möglicherweise wiederum die Gefahr seiner inhaltlichen Entgrenzung, denn im Curriculum der Grundschule kann die Erstzuständigkeit für ästhetische und ethische Zusammenhänge bereits Fächern wie Kunst, Werken und Religion zugerechnet werden, wohingegen dem Sachunterricht zweifellos für den naturwissenschaftlich-technischen und den sozialen Bereich die Erstzuständigkeit zukommt (vgl. Köhnlein 2001, S. 317).

(handschriftliche Notiz am Rand: „Gefahr:")

Als Einwände gegen das Dimensionieren des Sachunterrichts oder gegen die Anwendung „didaktischer Netze" benennt Kahlert selbst die Gefahr der inhaltlichen Überfrachtung, das Abgleiten in ein reines Brainstorming und die Suche nach Anschlussstoffen, was eine Klebekonzentration befördern könnte.

Es ist bereits weiter oben betont worden, dass selbstredend nicht alles, was bei der Anwendung des Dimensionsmodells an potentiellen Inhalten entfaltet werden könnte, auch im Unterricht bearbeitet werden muss. Vielmehr ermöglichen die identifizierten Inhalte erst eine gewinnbringende Auswahl, darüber hinaus werden curriculare Aspekte deutlich. Der vielperspektivische Sachunterricht will auf keinen Fall einen Unterricht befördern, der auf enzyklopädische Wissensanhäufung abzielt.

Reines Brainstorming wäre immer noch ertragreicher als ein minimalistisches Zurückgreifen auf die Vorschläge, die etwa die Schulbücher zum Sachunterricht machen. Bei einer ernsthaften Anwendung der Dimensionen des Sachunterrichts jedoch wird auch immer mit Blick auf die jeweils konkrete Lerngruppe reflektiert. Darüber hinaus müssen didaktische Kriterien hinzugezogen werden wie z.B. das exemplarische Lehren und Lernen. Damit dürfte ein bloßes Brainstorming überwunden werden.

Schwerer wiegt der Einwand der Klebekonzentration, vor allen Dingen dann, wenn der angestammte Bereich des Sachunterrichts verlassen wird. Die didaktischen Netze nach Kahlert erfassen auch die ethische und die ästhetische Perspektive, womit die Möglichkeit einer Ausweitung des Sachunterrichts über seine ursprüngliche Zuständigkeit hinaus befördert werden könnte. Bei dem Thema „Wasser" etwa wird vorgeschlagen, auch „Musik über / zum Wasser" und „Wasserszenen malen, gestalten" (Kahlert 2005, S. 240) in den Unterricht mit einzubeziehen. Dies könnte das Profil des Faches Sachunterricht durchlöchern und statt der dringend notwenigen Grenzstärke eine funktionale Entgrenzung nach sich ziehen. Natürlich ist es möglich, sich anlässlich des Themas „Wasser" mit passender Musik dazu zu befassen (z.B. „Die Moldau" von Smetana oder die „Wassermusiken" von Händel oder Telemann). Es sollte aber an dieser Stelle deutlich betont werden, dass es sich dann um Musikunterricht und nicht mehr um Sachunterricht handelt, wodurch fächerübergreifende Potentiale der Thematik deutlich werden. Fächerübergreifendes Arbeiten setzt aber profilierte Fächer voraus, die selbstbewusst die Zusammenarbeit mit anderen Fächern eingehen können, ansonsten bliebe der Unterricht vorfachlich und nicht fächerübergreifend. Es bestünde die Gefahr einer Wiederbelebung des Gesamtunterrichts, bei dem letztendlich die Sachbezüge die Verlierer waren (vgl. Jeziorsky 1961, S. 219 f.).

Um eine vielperspektivische Gliederung des Sachunterrichts hat sich auch der Perspektivrahmen des Sachunterrichts in besonderer Weise verdient gemacht. Der Perspektivrahmen der Gesellschaft für Didaktik des Sachunterrichts (vgl. GDSU 2002) benennt fünf Perspektiven für den Sachunterricht: die sozial- und kulturwissenschaftliche Perspektive, die raumbezogene Perspektive, die naturwissenschaftliche Perspektive, die technische Perspektive und die historische Perspektive. Diese Perspektiven gilt es kompetenzbezogen und vernetzt zu erarbeiten. Lebensweltorientierung und kindliche Erfahrungswelt müssen dabei angemessen berücksichtigt werden. Als Kompetenzbereiche werden genannt: das deklarative Wissen (Sach- und Faktenwissen), das prozedurale Wissen (Verfahrens- und Methodenwissen) und das metakognitive Wissen (Steuerungs- und Reflexionswissen). Damit die Perspektiven nicht zu einer schlichten

Verfachlichung des Sachunterricht führen, wird die Forderung, sie zu vernetzen nicht, nur mitgeteilt, sondern auch immer mit Beispielen belegt. Die Perspektiven als Binnenfächerung des Sachunterrichts zu begreifen, hieße, das konzeptionelle Anliegen des Perspektivrahmens gründlich miss zu verstehen und bedeutete einen Rückfall in die Zeiten des fachorientierten Ansatzes. Der Perspektivrahmen des Sachunterrichts ist von einer breiten Fachöffentlichkeit hervorragend aufgenommen worden und hat seit seinem Erscheinen bei der Neu-Erstellung von Lehrplänen maßgeblichen Einfluss gehabt. Gegenwärtig bringt die GDSU eine Neubearbeitung des Perspektivrahmens auf den Weg.

3.9.1 Zum Wissenschaftsverständnis des vielperspektivischen Sachunterrichts

Das Wissenschaftsverständnis des vielperspektivischen Sachunterrichts ist integrativ, multidimensional und wissenschaftsfreundlich ausgerichtet. Erkenntnistheoretisch steht der vielperspektivische Sachunterricht dem Konstruktivismus nahe. Darüber hinaus teilt der vielperspektivische Ansatz nicht wenige Positionen, die auch dem exemplarisch-genetisch-sokratischen Sachunterricht zu Eigen sind, was nicht zuletzt daran liegt, dass führende Didaktiker des Sachunterrichts Positionen vertreten, die oftmals beiden Ansätzen zugeordnet werden können. In diesem Kontext sei u.a. auf die Didaktiker und Erziehungswissenschaftler Köhnlein, Kahlert, Soostmeyer und Kornelia Möller verwiesen.

Der vielperspektivische Sachunterricht bearbeitet im Wesentlichen Themen aus den sozialwissenschaftlichen und aus den naturwissenschaftlich-technischen Disziplinen. Dabei ist der vielperspektivische Sachunterricht auf eine Zusammenführung beider Gegenstandsfelder ausgerichtet. Es gilt von vornherein einen Zerfall des Sachunterrichts in „zwei Kulturen" zu vermeiden, denn: „Sachunterricht fügt konzeptionell den sozialen und den naturwissenschaftlich-technischen Bereich zu einer Einheit zusammen und versucht, die Trennung der „zwei Kulturen" schon im Ansatz seiner Themen und Arbeitsweisen zu überwinden" (Köhnlein 2001, S. 317). Dieser Integrationswille mündet auf gar keinen Fall in eine schlichte Gleichmacherei ein. Es werden auch weiterhin die unterschiedlichen Zugangsweisen, Methoden und Zuständigkeitsbereiche der verschiedenen Wissenschaften gesehen. Dabei wird jedoch vermieden, sie gegeneinander auszuspielen oder in ein hierarchisches Verhältnis zu bringen.

Aus der Sicht des lernenden Kindes stellt Kahlert fest, dass naturwissenschaftliche Deutungskonzepte zwar oft nur mühsam zu lernen seien, dafür sind sie aber meist zuverlässiger, belastbarer und stabiler als sozialwissenschaftliche Zusammenhänge. Diese seien zugänglicher, aber weniger eindeutig. Gerade die

Akzeptanz verschiedener Sichtweisen zeuge im sozialwissenschaftlichen Kontext von Verstehen (vgl. Kahlert 2005, S. 130-134). Der Zerfall des Sachunterrichts in einen sozialwissenschaftlichen und in einen naturwissenschaftlichen Bereich muss aber auf jeden Fall vermieden werden. Die Integration beider Bereiche ist das ausdrückliche Anliegen des vielperspektivischen Sachunterrichts.

Der vielperspektivische Sachunterricht ist multidimensional angelegt. Potentielle Gegenstände des Unterrichts werden unter möglichst vielfältigen Perspektiven vermessen, die ihrerseits „an jenen basalen wissenschaftlichen Ausprägungen, die in unserer Kultur dominant sind" (Köhnlein 2001, S. 317), ausgerichtet sind. Das multidimensionale Wissenschaftsverständnis des vielperspektivischen Sachunterrichts trifft sich hier mit der aspekthaften Sicht von Wissenschaft, wie sie im exemplarisch-genetisch-sokratischen Ansatz vorstellig wurde. Während dieser vorwiegend naturwissenschaftlich ausgerichtet bleibt, bemüht sich der vielperspektivische Ansatz betont darum, sozialwissenschaftliche und auch historische Bezüge mit Hilfe der Dimensionen (Köhnlein) bzw. Perspektiven (Kahlert) zu berücksichtigen, wodurch inhaltliche Engführungen vermieden werden sollen, wie sie z.b. den frühen wissenschaftsorientierten Konzeptionen des Sachunterrichts angelastet werden.

Der vielperspektivische Sachunterricht ist ausgesprochen wissenschaftsfreundlich, wobei durch die Multidimensionalität Einseitigkeiten vermieden werden. Desgleichen soll der Belehrungsüberhang der frühen wissenschaftsorientierten Ansätze des Sachunterrichts vermieden werden – auch Irrtümer und Umwege können den Lernprozess fruchtbar gestalten. Kahlert bringt diesen Zusammenhang auf die Formel „Unterwegs zu den Höhen des Wissens – ohne Direttissima" (2005, S. 177). Dass eine tragfähige Konzeption des Sachunterrichts immer auch wissenschaftsorientiert sein muss, wird geradezu als Selbstverständlichkeit angesehen (vgl. ebd.); für die Gestaltung des Sachunterrichts sind die Wissenschaften „als kulturelle Objektivationen von Wissen und von Methoden zur Gewinnung von Wissen" (Köhnlein 2001, S. 322) stets ein wichtiger Bezugspunkt, durch sie ist gewährleistet, dass die Sachstruktur gediegen und anspruchsvoll entfaltet werden kann.

Die Wagenscheinsche Aussage, dass Kinder von sich aus „wissenschaftsorientiert" seien, erhält durch Forschungen zur Entwicklungs- und Lernpsychologie empirische Unterstützung. Hasselhorn und Mähler stellen mit Sodian fest, dass immer häufiger die Metapher vom „Kind als Wissenschaftler" gebraucht werde (vgl. Hasselhorn / Mähler 1998, S. 83). Sich auf entsprechende Forschungsergebnisse stützend, stellen die beiden Autoren fest, „daß schon Grundschulkinder in der Lage sind, einen schlüssigen oder kritischen Test zu wählen, um eine Hypothese zu überprüfen" (ebd., S. 83 f.). Es gebe demnach „Ähnlich-keiten in der kindlichen und wissenschaftlichen Theoriebildung" (ebd., S. 83).

Als aneignungstheoretische Grundauffassung wird in diesem Zusammen-hang der Konstruktivismus angesehen, der sich nach der Überwindung des Behaviorismus und nach dem Kognitivismus immer stärker durchzusetzen beginnt (vgl. Terhart 1999, S. 635). Je nach Lesart werden dabei zwei bzw. vier verschiedene Ausprägungen des Konstruktivismus unterschieden: der radikale Konstruktivismus, der moderate oder auch pragmatische Konstruktivismus, der triviale Konstruktivismus und der Pseudo-Konstruktivismus (vgl. Terhart 1999 und vgl. Möller 1999, S. 130).

Der triviale Konstruktivismus und der Pseudokonstruktivismus werden hier nur der Vollständigkeit halber erwähnt. Sie spielen in den weiteren Ausführun-gen keine Rolle. Deshalb folgt nur eine kurze Begriffsklärung: unter trivialem Konstruktivismus wird unter didaktischer Perspektive eine Vorgehensweise verstanden, die sich zwar extra dazu bekennt, am Vorwissen der Schüler an-knüpfen zu wollen, sich im Übrigen aber wenig um das konstruktive Lernen kümmert. Der Pseudokonstruktivismus bedient sich überhaupt nicht mehr der Einsichten des Konstruktivismus, tarnt aber seine didaktischen Einlassungen mit einer konstruktivistisch ausgerichteten Begrifflichkeit (vgl. Terhart 1999, S. 638 und S. 645). *radikaler Konstruktivismus*

Als philosophisch-erkenntnistheoretische Position wird der „radikale Kon-struktivismus" bezeichnet, der sich neurobiologisch rückbindet. Seiner Auffas-sung nach besteht zwischen der Außenwelt und der eigenen Erlebniswelt nur ein geringer Zusammenhang. Die aus der Außenwelt stammenden Reize werden vom Gehirn zwar aufgenommen, Bedeutung erhalten sie jedoch allein durch die Verarbeitung im Gehirn, wobei dem Vorwissen, den Erwartungen und den eigenen zerebralen Strukturen eine viel größere Rolle zugeschrieben wird als der äußeren Umwelt. Das Gehirn wird dabei als ein in hohem Maße selbstreferen-tielles autopoietisches System verstanden (vgl. Terhart 1999, S. 633; damit ist gemeint, dass das Gehirn als eine sich selbsterhaltende, selbstanpassende und selbsterneuernde Einheit angesehen wird), das seine eigene Wirklichkeit kon-struiert. Gerhard Roth führt an dieser Stelle die Begriffe „Wirklichkeit" und „Realität" ein. Mit Realität ist die „objektive, bewußtseinsunabhängige oder transphänomenale Welt" (Roth 1995, S. 288) gemeint, die der Erkenntnis prin-zipiell unzugänglich ist – ähnlich wie beim „Ding an sich" nach Kant.

Dieser erkenntnistheoretisch nicht erschließbaren Realität wird die im Ge-hirn konstruierte „Wirklichkeit" gegenübergestellt (vgl. Roth 1995, S. 321). Stand das behavioristische Paradigma noch ganz im Zeichen von Außenbe-stimmtheit, vollzieht der radikale Konstruktivismus eine 180°-Wende zu einem von außen nicht mehr zu beeinflussenden geschlossenen autopoietischen System. Diesen Zusammenhang konsequent zu Ende gedacht, bedeutete die völlige Aufgabe von Lehre und Didaktik, da diese den autopoietischen Menschen gar nicht erreichen könnten und zudem noch den Versuch darstellten, unberechtigt in die Autonomie des Menschen einzugreifen. Terhart stellt dazu fest: der radikale Konstruktivismus „würde didaktisches Denken und Handeln letztendlich sachlich unmöglich sowie moralisch illegitim und insofern vollkommen überflüssig machen" (1999, S. 638).

Auch erkenntnistheoretisch liefe die Annahme eines vollkommen geschlossenen nur noch selbstreferentiellen Systems auf Ausweglosigkeiten hinaus, die an einen schlichten Solipsismus (erkenntnisphilosophische Lehre, die nur das eigene Bewusstsein als das einzig Wirkliche gelten lässt) erinnern. Um nicht einer abgeschotteten Vereinzelung zu erliegen, wird der Ko-Konstruktion ein hoher Stellenwert eingeräumt, d.h. Konstruktionen entstehen nicht nur individuell, sondern immer auch in sozialen Zusammenhängen, wobei der sprachlichen Vermittlung eine hohe Bedeutung eingeräumt wird. Im gegenseitigen Austausch muss sich zeigen, ob sich eine Konstruktion bewährt oder nicht. Dabei gibt es keine Wahrheiten oder auch nur einen Allgemeingültigkeitsanspruch. Konstrukte können lediglich „viabel" (v. Glasersfeld) oder „operativ tauglich" (v. Foerster) sein (vgl. Terhart 1999, S. 632). Auf diese Weise entstehen im kommunikativen Austausch gemeinsame Vorstellungswelten, die sich historisch, kulturell und sozial darstellen. Da der Konstruktivismus nachdrücklich auf den Herstellungscharakter von Wissen und Welt – letztlich auch seiner selbst – abhebt und keine Wahrheiten mit einem wie auch immer gearteten Alleinvertretungsanspruch zulässt und vielmehr die Vorläufigkeit allen Wissens betont, fordert er zur unbedingten Toleranz gegenüber anderen Wissenstraditionen und ihren Vertretern auf (vgl. Terhart 1999, S. 632), womit sich die erkenntnistheoretische Perspektive in eine ethische weitet.

Wird der „objektiven" Umwelt ein größerer Einfluss zugestanden als im „radikalen Konstruktivismus" neigt sich diese Position dem „moderaten Konstruktivismus" zu. Es liegt auf der Hand, dass didaktisch denkende Menschen sich eher diese Position zu Eigen machen. Möller stellt dazu fest: „Weitgehende Einigkeit besteht darin, daß die radikal konstruktivistische Position wegen ihrer erkenntnistheoretischen Prämissen als Paradigma für die Lehr-Lernprozeßforschung nicht geeignet ist" (1999, S. 130). Aus der Sicht der Didaktik ist daher der moderate Konstruktivismus eindeutig zu bevorzugen, da er neben der Konstruktion auch die Instruktion zulässt (vgl. ebd.) und somit aus konstruktivistischer Perspektive didaktische Zusammenhänge überhaupt erst zulässt. Allerdings sind die Positionen innerhalb des moderat konstruktivistischen Lagers über das angemessene Verhältnis von Instruktion und Selbstregulierung durchaus unterschiedlich. Auf der einen Seite wird der Selbstregulierung der eindeutige Vorrang eingeräumt (vgl. Gerstenmaier / Mandl 1995), auf der anderen Seite wird vor einer Überschätzung der Selbstlernprozesse gewarnt (vgl. Dubs 1995). Besonders mit Blick auf Grundschulkinder ist eine vorsichtigere Einschätzung der Möglichkeiten von Selbstlernprozessen zu teilen. Instruktive Anteile sind im Lernprozess von Grundschulkindern unverzichtbar (vgl. Lauterbach 2001) und besonders für lernlangsamere Kinder absolut geboten (vgl. Möller 2002). Generell ist dabei die Rekonstruktion des Vorwissens der Kinder von hoher Bedeutung, denn Kinder seien nicht die „universellen Novizen" als die sie in den 1980er Jahren häufig gesehen wurden (vgl. Hasselhorn / Mähler 1998, S. 83). Das Erweitern bestehender Konzepte oder deren Ablösung durch tauglichere könne aber nur mit Hilfe der Erwachsenen (i. d. R. der Lehrerinnen und Lehrer) geschehen (vgl. Hasselhorn / Mähler 1998, S. 87). Deutlich wird, dass ein Gegeneinanderausspielen von Instruktivismus und Konstruktivismus für den didaktischen Kontext unzuträglich ist.

Beide Positionen seien idealtypisch in einer Synopse gegenübergestellt:

Instruktivismus	Konstruktivismus
Schule als Belehrungsstätte	Schule als Lernstätte
isoliertes Faktenwissen	selbstständige Wissensaneignung in Zusammenhängen
Lehren mit dem Ausgangspunkt didaktisch aufbereiteter und didaktisch reduzierter Zugriffe	Lernen mit dem Ausgangspunkt in einer komplexen und realen Gegebenheit, situiertes Lernen
angeleitetes, methodisch in kleinen Schritten arrangiertes Lernen	Lernen in hinreichend komplexen Situationen, authentisches Lernen
Lehrer als Anleiter des Lernens	Lehrer als Wegbereiter des Lernens
„Input" im Sinne einer mono-direktionalen Informationsvermittlung	„Intake" im Sinne einer mehrkanaligen Informationsverarbeitung
lineare und monomediale Wissensvermittlung	mehrkanaliger und multimedialer Wissenserwerb

(vgl. Feige 2007a, S. 273)

Im konkreten Unterrichtsvollzug wird ein Hin- und Hergleiten zwischen beiden hier idealtypisch gekennzeichneten Polen von „instruktiver Lehre" zu „konstruktivem Lernen" stattfinden. Zweifelsohne ist es aus pädagogischer Sicht hochwünschenswert, dass Schülerinnen und Schüler möglichst in der Gemeinschaft aktiv, selbständig, entdeckend, erfindend und problemlösend lernen, wie es der Konstruktivismus fordert.

Neu ist diese Sicht jedoch nicht. Schon in der ersten Hälfte des 19. Jahrhunderts betonte Johann Friedrich Herbart (1776-1841) mit seinem Verständnis von Bildsamkeit (s. Kap. 3.6.4) den hohen Eigenanteil des Individuums in seinen jeweiligen Lern- und Bildungsprozessen. Spätestens seit der Reformpädagogik sind diese Forderungen immer wieder formuliert worden, so z.B. von Dewey mit dem „problemlösenden Unterricht" und der „Projektmethode", von Kerschensteiner mit dem „Arbeitsunterricht" in der „Arbeitsgemeinschaft" oder durch Gaudig mit der „freien geistigen Arbeit". Eine Analogie zwischen reformpädagogischen Forderungen und den didaktischen Einsichten des Konstruktivismus stellt auch Terhart in Anlehnung an Wolff heraus (vgl. 1999, S. 239). Die Bedeutung des sozialen Lernens streicht Köhnlein heraus, der – dem reformpädagogischen Begriff der „Arbeitsgemeinschaft" nicht ganz unähnlich – in diesem Kontext den Begriff „Arbeitsbündnis" einführt (1999b, S. 99).

Der Bezug zu Gaudig verdeutlicht curriculare Aspekte. Gaudigs „freie geistige Arbeit" kann erst gegen Ende der Schulzeit – das ist bei Gaudig das Gymnasium – in ihrer Vollform erreicht werden (vgl. Dietrich 1975, S. 227). Allerdings müsse vom ersten Schuljahr an daran gearbeitet werden. Möglicherweise verhält es sich bei der Relation von instruktivem und konstruktivem Lernen ähnlich: die instruktiven Anteile müssten demnach in den ersten Schuljahren höher sein als in den oberen Jahrgangsstufen, wo sie zugunsten konstruktiven Lernens zurücktreten könnten. Diese Sichtweise legen z.B. auch die Befunde von Hasselhorn / Mähler (vgl. 1998) nahe. Ein weiterer Gesichtspunkt kommt hinzu: nicht alles, was über Generationen an Wissensbeständen angesammelt wurde, kann individuell rückgebunden nachkonstruiert werden (vgl. Liedtke 2001 / 2002, S. 138). Systematisches, angeleitetes Lehren und Lernen wird daher immer seine Berechtigung haben, nicht zuletzt aus lernökonomischen Gründen (vgl. Terhart 1999, S. 641). Es bleibt unsinnig, angeleitetes gegen selbstgesteuertes Lernen ausspielen zu wollen (vgl. Dubs 1995, S. 902).

Dem Konstruktivismus kommt das Verdienst zu, diese Zusammenhänge mit zum Teil neuer Sprache wieder stärker ins Bewusstsein gehoben zu haben. Terhart weist in diesem Zusammenhang ausdrücklich auf Parallelen zwischen den pädagogisch-didaktischen Ansätzen von Dewey, Piaget und Wagenschein und der konstruktivistischen Didaktik hin (vgl. 1999, S. 645). Vor allem Wagenschein mit seinem phänomen- und problemorientierten Unterricht, der das Gespräch in der Gruppe als zentral ansah und das aktive, selbsttätige Lernen forderte, erinnert sehr an die Grundsätze des konstruktivistisch interpretierten Lernens (vgl. Dubs 1995, S. 890 f.), obwohl er an keiner Stelle seiner Erörterungen diesen Begriff gebraucht hat. Wagenscheins Pädagogik könnte auch bei der Bestimmung des Verhältnisses zwischen instruktivem und konstruktivem Lehren und Lernen im Sachunterricht hilfreich sein. Heinrich Roth (1906-1983), dessen Überlegungen zum orientierenden und exemplarischen Lehren bei Wagenschein ihren Ausgang nehmen (vgl. 1974, S. 169), stellt dazu fest, dass beide Formen des Lehrens und Lernens ihre eindeutige Berechtigung hätten, wobei aber das orientierende Lehren und Lernen nur vor dem Hintergrund des exemplarischen Lehrens und Lernens zu rechtfertigen sei (vgl. Roth 1974, S. 169-178). In Form eines Analogieschlusses auf die Konstruktivismusdebatte bezogen, könnte das bedeuten, dass es darum geht, konstruktive und instruktive Lernprozesse nebeneinander und aufeinander verweisend durchzuführen, wobei sich dann auch hier das instruktive Lehren und Lernen nur vor dem Hintergrund des konstruktiven Lehrens und Lernens legitimieren ließe.

Für den Sachunterricht, der als erste Fachdidaktik mit dem MPU eine Konzeption hervorgebracht hatte, die dem heutigen Konstruktivismus verwandt ist (vgl. Terhart 1999, S. 630), hat das zur Konsequenz, dass er immer eigenständiges, entdeckendes und erfindendes Lehren und Lernen berücksichtigen muss (vgl. z.B. Möller 1999), andererseits aber auch kein „schlechtes Gewissen" zu haben braucht, wenn er darlegend-informierend-instruktiv verfährt. Konzeptionell abgesichert ist er dabei durch den vielperspektivischen Ansatz, aber auch durch die exemplarisch-genetisch-sokratische Konzeption. Beide betonen das aktive, freisetzende und selbstentfaltende Lernen des Kindes, das dem Menschen als autopoietischen System in besonderer Weise angemessen sei (vgl. Soostmeyer 1998, S. 291). Damit sind aber bereits deutlich anthropologische Aspekte angesprochen, die im Folgenden zu erörtern sind.

3.9.2 Vielperspektivität und anthropologisch-entwicklungs-psychologische Voraussetzungen

Ähnlich dem exemplarisch-genetisch-sokratischen Ansatz sieht auch der vielperspektivische Sachunterricht die Anthropologie des Kindes und die damit verbundenen entwicklungspsychologischen Implikationen zuversichtlich und lernoptimistisch – die weiter oben schon benutzte Metapher vom „Kind als Wissenschaftler" verdichtet diese Sicht des Kindes prägnant und anschaulich. Der Mensch, das Kind, will „von sich aus" lernen. Soostmeyer beruft sich auf Bruner und auf Wagenschein, wenn er „Lernen" gleichsam als ein anthropologisches Grundbedürfnis herausstellt (vgl. 2001a, S. 245). Dabei müsse das Kind nicht zum Lernen gezwungen, verführt oder überlistet werden – gegen diese „falsche Anthropologie des Kindes" hat sich schon Wagenschein vehement gewehrt (1984 zit. n. Soostmeyer 2001a, S. 247) –, vielmehr leiste das Kind diese Arbeit selbst.

Dabei komme es zum Sammeln von Informationen, der allmählichen Überwindung von Widersprüchen, der Strukturierung von Erfahrungen, zum Ausbilden oder zur Änderung von Konzepten und zur weiteren Entwicklung des logischen Denkens. Diese Prozesse vollziehen sich unter Zuhilfenahme empirischer Überprüfungen durch konkretes Handeln und im sozialen Austausch mit anderen – im schulischen Regelfall mit Mitschülerinnen und -schülern und der Lehrerin bzw. dem Lehrer (vgl. Köhnlein 1999b, S. 92). Wenn dabei der Mensch als eine sich selbst erhaltende, selbstwandelnde und –erneuernde Einheit und somit als ein autopoietisches System betrachtet wird (vgl. Soostmeyer 1998, S. 130), nähert sich diese Auffassung der konstruktivistischen Sicht an. Allerdings kann das Kind bei seinem Lernen nicht allein gelassen werden. Der Hinweis auf den kommunikativen Austausch macht dies bereits deutlich. Köhnlein spricht in diesem Zusammenhang von „Lernhilfen", die dem Kind in der Schule als

„Haus des Lernens" (2000, S. 60) und im Sachunterricht als „Ort des Verstehens" zu Teil werden müssten (vgl. Köhnlein 1999b, S. 93). Als „Lernhilfen" werden angeführt: eine vor allem an Sozialgefügen rückgebundene Motivation, die Möglichkeiten von Selbsterfahrungen im kommunikativen Austausch und im Handeln sowie das frühe Eröffnen neuer Horizonte bietet.

Zu Letzterem wird in Anlehnung an Forschungsergebnisse festgestellt (vgl. Weinert / Helmke 1997), dass das Potential für das naturwissenschaftliche und technische Lernen, das besonders jüngere Kinder für diese Inhalte entgegenbrächten, noch lange nicht ausreichend genutzt wird. Es werde vielmehr vernachlässigt, was dazu führe, dass der später einsetzende naturwissenschaftlich-technische Unterricht teilweise nur noch wenig Erfolg habe. In der Tat mehren sich die Stimmen, die naturwissenschaftlich-technischen Unterricht als besonders zugänglich gerade für Kinder im Grundschulalter ansehen (vgl. Kircher 2007 und Lück / Köster 2006). Weitere qualifizierte Handereichungen dazu liegen ausgearbeitet vor (vgl. Grygier / Hartinger 2009).

Der vielperspektivische Sachunterricht will das Kind stärker zum Subjekt seines Lernens machen, wobei verschiedene Begründungskontexte zu gleichen oder doch sehr ähnlichen Ergebnissen führen. Ob das Kind nun nach Lesart der Brunerschen Kognitionspsychologie „entdeckt" oder nach Wagenscheins bildungstheoretisch rückgebundener Pädagogik „produktive Findigkeit" und „kritisches Vermögen" entwickelt, die anthropologische Sicht des Kindes als einen sich selbst antreibenden aktiv Lernenden ist bei beiden gleich. Soostmeyer geht sogar noch einen Schritt weiter und stellt fest, indem er Bruner mit Wagenschein vergleicht: „Bei Bruner liegt im Prinzip dieselbe Anthropologie des Kindes vor" (2001a, S. 248). Schließlich zeigt auch die konstruktivistische Sicht viele Parallelen etwa zu Wagenschein auf. Der lernende Mensch müsse demnach von komplexen Problembereichen ausgehen, den Lernprozess aktiv gestalten und die Ergebnisse in der Diskussion mit anderen überprüfen und schließlich seinen Lernerfolg einschätzen und bewerten (vgl. Dubs 1995, S. 890 f.). Das Gemeinte liegt damit dem inhaltlich sehr nahe, was Wagenschein etwa mit „Einstieg", „produktiver Findigkeit", „Gespräch" und „kritischem Vermögen" ausgedrückt hat. Unter anthropologischer Perspektive hat Soostmeyer Wagenschein und Bruner gleichgesetzt. Selbst wenn es konstruktivistisch konsequent gesprochen statt „entdecken" „erfinden" heißen müsste, um einen aktiven Lernprozess angemessen zu beschreiben, ergibt sich die Feststellung, dass dem vielperspektivischen Sachunterricht für seine Anthropologie gleich aus drei theoretischen Ansätzen Argumente zuströmen: aus der Kognitionspsychologie, aus der Bildungstheorie und aus dem Konstruktivismus.

Ähnlich wie Wagenscheins „romantischer Blick" auf das Kind, bedürfen nach eigener Ansicht auch der kognitionspsychologische und der konstruktivistische Optimismus einiger Relativierungen. Wie beim exemplarisch-genetisch-sokratischen Ansatz muss hier festgestellt werden, dass z.b. die gewandelten Erfahrungsbedingungen von Kindern – erinnert sei an die Merkposten „Medienkindheit", „Konsumkindheit" und „verändertes Erziehungsverhalten der Eltern" – heutzutage nicht selten einen kognitionspsychologisch ausgemachten „Entdeckerdrang" oder einen konstruktivistisch motivierten „Erfindergeist" u.U. entgegenwirken. So wird die (Grund)schule die Bedingungen immer wieder auch erst schaffen müssen, die „Erfinden", „Entdecken" oder „produktive Findigkeit" hervorrufen, was leichter gefordert und geschrieben als ausgeführt ist.

Gleichwohl wollen diese kritischen Anmerkungen nicht das anthropologische Grundanliegen des vielperspektivischen Sachunterrichts untergraben, gilt es doch, das Kind gegenüber gesellschaftlichen Funktionsansprüchen wie Reproduktion des Qualifikationsbedarfs und Allokation (Verteilung von Lebenschancen durch schulische Leistungsauslese) (Fend 1979) zu stärken. Besonders unter konstruktivistischer Rücksicht ist in den letzten Jahren immer wieder das Recht des Kindes auf eigene Lernwege herausgehoben und deren Bedeutung für eine gedeihliche kognitive Entwicklung betont worden (vgl. Stern 2002). Angesichts der im Zeichen des PISA-Schocks drohenden Zentralisierungs-, Egalisierungs-, Normierungs- und Überprüfungstendenzen, die sich mittlerweile in der Grundschule auf breiter Front Bahn brechen, werden Eigenrechte der Kinder zunehmend in Frage gestellt. Der vielperspektivische Sachunterricht muss sich daher an dieser Stelle mehr denn je unter Zuhilfenahme der angeführten Theorien auch zum entschlossenen Anwalt der Rechte der Kinder machen.

3.9.3 Vielperspektivität im gesellschaftlichen Kontext und pädagogisch-curriculare Aspekte

Die Konzeptionen des Sachunterrichts sind immer auch „Kinder ihrer Zeit" gewesen. Demzufolge standen die wissenschaftsorientierten Ansätze ganz im Zeichen der Wissenschaftsgläubigkeit und Aufbruchseuphorie ihrer Epoche. Der heutige Sachunterricht hingegen realisiert sich vor dem Hintergrund einer sich vielleicht schneller denn je wandelnden Gesellschaft. Kennzeichnungen wie „Informationsgesellschaft", „Risikogesellschaft", „Leistungsgesellschaft" oder „Wissensgesellschaft" sind zwar keine theoretischen Begriffe, die zur Analyse gesellschaftlicher Entwicklungen und schulischer Konsequenzen taugen würden, sie verdeutlichen aber gleichwohl die gesellschaftlichen Wandlungsprozesse (vgl.

veränderte Kindheit

Köhnlein 2000, S. 60), die ihrerseits die Bedingungen der heutigen Kindheit prägen. In der pädagogischen (Alltags)diskussion wird dieser offenkundige Zusammenhang unter der Überschrift „veränderte Kindheit" gelegentlich mit geradezu weinerlich-kulturkritischer Attitüde vorgetragen und Kindheit wird vor allen Dingen als „bedrohte Kindheit" interpretiert.

Es besteht auch gar kein Zweifel daran, dass die Veränderungen, die die gegenwärtigen Entwicklungen unserer Gesellschaft mit sich bringen, auch negative Einflüsse auf heutige Kinder haben, aber: „Diesen oft als Defizite heutiger Kindheit formulierten Merkmalen ließen sich zum Teil korrespondierende Chancen gegenüberstellen" (Kahlert 2005, S. 82). Als solche benennt Kahlert in Anlehnung an Schorch etwa die medizinische Versorgung, die potentiell optimale Ernährung, die partnerschaftlichere Erziehung, der meistenteils vorhandene materielle Wohlstand und ein breites Förder-, Freizeit- und Sportangebot (vgl. ebd. und Schorch 2006, S. 143). Allerdings ist dies durchaus nicht einheitlich verteilt, so dass eine immer differenzierter und vielfältiger werdende Gesellschaft ebenso ein große Vielzahl von Kindheitsmustern nach sich ziehe, so dass man von „der Kindheit heute" nicht sprechen könne, denn angesichts der schon weiter oben angesprochen Verschiedenheit von heutigen Kindheitsmustern ist dies „aussichtslos" (Kahlert 2005, S. 82).

Die gesellschaftliche Vielfalt sieht Kahlert grundsätzlich als eine Chance für den Sachunterricht, vielfältige Lernanlässe aufzusuchen, um an ihnen gemeinsam teilbares Wissen zu erarbeiten. Die Kinder können auf diese Weise auch erfahren, dass zwischen intersubjektiven Wissensbeständen und individuellen Vorstellungen zu unterscheiden sei.

Andererseits hat die gesellschaftliche Pluralität auch zur Folge, dass die Verbindlichkeit von Normen abnimmt und das vormalige Selbstverständlichkeiten heute längst nicht mehr von allen oder auch nur von einer großen Mehrheit geteilt würden (vgl. ebd., S. 84). Dieser Prozess kann jedoch nicht so weit gehen, dass für alle möglichen „fragwürdigen oder unkontrollierten Entwicklungen" (Köhnlein 2000, S. 59) Akzeptanz hergestellt werde, vielmehr betont Köhnlein die dringende Aufgabe der Herstellung einer normativen Übereinstimmung eines kulturellen Zusammenhangs, „der auch »multikulturelle Unterschiede« überwölbt und die individuelle Verarbeitung »kultureller Komplexität« erst ermöglicht" (ebd.).

Deutlich wird, dass der vielperspektivische Sachunterricht sich der Vielgestaltigkeit der gesellschaftlichen Gegebenheiten stellen will, wobei einerseits die gesellschaftliche Vielfältigkeit als Chance und Herausforderung für den Sachunterricht gesehen wird (Kahlert), andererseits aber auch die entschiedene Forde-

↑ Vielfalt als chance, aber auch normative Orientierung

rung nach einer (Rück)gewinnung verbindlicher normativer Orientierungen angemahnt wird (Köhnlein). Dass damit auch pädagogisch-curriculare Fragen des Sachunterrichts berührt werden, ist offenkundig. Soostmeyer stellt dazu fest, dass ein Sachunterricht, der gesellschaftliche Inhalte und politische Bildung ignoriere, „esoterisch" (1998, S. 190) sei. Als inhaltliche Orientierung hat sich dabei Klafkis Schlüsselproblemkatalog in der Berliner Version durchgesetzt, den er mit Blick auf den Sachunterricht formulierte. Die Erarbeitung dieser komplexen Problembereiche, die weit über die Zuständigkeit der Grundschule hinausweisen (vgl. Köhnlein 1996, S. 68), muss in einem vielperspektivischen Sachunterricht grundgelegt bzw. angebahnt werden. Die dabei über die Grundschule hinausweisenden Perspektiven sprechen für einen spiraligen Aufbau des Curriculum, der nicht nur für die Bearbeitung der Schlüsselprobleme angebracht ist. Auf diese Weise kann es nach Sicht des vielperspektivischen Sachunterrichts gelingen, kumulative Lernprozesse zu bewirken, die sachlogisch verschränkt und unter Anleitung, deren Notwendigkeit der gemäßigte Konstruktivismus nie bestritten hat, von der „Zone der aktuellen Leistung" zur „Zone der nächsten Entwicklung" (Wygotsky) führen (vgl. Köhnlein 2001, S. 323 und vgl. Kahlert 2005, S. 92).

Realistischerweise muss an dieser Stelle angemerkt werden, dass die Möglichkeiten eines Spiralcurriculum wohl leider überschätzt werden. Die Schule entpuppt sich zu oft als eine Art Verschiebebahnhof. Dabei kommt es kaum zu inhaltlicher Zusammenarbeit zwischen den verschiedenen Schulformen, was bei einem Spiralcurriculum aber dringend nötig wäre. Der Sachunterricht kann daher zuverlässig zunächst nur für seinen Bereich spiralcurricular arbeiten, wobei eine sinnvolle Weiterarbeit in den folgenden Schulstufen sicherlich wünschenswert wäre.

3.9.4 Vielperspektivität und grundlegende Bildung

Wie der exemplarisch-genetisch-sokratische Sachunterricht auch, stellt der vielperspektivische Sachunterricht den Bildungsbegriff nicht in Frage (vgl. z.B. Soostmeyer 1998, Köhnlein 2000 und vgl. Kahlert 2005). Auch der vielperspektivische Sachunterricht bekennt sich zu ihm, wobei das dynamische Moment von Bildung betont wird und damit Übereinstimmungen mit dem Wagenscheinschen Begriff „Formatio" deutlich werden. Des Weiteren wird die gesellschaftliche Rückbindung von Bildung herausgestrichen. Bildung kann demnach sehr wohl für gesellschaftliche Zwecke eingesetzt werden (vgl. Köhnlein 2000, S. 61), wodurch das Humboldtsche Bildungsideal der reinen zweckfreien Bildung zeitgemäß erweitert wird. Im Rahmen der Grundschule

132

- ⊅ Gefahr der entklemten Inhaltleidlichkeit

und des Sachunterrichts handelt es sich dabei immer um grundlegende Bildung als Basis von Allgemeinbildung (vgl. ebd.).

Neigt sich dabei der vielperspektivische Sachunterricht aneignungstheoretisch zu sehr dem Konstruktivismus zu, besteht möglicherweise die Gefahr, dass die formale Bildung funktional überbetont wird. Terhart hält dem Konstruktivismus vor, dass er dazu tendiere „zu entmaterialisieren" und „zu prozessualisieren", was dazu führe, dass „eine aller Inhaltlichkeit entkernte Prozeß-Didaktik" (1999, S. 645) entsteht. Auch Dubs warnt vor der Gefahr, dass die konstruktivistische Sicht dazu verführe, die Inhaltsfrage zu vernachlässigen (vgl. 1995, S. 898). Der vielperspektivische Sachunterricht ist allerdings entschlossen mit dem Ziel angetreten, besonders die inhaltliche Seite des Sachunterrichts zu stärken (vgl. z.B. Köhnlein 1990, Köhnlein 2001, Soostmeyer 2002 und Kahlert 2005).

Die systematische Darstellung der Konzeptionen des Sachunterrichts soll auch hier mit einer kurzen Befragung des vielperspektivischen Sachunterrichts in Bezug auf sein Verständnis von grundlegender Bildung nach den drei Kriterien von Glöckel (Lebensweltbezug, fachliche Relevanz und überdauernde Bedeutung) geschehen. Es ist dem vielperspektivischen Sachunterricht vom Ansatz her eigen, die kindliche Lebenswelt mit fachlichen Bezügen, die sich wissenschaftsorientiert verstehen, zu verbinden. Insofern kann dem vielperspektivischen Sachunterricht durchaus bescheinigt werden, dass er den Lebensweltbezug der Kinder unter Wahrung oder Herstellung fachlicher Relevanz angemessen berücksichtigt. Dass dabei Themen in den Blick kommen, denen überdauernde Bedeutung zukommt, kann ebenfalls nicht bestritten werden. Wenn im vielperspektivischen Sachunterricht jedoch von „großen Themen" die Rede ist (vgl. Köhnlein 2001, 322), wird damit das eigene Verständnis von „großen Themen" allerdings nicht getroffen. Die Themen „Müll" oder „Wochenmarkt" werden deshalb als „groß" bezeichnet, weil sie eine Vielzahl inhaltlicher Perspektiven oder Dimensionen eröffnen. Sie muten aber angesichts der eigenen Auffassung von „großen Themen", die sich auf die großen Fragen und Rätsel der Menschheit beziehen, fast ein wenig heimatkundlich an. Allerdings nur von der Bezeichnung her, denn der vielperspektivische Sachunterricht will einen zu engen thematischen Zuschnitt, wie er oftmals der Heimatkunde vorgehalten wurde, ja gerade verhindern.

4 Vergleichende Zusammenfassung der bearbeiteten Konzeptionen

4.1 Die Konzeptionen im synoptischen Überblick

Die folgenden zwei Schaubilder (Konzeptionen des Sachunterrichts I und II) versuchen die wesentlichen Merkmale der hier diskutierten Konzeptionen des Sachunterrichts auf einen Blick zur Verfügung zu stellen. Dieses Vorhaben verlangte nach einer verdichteten beschreibenden Darstellung der hier bearbeiteten Konzeptionen des Sachunterrichts. Diese Vorgehensweise legitimiert sich vor dem Hintergrund der bisherigen Ausführungen, die sich jeweils intensiv der analytisch-kritischen Erörterung gewidmet haben. In einer universitären Lehrveranstaltung eingesetzt, können diese Schaubilder einen ersten Überblick über die zunächst verwirrend erscheinende konzeptionelle Vielfalt des Sachunterrichts geben. Eine vertiefende Bearbeitung müsste sich anschließen.

		Konzeptionen des Sachunterrichts I / 1			
Ansätze	Fachorientiertes Curriculum	Struktur- bzw. konzeptorientiertes Curriculum	Verfahrensorientiertes Curriculum	Situationsorientiertes Curriculum	Integrativ-mehrperspektivischer Unterricht (MPU)
Vertreter Namen	seit 1969: Beispiele dafür in verschiedenen Lehrplänen wie NRW (1969 / 1973), Bayern (1970), Bayern (1971) sowie Veröffentlichungen auf dem Lehrmittelsektor (Schulbücher, Unterrichts- und Experimenter-materialien)	seit 1968: nach dem US-amerikanischen Vorbild „Science Curriculum Improvement Study" (SCIS) von Arbeitsgruppen unter Ltg. von Kay Spreckelsen entwickelte Curricula, zentrale Idee: Struktur der Disziplin nach Jerome S. Bruner	seit 1968: Übernahme des US-amerikanischen Curriculum „Science – A Process Approach" (S-APA) durch die Göttinger Arbeitsgruppe für Unterrichtsforschung, Ltg. Hans Türken, später eigenständige Neuentwicklungen	1973: Curriculum „Soziales Lernen" der Arbeitsgruppe Vorschulerziehung am Deutschen Jugendinstitut München, Ltg. Jürgen Zimmer, Einfluss von Saul B. Robinsohn (1967), 28 Didaktische Einheiten, offenes Curriculum	seit 1974: Curriculum „Integrativ-mehrperspektivischer Unterricht" CIEL-Arbeitsgruppe Reutlingen unter Ltg. von Klaus Giel entwickelte etwa 10 Teilcurricula (einige blieben unvollendet), offenes Curriculum
Entstehungszusammenhang	Aufholen des Modernitätsrückstandes, Wissenschaftsorientierung, beschleunigte Zunahme des Wissens, Georg Picht: „Deutsche Bildungskatastrophe"	naturwissenschaftlicher Unterricht in der Grundschule als Beitrag zur Verbesserung von Allgemeinbildung und Chancengleichheit	naturwissenschaftlicher Unterricht in der Grundschule als Beitrag zur Verbesserung von Allgemeinbildung und Chancengleichheit	Demokratisierung der Gesellschaft, explizite Einforderung des sozialen Lernens in Vor- und Grundschule	Demokratisierung der Gesellschaft, nach dem Wegfall des Gesamtunterrichts will der MPU dem Grundschulunterricht eine neue Konzeption geben

Konzeptionen des Sachunterrichts I / 2

Ansätze	Fachorientiertes Curriculum	Struktur- bzw. konzeptorientiertes Curriculum	Verfahrensorientiertes Curriculum	Situationsorientiertes Curriculum	Integrativ-mehrperspektivischer Unterricht (MPU)
Ziele Prinzipien	a) Vorraussetzungen für den Fachunterricht der weiterführenden Schulen schaffen (Propädeutik der späteren Schulfächer) b) sachgemäße Auseinandersetzung mit den Inhalten der Fachwissenschaften unter teilweiser Berücksichtigung kindlicher Erfahrungsräume c) fachliche Arbeitsweisen und Arbeitshaltungen vermitteln	a) - Naturwissenschaftliche Allgemeinbildung - Emanzipation und Selbstbestimmung - Wissenschaftsorientiertes Lernen - Förderung aller Schüler b) Erwerb von fächerübergreifenden Begriffen und Basiskonzepten zur Integration der natürlichen und technischen Lebenswirklichkeit	a) wie beim struktur- und konzeptorientierten Ansatz b) Erwerb von fächerübergreifenden Verfahren zur selbständigen Erschließung der natürlichen und technischen Umwelt	a) autonomes, kompetentes und konkretes Handeln in gegenwärtigen und zukünftigen Lebenssituationen b) Abbau von Handlungsunfähigkeit und Fremdbestimmung c) Erwerb entsprechender Qualifikationen	a) Erweiterung der eingeschränkten Handlungsfähigkeit b) Aufklärung darüber, wie die Institutionen (Handlungsfelder) funktionieren c) Erzeugung einer allgemeinen Handlungsfähigkeit i.S. einer aufgeklärten und mündigen Kritik- und Fragekompetenz

Konzeptionen des Sachunterrichts I / 3

Ansätze	Fachorientiertes Curriculum	Struktur- bzw. konzeptorientiertes Curriculum	Verfahrensorientiertes Curriculum	Situationsorientiertes Curriculum	Integrativ-mehrperspektivischer Unterricht (MPU)
Inhalte	Lernbereiche: Physik, Chemie, Werken/Technik, Biologie, Erdkunde, Geschichte, Sozialkunde Auswahl der Stoffe: Orientierung an den Lehrplänen der Sek. I und an den klassischen Fachwissenschaften, Inhalte werden auf den Entwicklungsstand der Kinder abgestimmt (didaktische Reduktion), der Lebensweltbezug wird oftmals funktionalisiert	Auswahl i. S. der Reduktion der komplexen Lebenswirklichkeit: Festlegung auf drei erfahrungserschließende, naturwissenschaftliche Basiskonzepte, die grundlegende Interpretationsmuster beinhalten: 1. Teilchenkonzept 2. Wechselwirkungskonzept 3. Erhaltungskonzept Aufbau: geschlossenes Spiralcurriculum	Auswahl i. S. der Reduktion der komplexen Lebenswirklichkeit: Festlegung auf 13 Verfahren bzw. intellektuelle Fertigkeiten: 8 grundlegende Fertigkeiten: Beobachten, Klassifizieren, Gebrauch von Zahlen, Messen, Gebrauch von Raum-Zeit-Beziehungen, Kommunizieren, Voraus-sagen, Schlussfolgern; 5 darauf aufbauende komplexere Fertigkeiten: operational Definieren, Formulieren von Hypothesen, Interpretieren von Daten, Variablenkontrolle, Experimentieren als naturwissenschaftliche Vollform	Auswahl von 28 Lebenssituationen, in denen Schüler handlungsfähig werden sollen, z.B. „Verlaufen in der Stadt", „Kinder im Krankenhaus", „Fernsehen" oder „Kinder kommen in die Schule" deduktives Verfahren aufgrund von Literatur, Statistiken usw. kombiniert mit induktivem Verfahren aufgrund des Diskurses mit Erzieherinnen und Erziehern, Lehrerinnen und Lehrern, Kindern und Eltern. Reihenfolge der UE ist beliebig.	Auswahl von Handlungsfeldern (gesellschaftliche Sinnbereiche), in denen Menschen ihren alltäglichen Besorgungen nachgehen und in denen ihre Handlungsfähigkeit eingeschränkt ist (z.B. Supermarkt), Rekonstruktion der Alltagswirklichkeit in Modellen, die die Funktion und Strukturen der sozialen Realität durchschaubar machen sollen. Rekonstruktion aus 4 Perspektiven: erlebnisorientierte erfahrungsbezogene, szenische, politisch-gesellschaftliche und wissenschaftliche Perspektive, Reihenfolge der UE ist beliebig.

Konzeptionen des Sachunterrichts I / 4

Ansätze	Fachorientiertes Curriculum	Struktur- bzw. konzeptorientiertes Curriculum	Verfahrensorientiertes Curriculum	Situationsorientiertes Curriculum	Integrativ-mehrperspektivischer Unterricht (MPU)
Verfahren, Methoden, usw.	in Phasen gegliederter, lehrerzentrierter und lernzielorientierter Unterricht	nach Phasen gestufte, lernzielorientierte Lektionen	Lernziele werden als Verhaltensziele operationalisiert, die Stunden sind lektionsartig i.S. der hierarchischen Lerntheorie von Robert M. Gagné über die Schuljahre hinweg aufgebaut, lernzielorientierter, vorbestimmter Unterricht. Nach ersten werkgetreuen Übernahmen entstanden bundesdeutsche Eigenentwicklungen, die offener gestaltet waren und die insgesamt stärker die kindlichen Lernbedürfnisse berücksichtigten.	Lernen durch Erfahren und Handeln, Projekte: Ausgang von situativen Anlässen, Didaktische Schleifen: kursartige Phasen, Evaluationen: Überprüfung des Lernerfolgs, erfahrungsoffene Lernprozesse	Lernen durch rationale Aufklärung Projekte: Anlässe bietet das mediale Material (Spiele, Poster, Modelle), Kurse: für den systematischen Erwerb von Fertigkeiten und Fähigkeiten Metaunterricht: Unterricht über Unterricht (Reflexion)

Konzeptionen des Sachunterrichts II / 1				
Ansätze	Exemplarisch-genetisch-sokratischer Sachunterricht	Welterkundung	Sachunterricht als Sozial- und Sachunterricht	Vielperspektivischer Sachunterricht
Vertreter Namen	Seit den 1960er Jahren: Martin Wagenschein: Kinder auf dem Wege zur Physik (1962 ff), Siegfried Thiel: Entwicklung von Lehrstücken zum exemplarisch-genetisch-sokratischen Sachunterricht (1967 ff) und dessen theoretisch-konzeptionelle Fundierung durch Walter Köhnlein (1973 ff), Michael Soostmeyer: genetischer Sachunterricht (2002)	seit 1996: Gabriele Faust-Siehl, Ariane Garlichs, Jörg Ramseger, Hermann Schwarz und Ute Warm als eine Arbeitsgruppe im Rahmen des Arbeitskreises Grundschule	seit 1992: Wolfgang Klafki: Sachunterricht als Sozial- und Sachunterricht unter besonderer Berücksichtigung der epochaltypischen Schlüsselprobleme – zwischenzeitlich im Wesentlichen im Ansatz des vielperspektivischen Sachunterrichts eingearbeitet	seit 1990: Walter Köhnlein: Dimensionen (1990 ff), Joachim Kahlert: didaktische Netze (1994 ff), Gesellschaft für Didaktik des Sachunterrichts (GDSU): Perspektivrahmen des Sachunterrichts (2002), der seitdem in allen Richtlinien berücksichtigt worden ist
Entstehungszusammenhang	Ausgangspunkt: Tübinger Resolution (1951) gegen die Stofffülle in den Gymnasien, Wagenschein, Verstehen ist Menschenrecht" (1970), naturwissenschaftlicher Unterricht in der Grundschule	Empfehlungen zur Neugestaltung der Grundschule als Beitrag zu einer inneren Schulreform	konzeptionelle Grundlegung des Sachunterrichts im Rahmen seines Allgemeinbildungsauftrages	Vermittlung zwischen Kind-, Sach- Fach- (Wissenschafts-) und Gesellschaftsbezug, inhaltliche Bestimmung des Sachunterrichts auch in Hinblick auf die Diskussion um ein Kerncurriculum

Konzeptionen des Sachunterrichts II / 2

Ansätze	Exemplarisch-genetisch-sokratischer Sachunterricht	Welterkundung	Sachunterricht als Sozial- und Sachunterricht	Vielperspektivischer Sachunterricht
Ziele Prinzipien	a) Verstehen lehren, Phänomene als Ausgangspunkt für naturwissenschaftlichen Unterricht in der Grundschule b) Kontinuitätshypothese i. S. eines bruchlosen Lernens von Beginn an c) neben Sachzielen werden immer auch Funktionsziele angestrebt d) „Didaktik der Zugangswege"	a) Aneignung von Kulturtechniken und Kulturgütern mit Betonung der materialen Bildung b) Lehrerinnen an Grundschulen sollen die Fragen der Kinder aus Gesprächen mit ihnen „heraushören" und danach Inhalte der Welterkundung bestimmen, als Suchraster dazu dienen c) vier Gegenstandsfelder	Grundlegende Bildung im Medium des Allgemeinen mit den umfassenden Zielen der Solidaritäts-, Selbst- und Mitbestimmungsfähigkeit	a) vielperspektivisches Denken fördern b) belastbares Sachwissen entwickeln c) multidimensionale Sachzugänge eröffnen d) Pluralismus entwickeln
Inhalte	Auswahl: physikalisch-technische Zusammenhänge, die stets phänomenbezogen erarbeitet werden: warum springt ein Ball?, kann Wasser den Berg hinauffließen?, wie verbreitet sich der Schall?, wie haben die Urmenschen Feuer gemacht? …	die vier Gegenstandsfelder sind (wobei das Vierte der Methodik zuzuordnen ist): 1. entwicklungspsychologische Schlüsselfragen von Grundschulkindern 2. epochaltypische Schlüsselfragen der Menschheit 3. epochemachende Errungenschaften der Menschheit	Auswahl: epochaltypische Schlüsselprobleme: Krieg und Frieden, gesellschaftlich bedingte Ungleichheit, Gefahren und Möglichkeiten neuer Technologien, die „Eine Welt"-Problematik, die ökologische Frage und das Verhältnis von Frau und Mann und die Interessen der Kinder sowie Themen mit aktuellem oder regionalem Bezug	neun Dimensionen des Sachunterrichts (lebensweltliche, historische, geographische, gesellschaftliche, ökonomische, technische, physikalisch-chemische, biologische und ökologische Dimension), die auch die Schlüsselprobleme berücksichtigen, die fünf Perspektiven des Perspektivrahmens (vgl. GDSU 2002)

	Konzeptionen des Sachunterrichts II / 3			
Ansätze	Exemplarisch-genetisch-sokratischer Sachunterricht	Welterkundung	Sachunterricht als Sozial- und Sachunterricht	Vielperspektivischer Sachunterricht
Verfahren, Methoden, usw.	exemplarisches Lehren und Lernen, der Einstieg als Exposition, die Präsentation eines Phänomens oder eines Phänomenkomplexes, das Gespräch auch i. S. einer gleichberechtigten Kommunikation, Ergebnis und Erkenntnisprozess werden nicht voneinander getrennt, vielmehr ist den Kindern stets gegenwärtig, wie sie zu einer konkreten Erkenntnis gelangt sind, das Experimentieren wird auch als Fortsetzung des explorativen Spiels (Soostmeyer) der frühen Kindheit gesehen, Epochenunterricht	4. Methoden der Rekonstruktion und Darstellung der Wirklichkeit: - Hypothesen und Theorien bilden - außerschulisches Lernen - Erkundungen und Experimente - Modellvorstellungen und Analogiebildungen - Beschreiben und szenische Darstellungen - Zeichnen und bildnerisches Gestalten - Verfremden und Collagen ... , Projektunterricht	Epochen- und Projektunterricht, lehrgangsbezogene Phasen	exemplarisches Lehren und Lernen, handlungsbezogener Unterricht, der moderat-konstruktivistisch rückgebunden ist, Epochenunterricht, Projekt und lehrgangsbezogener Unterricht

4.2 Aspekte der Rezeption, Zusammenfassung und Vergleich der diskutierten Konzeptionen des Sachunterrichts

Die vorliegenden Ausführungen haben versucht, relevante Konzeptionen des Sachunterrichts systematisch in den Blick zu nehmen. Insgesamt sind neun Konzeptionen bearbeitet worden, denen eine bis heute andauernde Rezeption zukommt bzw. die gegenwärtig die didaktische Diskussion bestimmen.

Der reine Fachbezug hat sich als untauglich erwiesen, weil er den Sachunterricht zu zersplittern drohte. Gleichwohl spielen fachliche Bezüge im Rahmen eines integrativen Sachunterrichts bis heute eine nicht zu unterschätzende Rolle. Der vielperspektivische Sachunterricht mit seinem Dimensionierungsansatz verweist auch in diese Richtung, allerdings mit dem eklatanten Unterschied, dass er von einem gesicherten Integrationsstandpunkt aus seine fachlichen Bezüge selbstbewusst entfalten kann. Fachliche Bezüge und Arbeitsweisen erhalten eine damit zuarbeitende, aber nicht bestimmende Funktion.

Heute wie damals in den 1960er Jahren vollzieht sich in den USA ein ähnlicher Prozess auf curricularer Ebene. Seit den 1980er Jahren hat in den USA erneut das Bemühen um die Einführung naturwissenschaftlicher Curricula in den Primarbereich Raum gegriffen, die Kindern naturwissenschaftliche „Konzepte" und „Verfahren" vermitteln sollen. Allerdings soll das nicht durch einen bloßen Neuaufguss der seinerzeit etwa in der Bundesrepublik so stark beachteten Curricula „Science Improvement Curriculum Study" (Konzeptorientierung) oder „Science – A Process Approach" (Verfahrensorientierung) geschehen. Vielmehr wird versucht, die Kritik an den frühen naturwissenschaftlichen Konzeptionen aufzugreifen und bei der Neukonzipierung zu berücksichtigen.

Kritikpunkte an dem struktur- bzw. konzeptorientierten Ansatz (Spreckelsen) und an dem verfahrensorientierten Ansatz (Tütken) waren vor allen Dingen ihre Lebensweltferne, das Missachten der Interessen der Kinder und ihr einengender Zuschnitt gewesen. Die neue Generation der US-Curricula betont demzufolge zuvor vernachlässigte Aspekte wie etwa die eigenständige Selbsttätigkeit der Kinder und das soziale Lernen in Form der Erzeugung einer Kooperationsfähigkeit (vgl. Marquardt-Mau 1996, S. 83). Darüber hinaus werden besonders die neuen Medien mit einbezogen. Das von Marquardt-Mau zitierte Beispiel aus dem Curriculum „The Kids Network" vermag allerdings nicht zu überzeugen. Wie vormals – jetzt aber in Gruppen – erhalten die Kinder penible Arbeitsanweisungen, die sie Schritt für Schritt zu befolgen haben. In dem gegebenen Beispiel sind es neun „Steps" (vgl. 1996, S. 79-82). Am Ende sollen die Kinder dann diskutieren, welche Gruppe wie viel Wasser zu einem „geheimnisvollen Stoff" („strange stuff") gegeben hat (vgl. ebd.).

Vieles erinnert trotz anderer Absichten überraschend an die Konzeptionen aus den 1960er und 1970er Jahren. Wieder geht es um „Konzepte" und „Verfahren" und wieder wird äußerst kleinschrittig vorgegangen. An die Stelle kognitiver Lerntheorien treten konstruktivistische Aneignungsvorstellungen, denen zufolge das selbsttätige und soziale Lernen stärker betont werden. Insgesamt wird auch bei den neuen Curricula die amerikanische Implementierungstradition sichtbar, die von Experten ausgearbeitete Curricula möglichst ungebrochen in die Praxis transportieren will, was dazu führt, dass der Vorgabenvorrat hoch und die Entscheidungsfreiheit vor Ort gering ist (vgl. Gundem 1998, S. 17-23 und vgl. Wiater 2006, S. 171 f.). Ferner wird dadurch der regionale Bezug erschwert und der Lebensweltbezug des Unterrichts entfällt häufig. All das sollte bei einer eventuellen Übernahme für bundesdeutsche Verhältnisse bedacht werden. Ansonsten besteht die Gefahr einer Wiederholung der Verfallsgeschichte wie sie der struktur- bzw. konzeptorientierte und der verfahrensorientierte Ansatz des Sachunterrichts erlebt haben.

Neben diesen US-amerikanischen Entwicklungen bleibt die Frage, was von den frühen naturwissenschaftlichen Ansätzen des Sachunterrichts geblieben ist. Es kann vor allen Dingen festgestellt werden, dass diesen Konzeptionen die Naturwissenschaften als Inhalt des Sachunterrichts zu verdanken sind. Ohne diese frühen Entwicklungen wäre es vermutlich nicht zu dieser festen Verankerung physikalischer und chemischer Bezüge im Sachunterricht gekommen, auch wenn ihr Stellenwert in den Folgejahren wieder abnahm. Im Zuge der PISA-Diskussion ist zu erwarten, dass der Bedeutung frühen naturwissenschaftlichen Lernens wieder mehr Relevanz zugemessen wird, wie neuere Entwicklungen deutlich zeigen (vgl. Blaseio 2009). Aus der Geschichte lernen hieße in diesem Fall sicherlich auch, vorschnelle Adaptionen und Übertragungen zu vermeiden, um nicht nach einer kurzen Curriculumeuphorie wieder vor einem schnellen Ende zu stehen – dafür sind die naturwissenschaftlichen Inhalte im Sachunterricht viel zu wichtig. Das stärker kindorientierte und offener gestaltete Curriculum 5 / 13 könnte hier Denkmuster liefern, die – verknüpft mit angemessener methodischer Konsequenz – einen Weg zu einem erfolgreichen naturwissenschaftlichen Lehren und Lernen im Sachunterricht weisen könnten.

Der Situationsansatz lebt bis heute in der Kindergartenpädagogik fort und stellt im internationalen Vergleich einen Sonderweg dar, dem Faust-Siehl in Anlehnung an Tietze und Roßbach „Unterstimulierung" (2001, S. 71) und inhaltliche Beliebigkeit bescheinigt (vgl. ebd., S. 62). Diese Probleme sind auch Jürgen Zimmer, dem Begründer des Situationsansatzes, durchaus bewusst (vgl. Zimmer u.a. 1997, S. 119). Insgesamt bescheinigt Faust-Siehl der gegenwärtigen Ausprägung des Situationsansatzes in der Kindergartenpädagogik einen „»sachbezogenen« Nachholbedarf" (2001, S. 65). Als weitere Minusposten diagnostiziert die Bamberger Pädagogin die Unklarheiten des Situationsbegriffes, die mit den bereits weiter oben diskutierten erkenntnistheoretischen Problemen verbunden sind, den überzogenen Anspruch an das soziale Lernen, was das sachliche Ler-

143

nen oftmals verhindert, sowie das letztlich gescheiterte Einbeziehen der Kinder und vor allem der Eltern bei der Identifizierung von lernrelevanten Situationen (vgl. ebd., S. 61-71). Statt der Situationsorientierung empfiehlt Faust-Siehl eine stärkere Akzentuierung der Kompetenzorientierung (vgl. 2001, S. 62). Obwohl diese auch von Zimmer ausdrücklich angestrebt wurde, fand sie für den Sachunterricht keine Einlösung.

Auch hier bleibt die Frage, was ist geblieben? Die frühen Beiträge von Zimmer führen wohl für den Bereich der Vor- und Grundschulpädagogik bisher am weitgehendsten entwickelt aus, was unter „Situationsorientierung" zu verstehen sei. Insofern verschaffen sie mehr Klarheit über diesen Begriff als sein oftmals nur benennender Gebrauch in anderen Zusammenhängen. Darüber hinaus betont der Situationsansatz die lebensweltliche Komponente als didaktische Kategorie, die zuvor von den naturwissenschaftlichen Konzeptionen vernachlässigt worden war. In der Elementarpädagogik behauptet der Situationsansatz nach wie vor seinen Platz (vgl. Zimmer 2006), und in der Reggio-Pädagogik (vgl. Lingenauer 2004) hat er eine internationale Verwandte erhalten.

Rezeptionsgeschichtlich hat der MPU von den „historischen" Konzeptionen des Sachunterrichts die breiteste Aufnahme gefunden. Im Folgenden wird dieser Zusammenhang schlaglichtartig angedeutet.

Mit Einstellung der Fördermittel der VW-Stiftung fand der MPU am Ende der 1970er Jahre sein rasches Aus. Bereits 1983 wurden die von der CIEL-Arbeitsgruppe entwickelten Materialien vom Klett-Verlag aus dem Programm genommen (vgl. Hiller / Popp 1994, S. 109). Einen gewissen Versuch der Lebenserhaltung stellt der Beitrag von Duncker / Hohberger dar, in dem das Thema „Bekleidung / Mode" nach Maßgabe der vier Rekonstruktionstypen des MPU mehrperspektivisch aufbereitet wird (vgl. 1980, bes. S. 82-94). In den 1990er Jahren forderten Hiller und Popp fast beschwörend zu einer Rückbesinnung auf den MPU auf (vgl. 1994, S. 111 f.). Während der MPU jedoch in der Praxis seit langem vergessen ist und dort auch nie über eine sehr beschränkte Wirkung hinauskam (vgl. Hiller / Popp 1994, S. 109.), so findet er doch in der didaktischen Diskussion weiterhin Beachtung, wobei immer wieder auf die Chancen und auf die Grenzen dieses Ansatzes hingewiesen wird. Köhnlein sieht ihn in Hinblick auf die Entwicklungen um den vielperspektivischen Sachunterricht als eine „lohnende Spur", während andere Stimmen seine konzeptionelle Zwanghaftigkeit rügten (vgl. Bolscho 1976).

Die nur unter erheblichem Kraftaufwand zu erschließende Theoriebildung des MPU sehen auch Mitstreiter der MPU-Konzeption rückblickend als einen der wichtigsten Gründe für das Ausbleiben seiner praktischen Durchsetzung (vgl. Hiller / Popp 1994, S. 109). Illustrativ lässt sich an dieser Stelle der MPU als die „Mengenlehre des Sachunterrichts" bezeichnen. Schon zeitgenössisch stellte Bolscho heraus, dass der Leser sowohl bei den didaktischen Kommentaren und erst recht bei den Theoriebänden intensives Einarbeiten, Geduld und

Wohlwollen brauche (vgl. 1976, S. 34), da die Texte kompliziert und schwer zugänglich seien (vgl. ebd., S. 31). Ein weiterer, schlichterer Grund für die fehlende praktische Rezeption des MPU war der zu hohe Preis für die Materialien. Sie waren für viele Schulen einfach zu teuer! Auch darauf wies sehr zeitnah bereits Bolscho hin (vgl. ebd., S. 34) und auch diesen Umstand gestehen die ehemaligen Mitstreiter zu (vgl. Hiller / Popp 1994, S. 109).

Was ist geblieben? Die entschlossene Ablösung des Gesamtunterrichts durch ein Neuverständnis von Perspektivität, das bis in die gegenwärtige Diskussion die Didaktik des Sachunterrichts mitgestaltet. Der MPU stellt bis heute den ersten ernsthaften Versuch dar, Vielperspektivität in der Grundschularbeit einzulösen. In diesem Zusammenhang hat der MPU dem Sachunterricht nach der Gemengelage des Gesamtunterrichts die Augen für eine bewusste Vielfältigkeit inhaltlicher Bezüge geöffnet. Mit dieser Öffnung des Blickes für eine „erste" und „zweite Realität" (vgl. Hiller / Popp 1994, S. 98) kam der MPU schon dem sehr nahe, was der Konstruktivismus später als „viabel" und damit prinzipiell diskutierbar bezeichnet hat. Ein weiteres Ziel des MPU war die Hebung des Sachunterrichts gegenüber den lehrgangsbezogenen Fächern der Grundschule. Diese Aufgabe ist bis heute der Didaktik des Sachunterrichts gestellt. Der Perspektivrahmen des Sachunterrichts ist ein Schritt in die Richtung zur Bewältigung dieses Problemzusammenhanges (vgl. GDSU 2002). Insgesamt lässt sich dem MPU rückschauend ins Stammbuch schreiben: theoretisch anspruchsvoll und beachtet, praktisch aber fast wirkungslos.

Der exemplarisch-genetisch-sokratische Sachunterricht wirkt bis in die Gegenwart hinein und eine weitere Entfaltung darf auch für Zukunft erwartet werden, wobei es sich eingebürgert hat, dass er kurz als „genetischer Sachunterricht" bezeichnet wird (vgl. z.B. Köhnlein 2001 und Soostmeyer 2002). Der genetische Sachunterricht hat es sich zur zentralen Aufgabe gemacht, die Pädagogik von Martin Wagenschein für den Sachunterricht fruchtbar zu machen. Namentlich der Freiburger Pädagoge Siegfried Thiel entwickelte ab der zweiten Hälfte der 1960er Jahre einen naturwissenschaftlichen Sachunterricht, der sich stark an den Einsichten Wagenscheins orientierte. Dabei wurden Unterrichtssequenzen entwickelt, die als „klassisch" bezeichnet werden können (vgl. z.B. Thiel 1987a und 1987b). Theoretisch-konzeptionell wurde der genetische Sachunterricht vor allem von Walter Köhnlein ausformuliert (vgl. z.B. 1996).

Der genetische Sachunterricht geht von eindrücklichen Phänomenen aus und räumt dem gemeinsamen, klärenden Gespräch einen hohen Stellenwert ein. Oberstes Ziel ist es, nicht Wissen anzuhäufen, sondern Verstehen zu bewirken. Dem Lehrer kommt dabei eine höchst anspruchsvolle unterstützende Rolle zu. Neben sachlichen Zielen werden im genetischen Sachunterricht immer auch nicht stoffgebundene Funktionsziele angestrebt. Der genetische Sachunterricht zielt auf selbstgesteuertes Lernen ab, das sich in sozialen Gefügen vollzieht. Hier zeigen sich Berührungspunkte mit dem Konstruktivismus, den der vielperspektivische Sachunterricht als Aneignungstheorie bevorzugt. Genetischer und vielperspektivischer Sachunterricht wollen beide einen Sachunterricht zuwege bringen, der nicht vom fertigen Wissen ausgeht und es die Kinder schlicht nachlernen lässt, sondern die Kinder sollen ihr Wissen selbst erarbeiten, um auf diese Weise zum Verstehen zu gelangen. Daneben sind aber auch orientierende und informierende Unterrichtsabschnitte vorgesehen. Während der vielperspektivische Sachunterricht einen Zerfall des Sachunterrichts in „zwei Kulturen" verhindern will, liegen für den genetischen Sachunterricht überwiegend Unterrichtsbeispiele für den naturwissenschaftlichen Kontext vor. Gleichwohl verdeutlichen Unterrichtsvorschläge wie etwa zur Thematik „Feuer", dass hier über naturwissenschaftliche Zusammenhänge hinausgegangen wird, denn die Beherrschung des Feuers durch den Menschen wird auch als epochemachende Errungenschaft der Menschheit in den Blick genommen.

Auch der Ansatz der Welterkundung beansprucht, sich um epochemachende Errungenschaften der Menschheit zu bemühen und diese unterrichtlich zu thematisieren. Insgesamt benennt der Ansatz der Welterkundung vier Gegenstandsfelder, die bei der Identifizierung von Unterrichtsinhalten hilfreich sein sollen. Demnach habe sich der Unterricht mit der Bezeichnung Welterkundung neben den epochemachenden Errungenschaften der Menschheit auch um epochaltypische Schlüsselprobleme nach Klafki, um entwicklungstypische Schlüsselfragen und um Methoden der Rekonstruktion der Wirklichkeit zu kümmern. Wie aus diesen Forderungen allerdings ein sinnvolles Curriculum werden soll, wird nicht mitgeteilt. Die Lehrerinnen sollen die Kinder ahnungsvoll belauschen, um auf diese Weise Inhalte des in Welterkundung umbenannten Sachunterrichts zu finden. Der sich als „material" bezeichnende Ansatz macht aber im weiteren Verlauf keine konkreten Angaben zu seiner inhaltlichen Ausgestaltung. Stattdessen wird ein Bild vom Kind und von heutiger Kindheit mitgeteilt, das sicherlich „pro Kind" gemeint ist, aber doch mehr Verwirrung als Klärung hinterlässt. Mit kulturkritischer Attitüde wird z.B. in Hinblick auf die „Medienkindheit" allen Ernstes festgestellt, dass heute schon Sechsjährige „die Verhaltensstandards im internationalen Rauschgiftgeschäft" (Faust-Siehl u.a. 1996, S. 65) entschlüsseln könnten. Nicht ganz ohne Ironie stellt Kahlert dazu fest, dass wohl noch nicht einmal eine Spezialbehörde wie das Bundeskriminalamt in der Lage sein dürfte, die oben angesprochenen Verwicklungen zu durchschauen – ganz davon abgesehen helfen derartige Aussagen auch nicht dabei, relevante Inhalte des Sachunterrichts auszumachen (vgl. Kahlert 2005, S. 53). Überflüssig ist auch die Diskussion um eine neue Namensgebung für das Fach Sachunterricht, denn unter dieser Bezeichnung hat sich diese Disziplin profiliert und sich an den deutschen Universitäten und verbandspolitisch (z.B. GDSU) etabliert. Statt über neue Namensgebungen nachzudenken, wäre es sicherlich hilfreicher, auch für den schulischen Bereich auf eine bundesweite Vereinheitlichung der Benennung dieses Faches in „Sachunterricht" hinzuwirken. In diesem

Zusammenhang kann festgestellt werden, dass sich der Trend zur einheitlichen Bezeichnung des Faches fortgesetzt hat. In 15 von 16 Bundesländern heißt das Fach Sachunterricht auch so, und in nur noch drei Ländern wird die Doppelbezeichnung „Heimat- und Sachunterricht" geführt (Bayern, Schleswig-Holstein und Thüringen). Auch Berlin hat im Zuge des gemeinsamen Rahmenplans für die Grundschulen mit Brandenburg und Mecklenburg-Vorpommern die überkommene Bezeichnung „Sachkunde" durch Sachunterricht ersetzt. Einzig Baden-Württemberg hat den Sachunterricht abgeschafft und durch den Hyperintegrationsbereich „Mensch, Natur und Kultur" ersetzt (vgl. Kahlert 2005, S. 306 f. und vgl. KM Baden-Württemberg 2004, bes. S. 95 ff.).

Der vielperspektivische Sachunterricht hat Modelle von Dimensionen (Köhnlein) bzw. didaktischen Netzen (Kahlert) entwickelt, die es gestatten, mögliche Inhalte des Sachunterrichts vielfältig auf ihr didaktisches Potential hin zu vermessen. Im Gegensatz zu Vorläufermodellen des vielperspektivischen Sachunterrichts – wie z.B. das Komponentenmodell von Hartwig Fiege – bezieht der vielperspektivische Sachunterricht seine Dimensionen auf einen Themenbereich, um so dessen ganze Vielfalt freizulegen. Damit wird eine Themen-Fachzuordnung, wie sie der fachorientierte Ansatz kannte und auch das Fiegesche Modell beförderte, vermieden. Bei multidimensionaler Gestaltung des Sachunterrichts wird auf diese Weise zugleich eine fachliche Zersplitterung des Sachunterrichts verhindert. Bieten Themen nach den Dimensionen des Sachunterrichts vielfältige Bezüge, verweist das auf ihre Ergiebigkeit, was möglicherweise gestattet, ihnen eine exemplarische Bedeutung beizumessen. Des Weiteren hat der vielperspektivische Sachunterricht die Bearbeitung der epochaltypischen Schlüsselprobleme nach Klafki gewinnbringend aufgegriffen.

Verbandspolitische Ausformulierung fand der vielperspektivische Sachunterricht im Perspektivrahmen der Gesellschaft für Didaktik des Sachunterrichts (vgl. GDSU 2002). Dieser Text entfaltet seitdem hohe Wirksamkeit bei der Neugestaltung zahlreicher landesweiter Bildungsvorgaben (vgl. z.B. KM Niedersachsen 2006). Aneignungstheoretisch bezieht sich der vielperspektivische Sachunterricht auf den moderaten Konstruktivismus, wobei deutlich wurde, dass hier Gemeinsamkeiten mit der Wagenscheinschen Pädagogik feststellbar sind. Dies gilt sowohl für das selbstgesteuerte Lernen als auch für die Bedeutung des Gesprächs im Lern- bzw. Verstehensprozess.

Die Diskussion um die Konzeptionen des Sachunterrichts verweist immer wieder auf überdauernde Grundprobleme dieses Faches, die besonders in bestimmten Beziehungen deutlich werden. Nur einige seien benannt:

1. Wie stehen Eigenerfahrungen und Selbstlernprozesse der Kinder den didaktisch vermittelten Belehrungsbemühungen gegenüber?
2. Wie verhalten sich die Forderung nach inhaltlicher Vielfalt und die Gefahr inhaltlicher Entgrenzung zueinander?
3. Wie sieht das Verhältnis zwischen didaktischem Entwurf und unter-

richtlicher Realität aus?
4. Wie werden die Eigenrechte des Kindes zu gesellschaftlichen und fachlich-wissenschaftlichen Anforderungen in Beziehung gesetzt?

Den ersten drei Fragekomplexen soll im Folgenden im Text kurz nachgegangen werden. Der vierte Zusammenhang soll mit Hilfe einer Graphik beschrieben werden, die von Krebs angeregt wurde (vgl. 1977, S. 188) und die für den eigenen Kontext erweitert worden ist.

Zu 1.: Die diskutierten Konzeptionen markieren Pendelausschläge zwischen der Betonung des Eigenlernens der Kinder und dem Bemühen um didaktisch kleingearbeitete Belehrungsanstrengungen, wobei es vermittelnde Positionen gibt. Diese werden vor allem vom vielperspektivischen Sachunterricht und vom genetischen Sachunterricht eingenommen, wobei Letzterer vielleicht etwas stärker auf die Selbstlernprozesse bei Kindern baut.

Den frühen wissenschaftsorientierten Ansätzen – gemeint sind hier die fachorientierten und die naturwissenschaftlichen Konzeptionen – ist eindeutig ein Belehrungsüberhang zu attestieren, wobei der verfahrensorientierte Ansatz noch am ehesten kindgemäße Lehr- und Lernformen berücksichtigte.

Obwohl sich der MPU ausdrücklich auf das Projekt als Unterrichtsform beruft und den „spielerischen Modellcharakter" seiner Unterrichtsinszenierungen betont, tendiert er jedoch aufgrund seines hohen kognitiven Anspruchs und seines nahezu messianischen Aufklärungswillens über die gesellschaftlichen Verhältnisse mehr zur Belehrungsfraktion. Der Situationsansatz pendelt seinerseits wieder stärker zum Eigenlernen der Kinder, wobei jedoch festzuhalten ist, dass die Curriculumära zumindest unterschwellig dazu neigte, die Belehrungsanteile im Unterricht besonders zu betonen. Die Welterkundung baut voll auf das Eigenlernen der Kinder und sieht die Lehrerin als ahnungsvolle „Ablauscherin" kindlicher Lernbedürfnisse, wobei deren genauere Bestimmung unklar bleibt.

Zu 2.: Seit den Zeiten des Gesamtunterrichts steht der Realienunterricht im Grundschulbereich in der Gefahr inhaltlicher Beliebigkeit, die von einer inhaltlichen Überfrachtung bis zu einer niveaulosen Verschulung von Alltagswissen reichen kann. Durch Curriculumvorgaben inhaltlich klar festgelegt, dadurch aber auch eingeschnürt und unflexibel, war der frühe naturwissenschaftliche Sachunterricht nach Lesart des struktur- bzw. konzeptorientierten und des verfahrensorientierten Ansatzes. Desgleichen war der fachorientierte Ansatz inhaltlich durch seine lehrplanmäßige Absicherung recht verbindlich, jedoch durch seinen stark ausgeprägten propädeutischen Auftrag aus Grundschulperspektive gleichsam fremdbestimmt.

Die situationsorientierte Konzeption und der MPU verstanden sich beide ausdrücklich als offene Curricula, die ihre Unterrichtsvorschläge vor allem als Anregungen sahen. Gleichwohl haben beide Ansätze eine Fülle von Materialien und Ausarbeitungen hervorgebracht, die eindeutige inhaltliche Zuordnungen vornahmen. So legte die Arbeitsgruppe um Jürgen Zimmer 28 materialreiche

Einheiten zum sozialen Lernen vor, die COLFS-Arbeitsgruppe entwickelte eine Reihe von Teilcurricula zu natur- und sozialwissenschaftlichen Themen, die anfangs aber noch dem fachorientierten Ansatz verbunden waren (vgl. Dallmann / Meißner 1980a, S. 135 f.), und die CIEL-Arbeitsgruppe entwickelte 10 Curricula bzw. Teilcurricula, die ebenfalls eine Fülle von inhaltlichen Bezügen und Varianten vorhielten, so dass schon Bolscho angesichts der Materialdominanz fragte, wer da noch reflektieren und Alternativen suchen könnte (vgl. 1976, S. 34).

Der genetische Sachunterricht ist vorwiegend noch vor allem naturwissenschaftlich ausgerichtet. In lockerer Reihenfolge liegen unterrichtliche Beispiele vor, teilweise in Form von Unterrichtsprotokollen, die meist auf Siegfried Thiel zurückgehen (vgl. z.B. 1984). Darüber hinaus hat Soostmeyer eine umfangreiche Sammlung von Vorschlägen zum Sachunterricht auf CD-Rom und in Buchform vorgelegt, die dem genetischen Ansatz des Sachunterrichts verpflichtet ist (vgl. 2002). Ein systematisches Curriculum zum exemplarisch-genetisch-sokratischen Sachunterricht liegt nicht vor; die vorhandenen Unterrichtsvorschläge erinnern manchmal in einem positiven Sinne an die pädagogische Tradition von „Stundenbildern" (vgl. z.B. Thiel 1987a und 1987b), wie sie in der Zeit vor der „didaktischen Analyse", aber auch noch danach z.B. in Lehrerhandbüchern, mitgeteilt wurden. Die darüber hinaus vorliegenden Unterrichtsprotokolle eignen sich wiederum in ausgezeichneter Weise zur Analyse von Unterricht und Denk- und Lernprozessen bei Kindern (vgl. z.B. Thiel 1984).

Der Ansatz der Welterkundung bleibt inhaltlich ohne Gestalt und liefert somit den umbenannten Sachunterricht der Gefahr aus, in einem Gelegenheitsunterricht Alltagsverstrickungen zu erliegen. Der vielperspektivische Sachunterricht hingegen liefert belastungsfähige inhaltliche Dimensionen, mit denen potentielle Inhalte des Sachunterrichts multidimensional und anspruchsvoll erschlossen werden können. Ihre Anwendung darf aber nicht zu stofflicher Überfrachtung oder zu einem gesamtunterrichtlich verstandenen Suchen nach „Anschlussstoffen" i.S. der überkommenen Klebekonzentration führen. Beispiele für die vielperspektivische Vermessung von Inhalten des Sachunterrichts liegen von Köhnlein (vgl. z.B. 1996) und Kahlert (vgl. z.B. 2005) und in diesem Band vor.

Zu 3.: Über die durch die didaktischen Entwürfe beeinflusste Realgestalt von Unterricht lässt sich nur schwer etwas sagen – ist doch die Realgestalt von Unterricht, nicht nur im historischen Kontext, viel zu selten Gegenstand von Forschungsbemühungen (vgl. Keck 1994, S. 21). Für den fachorientierten Sachunterricht darf angenommen werden, dass er die Unterrichtspraxis zeitweise doch erheblich beeinflusste, da er sich auf der Lehrplan- bzw. Richtlinienebene abbildete.

Nach der Ablösung der Heimatkunde durch den neuen Sachunterricht zeigten quantitative Studien einen Modernisierungsschub auf (vgl. Schreier 1979). Vor allen Dingen vollzogen zunächst die Naturwissenschaften einen Siegeszug im Sachunterricht, der ihren Anteil deutlich zunehmen ließ. Dass dazu auch die frühen naturwissenschaftlichen Konzeptionen beitrugen, kann sicherlich mit einigem Recht gesagt werden, zumal sie besonders die Entwicklung von naturwissenschaftlichen Unterrichtsmaterialien anregten. Nach der Abkehr von der Wissenschaftsorientierung sank der Anteil der Naturwissenschaften allerdings wieder auf das alte Niveau zurück (vgl. Einsiedler / Schirmer 1986). Eine neue „Kindorientierung" hielt Einzug in die Grundschule und drängte wissenschaftsorientierte und lehrgangsförmig aufbereitete Inhalte im Sachunterricht zurück. Ob daran auch der Situationsansatz wesentlich beteiligt war, ist zu bezweifeln, denn er entfaltete sich nennenswert nur im Kindergartenbereich und wird gerade in Hinblick auf die sachlich-inhaltliche Förderung der Kinder sehr kritisch eingeschätzt (vgl. Faust-Siehl 2001). Der Grund für die „neue Kindorientierung" wird eher in einer Renaissance reformpädagogischer Muster zu sehen sein, wobei heute freilich auch der Aspekt der Erziehung zur Demokratie berücksichtigt wird. Die Reformpädagogik artikulierte sich wesentlich gesellschaftsferner (vgl. Neuhaus-Siemon 2000).

Generell lässt sich für die Konzeptionen des Sachunterrichts sagen, dass sie die Qualität des Sachunterrichts bestimmt so lange beeinflussten und verbesserten, wie vor Ort ein Forschungs- und Evaluationsimpuls vorhanden war und die Unterrichtenden zumindest teilweise selbst in die Curriculumentwicklung eingebunden waren. Auf diesen Umstand machen beispielsweise auch Hiller und Popp im Zusammenhang mit dem MPU aufmerksam (vgl. 1994, S. 109).

Der exemplarisch-genetisch-sokratische Sachunterricht hat bundesweit Eingang in die Lehre der Didaktik des Sachunterrichts gefunden. Eine Reihe von Hochschullehrern repräsentiert diesen Ansatz oder sie stehen ihm zumindest nahe. In diesem Zusammenhang sei hier nur – ohne Anspruch auf Vollständigkeit – auf die Beiträger zu dem weiter oben schon erwähnten aktuellen Wagenschein-Buch hingewiesen (vgl. Feige u.a. 2001) und auf die durch diesen Band geehrte Person. Es darf festgestellt werden, dass sich ein großer Kreis der in der Sachunterrichtsdidaktik Forschenden und Lehrenden um die Pädagogik Wagenscheins und deren Fortschreibung und Weiterentwicklung für den Sachunterricht bemüht (vgl. z.B. Möller 2007), so dass die Hoffnung nicht unberechtigt erscheint, dass dies nicht ganz ohne Folgen für die Praxis des Sachunterrichts geblieben ist.

Der vielperspektivische Sachunterricht, der sich im naturwissenschaftlichen Bereich durchaus in Einklang mit dem genetischen Sachunterricht befindet, bildet sich u.a. auch im Perspektivrahmen des Sachunterrichts ab. Im Gegensatz zu den hier behandelten Konzeptionen ist der Perspektivrahmen aufgrund eines bundesweiten Diskurses zustande gekommen. Der Perspektivrahmen benennt und führt fünf Perspektiven des Sachunterrichts aus: das sozial- und kulturwissenschaftliche Lernen, das raumbezogene Lernen, das naturbezogene Lernen, das technische Lernen und das historische Lernen. Diese Bereiche werden nun nicht kursartig angegangen, womit dem fachbezogenen Ansatz unversehens ein Comeback beschert würde, sondern diese Bezüge müssen miteinander verzahnt werden. Daher wird auch zu jedem Bereich ein Vernetzungsbeispiel ausgeführt, das deutlich werden lässt, wie an einem Lernzusammenhang viele Perspektiven erarbeitet werden können (vgl. GDSU 2002). In neueren landesweiten Bildungsvorgaben ist diese Sichtweise bereits berücksichtigt worden (z.b. in Hamburg, Berlin, Brandenburg, Mecklenburg-Vorpommern, Niedersachsen).

Zu 4.: Die Einordnung der diskutierten Konzeptionen nach Kind-, Gesellschafts- und Wissenschafts- bzw. Fachbezug geschieht idealtypisch und aufgrund der im vorliegenden Text entwickelten eigenen Standpunkte. Vorbild ist das Schaubild, das Krebs ihrem Beitrag vorangestellt hat (vgl. 1977, S. 188). Dabei wird der Einordnung des fachorientierten Ansatzes und der beiden frühen naturwissenschaftlichen Konzeptionen gefolgt. Science 5 / 13 wollte sich stärker um die Belange der Kinder kümmern, daher befindet sich seine Zuordnung in der Schnittmenge von „Kind" und „Wissenschaft / Fachbezug". Aufgrund der eigenen Befunde wird jedoch der MPU ausschließlich dem Bezugsfeld „Gesellschaft" zugeordnet. Der Situationsansatz wird hingegen stärker in Richtung „Kind" verschoben, da sich die Verbindlichkeit gesellschaftlich vermittelter Inhalte in dieser Konzeption als wenig stabil erwiesen hat. Der Ansatz der Welterkundung wird aufgrund seiner inhaltlichen Unbestimmtheit, die weder gesellschaftlich noch wissenschaftlich-fachlich abgesichert erscheint, dem Bezugsfeld „Kind" zugeordnet. Die Zuordnung des exemplarisch-genetisch-sokratischen Sachunterrichts in die Schnittmenge bezieht sich vor allem auf den Entstehungszusammenhang dieses Ansatzes, in dem es zunächst um die gegenseitige Öffnung von Kind und Sache (Wissenschaft) i.S. der „doppelseitigen Erschließung" (Klafki) ging. Ziel ist, das Recht auf „Verstehen" einzulösen, wobei nicht übersehen wird, dass verstandenes Wissen immer auch ein Beitrag zur Demokratie ist und damit auch gesellschaftliche Aspekte ins Spiel kommen. Dennoch soll der zuvor dargelegte Zusammenhang mit der vorgenommenen Einordnung betont werden. Die Zuordnung des vielperspektivischen Sachunterrichts wird aus den vorliegenden Ausführungen dazu deutlich. Gleichwohl wohnt ihr ein Gutteil optimistischer Hoffnung inne, und die weitere Entwicklung wird zeigen, inwieweit diese berechtigt ist.

Idealtypische Zuordnung der Konzeptionen des Sachunterrichts innerhalb der Spannungsfelder: Kind – Gesellschaft – Wissenschaft / Fachbezug

Abkürzungen: FachO = Fachorientiertes Curriculum, StrukO = Struktur- bzw. konzeptorientiertes Curriculum, VerfO = Verfahrensorientiertes Curriculum, SitA = Situationsansatz, MPU = Integrativ-mehrperspektivischer Unterricht, GSU = exemplarisch-genetisch-sokratischer Sachunterricht, WErk = Welterkundung, Science 5 / 13, VPSU = vielperspektivischer Sachunterricht

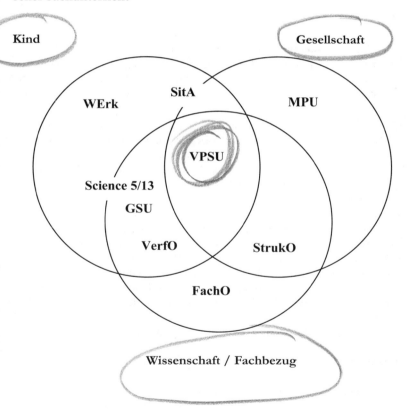

5 Die Periodisierung der weiteren Entwicklung des Sachunterrichts nach 1945 und Schlussbemerkungen

Abschließend soll ein Vorschlag zur Periodisierung der Geschichte des modernen Sachunterrichts beginnend mit seinen frühen Vorläufermodellen bis in die Gegenwart hinein gemacht werden. Vor dem Hintergrund der vorliegenden Ausführungen wird folgende Einteilung vorgenommen:

- Von Kriegsende bis 1954: Wiederanknüpfen an den Konzeptionen des Gesamtunterrichts und der Heimatkunde der Weimarer Grundschule unter gleichzeitiger Rezeption von Sprangers Schrift „Der Bildungswert der Heimatkunde" (1923), die nach der ersten Drucklegung erst 20 Jahre später und dann nach dem Krieg weitere Auflagen erfährt.

- 1954-1967: Interne Reformansätze in der Heimatkundedidaktik, beginnend mit Rother (später Lichtenstein-Rother) (vgl. 1954) über Karnick (vgl. 1958, 1964) und Rabenstein / Haas (vgl. 1965) bis hin zu Fiege (vgl. 1967).

- 1966 / 1967-1970: Die Ablösung der gesamtunterrichtlichen Heimatkunde durch den wissenschaftsorientierten Sachunterricht mit den Stationen: die Artikelserie von Schwartz (vgl. 1966 / 1967), der Frankfurter Grundschulkongreß (1969), der Strukturplan (vgl. Deutscher Bildungsrat 1970) und die KMK-Empfehlungen zur Arbeit in der Grundschule aus dem Jahre 1970.

- Die 1970er Jahre bis 1980: Es kommt zur Ausformulierung wissenschaftsorientierter Sachunterrichtskonzeptionen unter naturwissenschaftlicher (Spreckelsen, Tütken) und sozial- und gesellschaftswissenschaftlicher Rücksicht (Zimmer, COLFS- und CIEL-Arbeitsgruppe unter Leitung von Dallmann bzw. Giel). Die Grenzen und Möglichkeiten von politischer Bildung in der Grundschule werden diskutiert (vgl. z.B. Engelhardt 1971). Ein vorläufiges Ende der konzeptionellen Diskussion der 1970er Jahre stellt der KMK-Bericht „Tendenzen und Auffassungen zum Sachunterricht in der Grundschule" dar (vgl. 1980).

Merkposten der weiteren Entwicklungen:

- In den 1980er Jahren ist eine Neubesinnung auf Kindorientierung festzustellen, oftmals nach Mustern aus der Reformpädagogik.
- Neue Inhalte drängen in die Grundschule und damit in den Sachunter-

richt. Zwei Beispiele seien genannt: Umwelterziehung (vgl. z.B. Bolscho / Eulefeld / Seybold 1980 und vgl. Schwarz 1993) und Interkulturelle Erziehung (vgl. Glumpler 1996).

- Die Gründung der Gesellschaft für Didaktik des Sachunterrichts (GDSU) in Berlin 1992 zieht gedeihliche Tagungs- und Forschungsaktivitäten nach sich, die vor allem durch die Publikationsreihen „Probleme und Perspektiven des Sachunterrichts" und „Forschungen zur Didaktik des Sachunterrichts" dokumentiert werden.

- 1992: Wolfgang Klafki entfaltet im Rahmen des Gründungskongresses sechs epochaltypische Schlüsselprobleme, die es – neben anderem – im Sachunterricht zu bearbeiten gelte (vgl. 1992).

- Ab 1990 kommt es zur Entwicklung von Dimensionierungsmodellen und didaktischen Netzen für den Sachunterricht (vgl. Köhnlein 1990, 1996, 2001, 2006 und vgl. Kahlert 1994, 1998, 1999, 2005).

- 2001: Mit der Vorlage des Forschungs- und Sammelbandes „Die Aktualität der Pädagogik Martin Wagenscheins für den Sachunterricht" erfährt die Wagenschein-Rezeption in der Sachunterrichtsdidaktik einen vorläufigen Höhepunkt.

- 1999-2002: Erarbeitung eines Perspektivrahmens durch einen bundesweiten Diskurs innerhalb und außerhalb der GDSU (vgl. 2002).

- 2004: Baden-Württemberg schafft das Unterrichtsfach Sachunterricht zugunsten des Lernbereichs „Mensch, Natur und Kultur" ab.

- 2004: Der erste länderübergreifende Rahmenplan Grundschule, den die Bundesländer Berlin, Brandenburg und Mecklenburg-Vorpommern vorgelegt haben, verwendet einheitlich die Bezeichnung Sachunterricht. Dies trägt zur Stärkung der Disziplin bei, da nunmehr 15 von 16 Bundesländern dieses Fach so benennen, wie es auch heißt!

- 2006: Am Beispiel des Landes Niedersachsen wird die Umorientierung in der Lehrplanarbeit deutlich. Dort wird in Anlehnung an den Perspektivrahmen ein Kerncurriculum eingeführt, das desgleichen fünf Perspektiven für den Sachunterricht benennt. In seinem Aufbau verlässt es die kontinentale Didaktiktradition (Input-Orientierung) zugunsten des kompetenzbezogenen angelsächsischen Curriculumverständnisses (Output-Orientierung) (vgl. KM Niedersachsen 2006).

- 2007: Nachdem propädeutische Aufgaben des Sachunterrichts von Beginn an reflektiert worden sind, richtet sich nunmehr der Blick auch auf die Anschlussfähigkeit des Sachunterrichts in Bezug auf die elementarpädagogische Arbeit. In einer zentralen Publikation wird der Sachunterricht im Anfangsunterricht der Grundschule aspektreich entfaltet (vgl. Gläser 2007).

- 2007: Das Handbuch Didaktik des Sachunterrichts setzt einen weiteren Meilenstein in der wissenschaftlichen Selbstentfaltung dieser noch recht jungen wissenschaftlichen Disziplin. In diesem Buch kommt die große Mehrzahl namhafter Wissenschaftler der Didaktik des Sachunterrichts grundlegend und umfassend zu Wort (vgl. Kahlert u.a. 2007). Dadurch gewinnt die Didaktik des Sachunterrichts weiter an Profil.

- 2007 / 2008: Interdisziplinäre Aufgaben des Sachunterrichts werden etwa im Bereich der Bildung für Nachhaltige Entwicklung (BNE) und der ökonomischen Bildung in der Grundschule weiterführend ausformuliert (vgl. z.B. Hauenschild / Bolscho 2007 und Bolscho / Hauenschild 2008).

Die historische und konzeptionelle Analyse machte deutlich, dass „Heimat" als didaktische Leitkategorie ausgedient hat (vgl. Götz 2003) und bestenfalls ein Bezug unter anderen sein kann. Darüber hinaus konnte die vorliegende Arbeit die Entwicklung der Heimatkunde und des Sachunterrichts aufzeigen. Dabei wurde deutlich, dass Kind- und Sachbezug für den Sachunterricht nicht gegeneinander ausgespielt werden dürfen. Der genetische und der vielperspektivische Sachunterricht scheinen diesen Anspruch am ehesten einzulösen, indem sie Kind und Sache produktiv aufeinander beziehen. Der gegenwärtige Entwicklungsstand des Sachunterrichts wird vor allem durch den Perspektivrahmen (vgl. GDSU 2002) durch das Handbuch Didaktik des Sachunterrichts (vgl. Kahlert u.a. 2007) verdeutlicht. Beide Publikationen finden eine hohe Rezeption. Es wäre erfreulich, wenn diese dazu beitragen könnte, das Fach Sachunterricht inhaltlich zu stärken und zu profilieren, damit dem Sachunterricht u.a. auch im Unterrichtsalltag vollends der Rang eingeräumt wird, der ihm von seiner Bedeutung her für die Befähigung von Kindern zur Erschließung ihrer Umwelt zukommt.

Literatur

Abelshauser, Werner: Die Langen Fünfziger Jahre. Wirtschaft und Gesellschaft der Bundesrepublik Deutschland 1949-1966. Düsseldorf 1987.

AfU Arbeitsgruppe für Unterrichtsforschung, Göttingen: Graphisches Darstellen im 2. Schuljahr. In: Westermanns Pädagogische Beiträge 7 (1971a), S. 378-382.

AfU Arbeitsgruppe für Unterrichtsforschung, Göttingen: Kinder und ihre natürliche Umwelt. 2. Lernjahr, 1. und 2. Halbband. Frankfurt am Main, Berlin, München: Diesterweg 1979.

AfU Arbeitsgruppe für Unterrichtsforschung, Göttingen: Kinder und ihre natürliche Umwelt. 1. Lernjahr, 1. und 2. Halbband. Frankfurt am Main, Berlin, München: Diesterweg 1977.

AfU Arbeitsgruppe für Unterrichtsforschung, Göttingen: Weg in die Naturwissenschaft. In: Grundschule 3 (1970), S. 21-27.

AfU Arbeitsgruppe für Unterrichtsforschung: Weg in die Naturwissenschaft. Ein verfahrensorientiertes Curriculum im 1. Schuljahr: Stuttgart: Klett 1971b.

Allgemeine Bestimmungen für die Volks- und Mittelschulen in Preußen (1872). In: Michael, Berthold / Schepp, Heinz-Hermann: Die Schule in Staat und Gesellschaft. Dokumente zur deutschen Schulgeschichte im 19. und 20. Jahrhundert. Göttingen, Zürich: Muster-Schmidt 1993, S. 179-183.

Arbeitskreis Grundschule / Schwartz, Erwin (Hrsg.): Inhalte grundlegender Bildung. Frankfurt am Main 1970.

Arbeitskreis Grundschule / Schwartz, Erwin (Hrsg.): Begabung und Lernen im Kindesalter. Frankfurt am Main 1970.

Autorenkollektiv: Zum Beitrag der Heimatkunde für die Persönlichkeitsentwicklung der Schüler (1985). In: Plöger, Wilfried / Renner, Erich (Hrsg.): Wurzeln des Sachunterrichts. Genese eines Lernbereichs in der Grundschule. Weinheim, Basel: Beltz 1996, S. 213-216.

Banholzer, Agnes: Kinder untersuchen physikalische Sachverhalte. Dissertation Universität Tübingen (Stuttgart 1936). Herausgegeben und eingeleitet von Bernd Feige und Hilde Köster. Forschungen zur Didaktik des Sachunterrichts, Band 8. Bad Heilbrunn: Klinkhardt 2008.

Banholzer, Agnes: Kinder untersuchen physikalische Sachverhalte. Dissertation Universität Tübingen, Stuttgart 1936. Synoptisch zusammengefasst und kommentiert von Martin Wagenschein. In: Wagenschein, Martin: Kinder auf dem Wege zur Physik. Mit Beiträgen von Agnes Banholzer, Siegfried Thiel, Wolfgang Faust. Vorwort Andreas Flitner. Weinheim, Basel 1990 (2. Auflage, 1. Auflage 1973), S. 76-89.

Barthes, Roland: Die strukturalistische Tätigkeit. In: Enzensberger, Hans Magnus (Hrsg.) Kursbuch 5 (1966), S. 190-196.

Becher, Hans Rudolf / Bennack, Jürgen: Taschenbuch Grundschule. Baltmannsweiler, Hohengehren: Schneider 1995 (2. Auflage).

Benedict, Claudia / Bolte, Claus: Erste Schritte der Analyse konzeptueller naturwissenschaftlicher Kompetenzen von Kindern im Grundschulalter. In: Giest, Hartmut / Wiesemann, Jutta (Hrsg.): Kind und Wissenschaft. Probleme und Perspektiven des Sachunterrichts, Band 18. Bad Heilbrunn: Klinkhardt 2008, S. 263-275.

Berenz, Sina: Verkehrserziehung in der Grundschule: Curriculum Mobilität als Neuorientierung auch in der Primarstufe? Unveröffentlichte Masterarbeit im Studiengang M. Ed. Hildesheim 2009 (Standort beim Verfasser des vorliegenden Buches).

Berg, Christa: Volksschule im Abseits von „Industrialisierung" und „Fortschritt". Über den Zusammenhang von Bildung und Industrieentwicklung. In: Herrmann, Ulrich (Hrsg.): Schule und Gesellschaft im 19. Jahrhundert. Sozialgeschichte der Schule im Übergang zur Industriegesellschaft. Weinheim, Basel: Beltz 1977, S. 243-264.

Blankertz, Herwig: Die Geschichte der Pädagogik. Von der Aufklärung bis zur Gegenwart. Wetzlar: Büchse der Pandora 1982.

Blaseio, Beate: Der Bildungswert des Sachunterrichts in den Ländern der Europäischen Union. In: Cech, Diethard / Fischer, Hans-Joachim / Holl-Giese, Waltraud / Knörzer, Martina / Schrenk, Marcus (Hrsg.): Bildungswert des Sachunterrichts. Probleme und Perspektiven des Sachunterrichts, Band 16. Bad Heilbrunn: Klinkhardt 2006, S. 293-304.

Blaseio, Beate: Neue Entwicklungstendenzen der Inhalte des Sachunterrichts. In: Zeitschrift für Grundschulforschung 1 (2009), S. 117-131.

Blaseio, Beate: Sachunterricht in den EU-Staaten – ein Überblick. In: Kahlert, Joachim u.a. (Hrsg.): Handbuch Didaktik des Sachunterrichts. Bad Heilbrunn: Klinkhardt 2007, S. 281-291.

Blough, Glenn O.: Zur Entwicklung naturwissenschaftlicher Lehrpläne in der Elementarschule. In: Tütken, Hans / Spreckelsen; Kay: Zielsetzung und Struktur des Curriculum. Band 1, Frankfurt am Main u.a.: Diesterweg 1971 (2. Auflage), S. 87-95.

Bolscho, Dietmar: „Partituren" zum Sachunterricht – Beschreibung des Teilcurriculums „Schule" für einen mehrperspektivischen Sachunterricht. In: Lehrmittel aktuell 5 (1976), S. 29-34.

Bolscho, Dietmar / Eulefeld, Günter / Seybold, Hansjörg: Umwelterziehung: neue Aufgaben für die Schule. München: Urban & Schwarzenberg 1980.

Bolscho, Dietmar / Hauenschild, Katrin (Hrsg.): Ökonomische Bildung mit Kindern und Jugendlichen. Frankfurt am Main u.a.: Peter Lang 2008.

Borowsky, Peter: Zeiten des Wandels. Deutschland 1961-1974. Informationen zur politischen Bildung 258 (1998).

Borsche, Tilman: Polemik als Argument. Kritische Bemerkungen zu Friedrich Immanuel Niethammers Kritik der philanthropi(ni)stischen Pädagogik. In: Keck, Rudolf W. (Hrsg.): Spätaufklärung und Philanthropismus in Niedersachsen. Hildesheim, Zürich, New York: Olms 1993, S. 217-227.

Bruner, Jerome S.: Die Wichtigkeit der Struktur. In: Tütken, Hans / Spreckelsen; Kay: Zielsetzung und Struktur des Curriculums. Band 1, Frankfurt am Main, Berlin, München: Diesterweg 1971 (2. Auflage), S. 67-77.

CIEL-Arbeitsgruppe Reutlingen: Stücke zu einem mehrperspektivischen Unterricht. Einführung Übersicht Nutzungsvorschläge Implementationsprogramm. Stuttgart: Klett 1976.

Dallmann, Gerhard / Meißner, Klaus: Beiträge des COLFS- Projekts zur Entwicklung und Umsetzung einer situationsorientierten Didaktik im Sachunterricht. In: Ziechmann, Jürgen (Hrsg.): Sachunterricht in der Diskussion. Konzepte und Projekte modernen Sachunterrichts. Braunschweig: Westermann 1980a, S. 96-136.

Dallmann, Gerhard / Meißner, Klaus: Situationsorientierte Umwelterziehung. Prinzipien der Situationsorientierung des Sachunterrichts. In: Grundschule 4 (1980b), S. 164-167.

Das Bildungswesen der DDR. Informationen über Ziele, Inhalte, Ergebnisse. Redaktion „Aus erster Hand". Berlin, Dresden: Verlag Zeit im Bild, DDR 1987.

Der Grundschulkongreß vom 2.-5. Oktober 1969. In: Meiers, Kurt (Hrsg.): Erwin Schwartz und sein Beitrag zur Reform der Grundschule. Texte und Dokumente aus den Jahren 1966 bis 1970. Heinsberg: Dieck 1999, S. 88-193.

Deutscher Bildungsrat: Empfehlungen der Bildungskommission. Strukturplan für das Bildungswesen. Stuttgart: Klett 1970 (2. Auflage).

Dietrich, Theo (Hrsg.): Die pädagogische Bewegung „Vom Kinde aus". Klinkhardts Pädagogische Quellentexte. Bad Heilbrunn 1982; darin bes. „Die Bremer Reformer", S. 101-115.

Dietrich, Theo: Geschichte der Pädagogik. 18-.20. Jahrhundert. Bad Heilbrunn: Klinkhardt 1975 (2. Auflage).

Dietrich, Theo: Zur Vorgeschichte des Lernbereichs Natur und Technik in der Grundschule. In:

Bauer, Herbert F. / Köhnlein, Walter (Hrsg.): Problemfeld Natur und Technik. Bad Heilbrunn: Klinkhardt 1984, S. 11-22.

DJI Arbeitsgruppe Vorschulerziehung des Deutschen Jugendinstituts: Curriculum Soziales Lernen: didaktische Einheiten für den Kindergarten. München 1980.

Dubs, Rolf: Konstruktivismus: Einige Überlegungen aus der Sicht der Unterrichtsgestaltung. In: Zeitschrift für Pädagogik 6 (1995), S. 889-903.

Duncker, Ludwig: Pädagogische Anthropologie des Kindes. In: Einsiedler, Wolfgang / Götz, Margarete / Hacker, Hartmut / Kahlert, Joachim / Keck, Rudolf W. / Sandfuchs, Uwe (Hrsg.): Handbuch Grundschulpädagogik und Grundschuldidaktik. Bad Heilbrunn: Klinkhardt 2005 (2. Auflage), S. 141-146.

Duncker, Ludwig / Hohberger, Gerhard: Mehrperspektivität und Handlungsfähigkeit im Unterricht. Konzeption und Beispiel zu einer alltagsorientierten Didaktik. In: Ziechmann, Jürgen (Hrsg.): Sachunterricht in der Diskussion. Konzepte und Projekte modernen Sachunterrichts. Braunschweig: Westermann 1980, S. 59-95.

Duncker, Ludwig / Popp, Walter: Der schultheoretische Ort des Sachunterrichts. In: Duncker, Ludwig / Popp, Walter (Hrsg.): Kind und Sache. Zur pädagogischen Grundlegung des Sachunterrichts. Weinheim, München: Juventa 1994, S. 15-27.

Eckhardt, Karl: Der Gesamtunterricht (1925). In: Wenzel, Achill (Hrsg.): Grundschulpädagogik. Klinkhardts Pädagogische Quellentexte. Bad Heilbrunn 1970, S. 83-95.

Eggersdorfer, Franz Xaver: Jugendbildung. München (1928) 1968 (8. Auflage).

Einsiedler, Wolfgang: Lernspiele. In: Keck, Rudolf W. / Sandfuchs, Uwe / Feige, Bernd (Hrsg.): Wörterbuch Schulpädagogik. Ein Nachschlagewerk für Studium und Schulpraxis. Bad Heilbrunn: Klinkhardt 2004a (2. Auflage), S. 287 f.

Einsiedler, Wolfgang: Spiel. In: Keck, Rudolf W. / Sandfuchs, Uwe / Feige, Bernd (Hrsg.): Wörterbuch Schulpädagogik. Ein Nachschlagewerk für Studium und Schulpraxis. Bad Heilbrunn: Klinkhardt 2004b (2. Auflage), S. 465-467.

Einsiedler, Wolfang: Unterrichtsmethoden in der Heimat- und Sachkunde. In: Sauter, H. (Hrsg.): Heimat- und Sachkunde in der Grundschule. Donauwörth: Auer 1976, S. 21-37.

Einsiedler, Wolfgang / Götz, Margarete / Hacker, Hartmut / Kahlert, Joachim / Keck, Rudolf W. / Sandfuchs, Uwe (Hrsg.): Handbuch Grundschulpädagogik und Grundschuldidaktik. Bad Heilbrunn: Klinkhardt 2001, 2005 (2. Auflage).

Einsiedler, Wolfgang / Schirmer, Gudrun: Sachunterrichtsreform und Unterrichtsgestaltung. Eine Analyse von Schülerarbeitsmappen 1968-1981. In: Die Deutsche Schule 3 (1986), S. 316-326.

Eisenhauer, Hannelore / Kohl, Klaus: Martin Wagenschein: ein tabellarischer Lebenslauf. In: chimica didactica 3 (1996), S. 244-249.

Engelhardt, Rudolf: Fünf Thesen zur Politischen Bildung in der Grundschule. In: Die Grundschule 4 (1971), S. 4-11.

Engelhardt, Wolf / Stoltenberg, Ute (Hrsg.): Die Welt zur Heimat machen? Probleme und Perspektiven des Sachunterrichts, Band 12. Bad Heilbrunn: Klinkhardt 2002.

Faust-Siehl, Gabriele: Konzept und Qualität im Kindergarten. In: Faust-Siehl, Gabriele / Speck-Hamdan, Angelika (Hrsg.): Schulanfang ohne Umwege. Mehr Flexibilität im Bildungswesen. Frankfurt am Main: Arbeitskreis Grundschule 2001, S. 53-79.

Faust-Siehl, Gabriele / Garlichs, Ariane / Ramseger, Jörg / Schwarz, Hermann / Warm, Ute: Die Zukunft beginnt in der Grundschule. Empfehlungen zur Neugestaltung der Primarstufe. Reinbek bei Hamburg: Rowohlt 1996.

Feige, Bernd: Der Heimatbegriff bei Wegbereitern des „grundlegenden Sachunterrichts". In: Götz, Margarete (Hrsg.): Zwischen Sachbildung und Gesinnungsunterricht. Historische Studien zum

158

heimatkundlichen Sachunterricht. Bad Heilbrunn: Klinkhardt 2003, S. 107-130.

Feige, Bernd: Gesamtunterricht. Entstehungszusammenhang – didaktische Konzepte – seine Bedeutung für die Schule von heute. In: Seyfarth-Stubenrauch, Michael / Skiera, Ehrenhard (Hrsg.): Reformpädagogik und Schulreform in Europa. Bd. 1: Historisch-systematische Grundlagen. Baltmannsweiler, Hohengehren: Schneider 1996, S. 126-139.

Feige, Bernd: Heimatkunde in den 50er und 60er-Jahren in der Bundesrepublik Deutschland – ein Grundschulfach zwischen gesellschaftlichem Wandel und internen Reformversuchen. In: Kirk, Sabine / Köhler, Johannes / Lohrenz, Hubert / Sandfuchs, Uwe (Hrsg.): Schule und Geschichte. Funktionen der Schule in Vergangenheit und Gegenwart. Bad Heilbrunn: Klinkhardt 2000, S.324-345.

Feige, Bernd: Kinder denken über naturwissenschaftliche Phänomene nach – die Pionierarbeit von Agnes Banholzer neu entdeckt. In: Banholzer, Agnes: Kinder untersuchen physikalische Sachverhalte. Dissertation Universität Tübingen (Stuttgart 1936). Herausgegeben und eingeleitet von Bernd Feige und Hilde Köster. Forschungen zur Didaktik des Sachunterrichts, Band 8. Bad Heilbrunn: Klinkhardt 2008, S. 8-23.

Feige, Bernd: Lebensnähe. In: Keck, Rudolf W. / Sandfuchs, Uwe / Feige, Bernd (Hrsg.): Wörterbuch Schulpädagogik. Ein Nachschlagewerk für Studium und Schulpraxis. Bad Heilbrunn: Klinkhardt 2004 (2. Auflage), S. 256-257.

Feige, Bernd: Philanthropische Reformpraxis in Niedersachsen. Johann Peter Hundeikers pädagogisches Wirken um 1800. Köln, Weimar, Wien: Böhlau 1997.

Feige, Bernd: Politische Bildung in der Grundschule – ein geplatzter Traum der 70er Jahre? In: Petillon, Hanns (Hrsg.): Individuelles und soziales Lernen in der Grundschule – Kindperspektive und pädagogische Konzepte. Jahrbuch Grundschulforschung 5. Opladen: Leske + Budrich 2002, S. 145-150.

Feige, Bernd: Vielperspektivischer Sachunterricht. In: Kahlert, Joachim u.a. (Hrsg.): Handbuch Didaktik des Sachunterrichts. Bad Heilbrunn: Klinkhardt 2007a, S. 266-275.

Feige, Bernd: Vom Gesamtunterricht als Anfangsunterricht zum modernen Sachunterricht. In: Gläser, Eva (Hrsg.): Sachunterricht im Anfangsunterricht. Hohengehren: Schneider 2007b, S. 31-46.

Feige, Bernd in Verbindung mit dem Vorstand der GDSU (Hrsg.): Die Aktualität der Pädagogik Martin Wagenscheins für den Sachunterricht. Bad Heilbrunn: Klinkhardt 2001.

Fend; Helmut: Gesellschaftliche Bedingungen schulischer Sozialisation. Soziologie der Schule I: Weinheim, Basel: Beltz 1979 (1. Auflage 1974).

Fiege, Hartwig: Der Heimatkundeunterricht. Bad Heilbrunn: Klinkhardt 1969 (2. Auflage, 1. Auflage 1967).

Fiege, Hartwig: Die Heimatkunde. Mit einer Einleitung von Dieter Haarmann. Gekürzte Neuausgabe der 2. Auflage 1964. Weinheim, Basel 1994.

Flitner, Andreas: Curricula für die Vorschule. In: betrifft: erziehung 12 (1974), S. 49-53.

Fölling-Albers, Maria: Kindheitsforschung im Wandel – Eine Analyse der sozialwissenschaftlichen Forschungen zur „veränderten Kindheit". In: Köhnlein, Walter / Marquardt-Mau, Brunhilde / Schreier, Helmut (Hrsg.): Kinder auf dem Wege zum Verstehen der Welt. Forschungen zur Didaktik des Sachunterrichts, 1. Bad Heilbrunn: Klinkhardt 1997, S. 39-54.

Fölling-Albers, Maria: Veränderte Kindheit – revisited. Konzepte und Ergebnisse sozialwissenschaftlicher Kindheitsforschung der vergangenen 20 Jahre. In: Fölling-Albers, Maria / Richter, Sigrun / Brügelmann, Hans / Speck-Hamdan, Angelika (Hrsg.): Jahrbuch Grundschule III. Fragen der Praxis, Befunde der Forschung. Seelze: Kallmeyer 2001, S. 10-51.

Gagné, Robert M.: Science – A Process Approach. Ziele – Ergebnisse – Erwartungen. In: Tütken,

Hans / Spreckelsen; Kay: Konzeptionen und Beispiele des naturwissenschaftlichen Unterrichts. Band 2, Frankfurt am Main, Berlin, München: Diesterweg 1971 (2. Auflage), S. 111-124.

Gamm, Hans-Jochen: Führung und Verführung. Pädagogik des Nationalsozialismus. München 1964.

Gerstenmaier, Jochen / Mandl, Heinz: Wissenserwerb unter konstruktivistischer Perspektive. In: Zeitschrift für Pädagogik 6 (1995), S. 867-888.

Giel, Klaus: Perspektiven des Sachunterrichts. In: Giel, Klaus / Hiller, Gotthilf G. / Krämer, Hermann: Stücke zu einem mehrperspektivischen Unterricht. Aufsätze zur Konzeption 1. Stuttgart: Klett 1974, S. 34-66.

Giel, Klaus: Vorbemerkungen zu einer Theorie des Elementarunterrichts. In: Giel, Klaus u.a. (Hrsg.): Stücke zu einem mehrperspektivischen Unterricht. Aufsätze zur Konzeption 2. Stuttgart: Klett 1975, S. 8-181.

Giel, Klaus: Zur Revision des „Mehrperspektivischen Unterrichts" (MPU). In: Köhnlein, Walter / Schreier, Helmut (Hrsg.): Innovation Sachunterricht – Befragung der Anfänge nach zukunftsfähigen Beständen. Forschungen zur Didaktik des Sachunterrichts, Band 4. Bad Heilbrunn: Klinkhardt 2001, S. 201-216.

Giel, Klaus / Hiller, Gotthilf Gerhard / Krämer, Hermann: Problem der Curriculumkonstruktion in Vor- und Grundschule. In: Giel, Klaus / Hiller, Gotthilf G. / Krämer, Hermann (Hrsg.): Stücke zu einem mehrperspektivischen Unterricht. Aufsätze zur Konzeption 1. Stuttgart: Klett 1974, S. 12-33.

Giest, Hartmut / Wittkowske, Steffen: Heimatkunde in der DDR. In: Kahlert, Joachim u.a. (Hrsg.): Handbuch Didaktik des Sachunterrichts. Bad Heilbrunn: Klinkhardt 2007, S. 230-240.

Gläser, Eva (Hrsg.): Sachunterricht im Anfangsunterricht. Lernen im Anschluss an den Kindergarten. Hohengehren: Schneider 2007.

Glöckel, Hans: Volkstümliche Bildung? Versuch einer Klärung. Weinheim 1964.

Glöckel, Hans: Vom Unterricht. Lehrbuch der Allgemeinen Didaktik. Bad Heibrunn: Klinkhardt 1996 (3. Auflage).

Glöckel, Hans: Was ist grundlegende Bildung? In: Schorch, Günther (Hrsg.): Grundlegende Bildung. Erziehung und Unterricht in der Grundschule. Bad Heilbrunn: Klinkhardt 1988, S. 11-33.

Glumpler, Edith: Interkulturelles Lernen im Sachunterricht. Bad Heilbrunn: Klinkhardt 1996.

Götz, Margarete: Der unterrichtliche Umgang mit Heimat in der Geschichte der Heimatkunde der Grundschule. In: Engelhardt, Wolf / Stoltenberg, Ute (Hrsg.): Die Welt zur Heimat machen? Probleme und Perspektiven des Sachunterrichts, Band 12. Bad Heilbrunn: Klinkhardt 2002. S. 51-56.

Götz, Margarete: Die Grundschule in der Zeit des Nationalsozialismus. Eine Untersuchung der inneren Ausgestaltung der vier unteren Jahrgänge der Volksschule auf der Grundlage amtlicher Maßnahmen. Bad Heilbrunn: Klinkhardt 1997.

Götz, Margarete: Die Heimatkunde im Spiegel der Lehrpläne der Weimarer Republik. Frankfurt am Main u.a.: Lang 1989.

Götz, Margarete: Heimat als Bezugsfeld der Heimatkunde und des Sachunterrichts. In: Einsiedler, Wolfgang / Götz, Margarete / Hacker, Hartmut / Kahlert, Joachim / Keck, Rudolf W. / Sandfuchs, Uwe (Hrsg.): Handbuch Grundschulpädagogik und Grundschuldidaktik. Bad Heilbrunn: Klinkhardt 2005 (2. Auflage). S. 596-604.

Götz, Margarete (Hrsg.): Zwischen Sachbildung und Gesinnungsbildung. Historische Studien zum heimatkundlichen Unterricht. Bad Heilbrunn: Klinkhardt 2003.

Götz, Margareta / Jung, Johannes: Die Heimatkunde als Vorläuferfach des Sachunterrichts. In: Köhnlein, Walter / Schreier, Helmut (Hrsg.): Innovation Sachunterricht – Befragung der Anfänge nach zukunftsfähigen Beständen. Forschungen zur Didaktik des Sachunterrichts, Band 4. Bad

Heilbrunn: Klinkhardt 2001, S. 21-41.

Götze, Barbara: Zur Problematik des fächerübergreifenden Unterrichts. Eine Analyse der Konzeption von Wilhelm Albert. Bad Heilbrunn: Klinkhardt 1973.

Grotelüschen, Wilhelm: Eduard Spranger und die Heimatkunde. In: Schwartz, Erwin (Hrsg.): Von der Heimatkunde zum Sachunterricht. Prinzipien und Beispiele. Braunschweig: Westermann 1977, S. 24-37.

Grygier, Patricia / Hartinger, Andreas: Gute Aufgaben Sachunterricht. Naturwissenschaftliche Phänomene begreifen. Berlin: Cornelsen 2009.

Gundem, Björg B.: Grundlegende Bildung aus internationaler Sicht. In: Marquardt-Mau, Brunhilde / Schreier, Helmut (Hrsg.): Grundlegende Bildung im Sachunterricht. Probleme und Perspektiven des Sachunterrichts, 8. Bad Heilbrunn: Klinkhardt 1998, S. 16-26.

Habermas, Jürgen / Luhmann, Niklas: Theorie der Gesellschaft oder Sozialtechnologie. Was leistet die Systemforschung? Frankfurt am Main 1971.

Hagstedt, Herbert / Spreckelsen, Kay: Wie Kinder physikalischen Phänomenen begegnen. In: Sachunterricht und Mathematik in der Primarstufe 9 (1986), S. 318-323.

Handreichungen für den Lehrer zur Einheit „Die erstickende Kerzenflamme". In: Tütken, Hans / Spreckelsen; Kay: Konzeptionen und Beispiele des naturwissenschaftlichen Unterrichts. Band 2, Frankfurt a. M. u.a.: Diesterweg 1971 (2. Aufl.), S. 125-136.

Hasselhorn, Marcus / Mähler, Claudia: Wissen, das auf Wissen baut: Entwicklungspsychologische Erkenntnisse zum Wissenserwerb und zum Erschließen von Wirklichkeit im Grundschulalter. In: Kahlert, Joachim (Hrsg.): Wissenserwerb in der Grundschule. Perspektiven erfahren, vergleichen, gestalten. Bad Heilbrunn: Klinkhardt 1998, S. 73-89.

Hauenschild, Katrin / Bolscho, Dietmar (Hrsg.): Bildung für Nachhaltige Entwicklung in der Schule. Frankfurt am Main u.a.: Peter Lang 2007 (2. Auflage).

Hemmer, K. P.: Zur Situation des Sachunterrichts. In: Hemmer, K. P. (Hrsg.): Sachunterricht Gesellschaft 1-4. München 1982, S. 7-45.

Hentig, Hartmut von: Die Menschen stärken, die Sachen klären. Ein Plädoyer für die Wiederherstellung der Aufklärung. Stuttgart: Reclam 1985.

Hentig, Hartmut von: Einführung. In: Wagenschein, Martin: Verstehen lehren. Genetisch – Sokratisch – Exemplarisch. Mit einer Einführung von Hartmut von Hentig und einer Studienhilfe von Hans Christoph Berg. Weinheim, Basel: Beltz 1992 (10. Auflage, 1. Auflage 1968), S. 7-22.

Herrlitz, Hans-Georg / Hopf, Wulf / Titze, Hartmut: Deutsche Schulgeschichte von 1800 bis zur Gegenwart. Weinheim, München: Juventa 1993, 2001 (3. Auflage).

Herrmann, Ulrich: Die Pädagogik der Philanthropen. In: Scheuerl, Hans (Hrsg.): Klassiker der Pädagogik. Band 1. München: Beck 1997, S. 135-158.

Hiller, Gotthilf Gerhard: Die Elaboration von Handlungs- und Lernfähigkeit durch eine kritische unterrichtliche Rekonstruktion von Themen des öffentlichen Diskurses. In: Giel, Klaus / Hiller, Gotthilf Gerhard / Krämer, Hermann (Hrsg.): Stücke zu einem mehrperspektivischen Unterricht. Aufsätze zur Konzeption 1. Stuttgart: Klett 1974, S. 67-81.

Hiller, Gotthilf Gerhard / Popp, Walter: Unterricht als produktive Irritation – oder: Zur Aktualität des Mehrperspektivischen Unterrichts. In: Duncker, Ludwig / Popp, Walter (Hrsg.): Kind und Sache. Zur pädagogischen Grundlegung des Sachunterrichts. Weinheim, München: Juventa 1994, S. 93-115.

Hinrichs, Wolfgang: Konsensfähige systematische Konzeption des Sachunterrichts? In: Hinrichs, Wolfgang / Bauer, Herbert F. (Hrsg.): Zur Konzeption des Sachunterrichts. Mit einem systematischen Exkurs zur Lehrgangs- und Unterrichtsmethodik. Donauwörth: Auer 2000, S. 10-67.

Höcker, Günther: Inhalte des Sachunterrichts im 4. Schuljahr. Eine kritische Analyse. In: Die

161

Grundschule. Beiheft zu Westermanns Pädagogischen Beiträgen 3 (1968), S. 10-14.

Jeismann, Karl-Ernst: Die »Stiehlschen Regulative«. Ein Beitrag zum Verhältnis von Politik und Pädagogik während der Reaktionszeit in Preußen. In: Herrmann, Ulrich (Hrsg.): Schule und Gesellschaft im 19. Jahrhundert. Sozialgeschichte der Schule im Übergang zur Industriegesellschaft. Weinheim, Basel: Beltz: 1977, S. 137-161.

Jeziorsky, Walter: Allgemeinbildender Unterricht in der Grundschule. Braunschweig: Westermann 1965.

Jeziorsky, Walter: Der Allgemeinbildende Unterricht im ersten Schuljahr. In: Westermanns Pädagogische Beiträge. 5 (1961), S. 217-231.

Jeziorsky, Walter: Physik in der Grundschule. Kritische Betrachtungen zu einem wissenschaftsstrukturierten Unterricht nach Kay Spreckelsen. In: Westermanns Pädagogische Beiträge 2 (1972), S. 72-85.

Jung, Johannes: Die Heimatkunde in der DDR - Zwischen Fachpropädeutik und sozialistischer Heimatliebe. In: Götz, Margarete (Hrsg.): Zwischen Sachbildung und Gesinnungsbildung. Historische Studien zum heimatkundlichen Unterricht. Bad Heilbrunn: Klinkhardt 2003, S. 81-106.

Jung, Johannes: Die Inszenierung der Welt im Sachunterricht. In: Sache – Wort – Zahl 40 (2001), S. 37-44.

Jung, Walter: Das Nuffield Junior Science Projekt. Bericht über die Möglichkeiten des naturwissenschaftlichen Unterrichts in der Grundschule. In: Die Grundschule 3 (1968), S. 45-50.

Kahlert, Joachim: Der Sachunterricht und seine Didaktik. Studientexte zur Grundschulpädagogik und –didaktik. Bad Heilbrunn: Klinkhardt 2005 (2. Auflage).

Kahlert, Joachim: Die historische Dimension und der Heimat- und Sachunterricht. In: Schreiber Waltraud (Hrsg.): Erste Begegnungen mit Geschichte. Grundlagen historischen Lernens. Band 1. Neuried: Ars una 1999, S. 77-103.

Kahlert, Joachim: Ganzheit oder Perspektivität? Didaktische Risiken des fächerübergreifenden Anspruchs und ein Vorschlag. Kiel: IPN 1994, S. 71-85.

Kahlert, Joachim: Grundlegende Bildung im Spannungsverhältnis zwischen Lebensweltbezug und Sachanforderungen. In: Marquardt-Mau, Brunhilde / Schreier, Helmut (Hrsg.): Grundlegende Bildung im Sachunterricht. Probleme und Perspektiven des Sachunterrichts, 8. Bad Heilbrunn: Klinkhardt 1998, S. 67-81.

Kahlert, Joachim / Fölling-Albers, Maria / Götz, Margarete / Hartinger, Andreas / Reeken, Dietmar v. / Wittkowske, Steffen (Hrsg.): Handbuch Didaktik des Sachunterrichts. Bad Heilbrunn: Klinkhardt 2007.

Kaiser, Astrid: Einführung in die Didaktik des Sachunterrichts. Baltmannsweiler, Hohengehren: Schneider 1995.

Karnick, Rudolf: „Redet um Sachen!" Beiträge für den Unterricht im 2. Schuljahr. Weinheim an der Bergstraße: Beltz 1958.

Karnick, Rudolf: Mein Heimatort. Zur Theorie des Unterrichts im 3. und 4. Schuljahr. Beiträge für den Unterricht im 3. Schuljahr. 1. Teilband. Weinheim an der Bergstraße: Beltz 1964.

Katzenberger, Lothar F.: Der soziokulturelle Lernbereich des Sachunterrichts der Grundschule. In: Becher, Hans Rudolf / Bennack, Jürgen (Hrsg.): Taschenbuch Grundschule. Baltmannsweiler, Hohengehren: Schneider 1995 (2. Auflage).

Katzenberger, Lothar F.: Konzeptionelle Geschichte des Sachunterrichts in der Grundschule 1969-1980. In: Hinrichs, Wolfgang / Bauer, Herbert F. (Hrsg.): Zur Konzeption des Sachunterrichts. Mit einem systematischen Exkurs zur Lehrgangs- und Unterrichtsmethodik. Donauwörth: Auer 2000, S. 162-191.

Keck, Rudolf W.: Entwicklung der pädagogischen Historiographie im 20. Jahrhundert. Periodisie-

162

rung, Erträge und Perspektiven der Historischen Bildungsforschung. In: Chatty, M. / Hargasser, F. (Hrsg.): Vom Jahrhundert der Kinder zum Jahrhundert der Alten? Versuch einer Ortsbestimmung von 20. zum 21. Jahrhundert. Frankfurt am Main u.a.: Lang 1994, S. 14-36.

Keck, Rudolf W.: Geschichte der Mittleren Schule in Württemberg. Motive und Probleme ihrer Entwicklung von der Reformation bis zur Gegenwart unter besonderer Berücksichtigung von Stuttgart und Ulm. Dissertation Saarbrücken. Stuttgart 1968.

Keck, Rudolf W.: Zur Kontinuität der Reformpädagogik im Dritten Reich. Öffentlicher Vortrag an der Universität Hildesheim (zugleich Abschiedsvorlesung von Professor Rudolf. W. Keck) am 14. Februar 2001.

Keck, Rudolf W. / Sandfuchs, Uwe / Feige, Bernd (Hrsg.): Wörterbuch Schulpädagogik. Ein Nachschlagewerk für Studium und Schulpraxis. Bad Heilbrunn: Klinkhardt 2004 (2. Auflage).

Kiper, Hanna: „... und sie waren glücklich." Alltagstheorien und Deutungsmuster türkischer Kinder als Grundlage einer Analyse didaktischer Materialien und Konzeptionen am Beispiel des Faches Sachunterricht. Hamburg 1987.

Kircher, Ernst: Physikalische Aspekte. In: Kahlert, Joachim u.a. (Hrsg.): Handbuch Didaktik des Sachunterrichts. Bad Heilbrunn: Klinkhardt 2007, S. 129-135.

Klafki, Wolfgang: Allgemeinbildung in der Grundschule und der Bildungsauftrag des Sachunterrichts. In: Lauterbach, Roland / Köhnlein, Walter / Spreckelsen, Kay / Klewitz, Elard (Hrsg.): Brennpunkte des Sachunterrichts. Probleme und Perspektiven des Sachunterricht, 3. Kiel: IPN 1992, S. 11-31.

Klafki, Wolfgang: Das pädagogische Problem des Elementaren und die Theorie der kategorialen Bildung. Weinheim: Beltz 1959.

Klafki, Wolfgang: Neue Studien zur Bildungstheorie und Didaktik. Beiträge zur kritisch-konstruktiven Didaktik. Weinheim, Basel 1985.

Klewitz, Elard: Die englische Primarstufenreform und Anfänge des offenen Unterrichts. In: Köhnlein, Walter / Schreier, Helmut (Hrsg.): Innovation Sachunterricht – Befragung der Anfänge nach zukunftsfähigen Beständen. Forschungen zur Didaktik des Sachunterrichts, Band 4. Bad Heilbrunn: Klinkhardt 2001, S. 217-234.

Klewitz, Elard / Mitzkat, Horst: Das Kind als Agent seiner Lernprozesse. In Die Grundschule 7 (1974a), S. 376-381.

Klewitz, Elard / Mitzkat, Horst: Entdeckendes Lernen in der Grundschule. In: Die Grundschule 7 (1974b), S. 356-365.

Klewitz, Elard / Mitzkat, Horst: Nuffield Junior Science Project – Didaktische Prinzipien und Beispiele – In: Die Grundschule 3 (1973), S. 184-192.

Klewitz, Elard / Richter, Katrin: Lernen und Verstehen im Sachunterricht. In: Duncker, Ludwig / Popp, Walter (Hrsg.): Kind und Sache. Zur pädagogischen Grundlegung des Sachunterrichts. Weinheim, München: Juventa 1994, S. 243-253.

KM Kultusministerium Baden-Württemberg (Hrsg.): Bildungsplan 2004 Grundschule. Stuttgart 2004.

KM Niedersachsen (Hrsg.): Kerncurriculum für die Grundschule. Schuljahrgänge 1-4. Sachunterricht. Hannover 2006.

KMK Kultusministerkonferenz der Länder: Tendenzen und Auffassungen zum Sachunterricht in der Grundschule (1980). In: Einsiedler, Wolfgang / Rabenstein, Rainer (Hrsg.): Grundlegendes Lernen im Sachunterricht. Bad Heilbrunn: Klinkhardt 1985, S. 117-125.

Knoll, Michael: 300 Jahre Lernen am Projekt. Zur Revision unseres Geschichtsbildes. In: Pädagogik 7-8 (1993), S. 58-65

Koch, Christine: Fachbezüge und Dimensionen des Sachunterrichts: wie spiegeln sie sich im Unterricht wider? Eine Auswertung von Lehrberichten aus Klassenbüchern von zweiten, dritten und vierten Schuljahren. Unveröffentlichte Examensarbeit zur ersten Lehramtsprüfung. Hildesheim 2000 (Standort beim Verfasser des vorliegenden Buches).

Köhnlein, Walter: Die Hinwendung zu einem naturwissenschaftlich orientierten Sachunterricht. In: Bauer, Herbert F. /Köhnlein, Walter (Hrsg.): Problemfeld Natur und Technik. Studientexte zur Grundschuldidaktik. Bad Heilbrunn: Klinkhardt 1984, S. 23-37.

Köhnlein, Walter: Einführende Bemerkungen zum Leben und Werk Martin Wagenscheins sowie zu den Beiträgen. In: Köhnlein, Walter (Hrsg.): Der Vorrang des Verstehens. Beiträge zur Pädagogik Martin Wagenscheins. Bad Heilbrunn: Klinkhardt 1998a, S. 9-20.

Köhnlein, Walter: Fachunterricht. In: Keck, Rudolf W. / Sandfuchs, Uwe / Feige, Bernd (Hrsg.): Wörterbuch Schulpädagogik. Ein Nachschlagewerk für Studium und Schulpraxis. Bad Heilbrunn: Klinkhardt 2004a (2. Auflage), S. 145-147.

Köhnlein, Walter: Genetischer Unterricht. In: Keck, Rudolf W. / Sandfuchs, Uwe / Feige, Bernd (Hrsg.): Wörterbuch Schulpädagogik. Ein Nachschlagewerk für Studium und Schulpraxis. Bad Heilbrunn: Klinkhardt 2004b (2. Auflage), S. 166-167.

Köhnlein, Walter: Grundlegende Bildung – Gestaltung und Ertrag des Sachunterrichts. In: Marquardt-Mau, Brunhilde / Schreier, Helmut (Hrsg.): Grundlegende Bildung im Sachunterricht. Probleme und Perspektiven des Sachunterrichts, 8. Bad Heilbrunn: Klinkhardt 1998b, S. 27-46.

Köhnlein, Walter: Grundlegende Bildung und Curriculum des Sachunterrichts. In: Wittenbruch, Wilhelm / Sorger, Peter (Hrsg.): Allgemeinbildung und Grundschule. Münster: Lit 1990, S. 107-125.

Köhnlein, Walter: Leitende Prinzipien und Curriculum des Sachunterrichts. In: Glumpler, Edith / Wittkowske, Steffen (Hrsg.): Sachunterricht heute. Zwischen interdisziplinärem Anspruch und traditionellem Fachbezug. Bad Heilbrunn: Klinkhardt 1996, S. 46-76.

Köhnlein, Walter: Sachunterricht – naturwissenschaftlich-technischer Bezug. In: Becher, Hans Rudolf / Bennack, Jürgen (Hrsg.): Taschenbuch Grundschule. Baltmannsweiler, Hohengehren: Schneider 1995 (2. Auflage), S. 194-209.

Köhnlein, Walter: Sachunterricht. Keck, Rudolf W. / Sandfuchs, Uwe / Feige, Bernd (Hrsg.): Wörterbuch Schulpädagogik. Ein Nachschlagewerk für Studium und Schulpraxis. Bad Heilbrunn: Klinkhardt 2004c (2. Auflage), S. 370-375.

Köhnlein, Walter: Sachunterrichts-Didaktik und die Aufgabe des grundlegenden Lernens. In: Sachunterricht und Mathematik in der Primarstufe 12 (1988), S. 524-531.

Köhnlein, Walter: Thesen und Beispiele zum Bildungswert des Sachunterrichts. In: Cech, Diethard / Fischer, Hans-Joachim / Holl-Giese, Waltraud / Knörzer, Martina / Schrenk, Marcus (Hrsg.): Bildungswert des Sachunterrichts. Probleme und Perspektiven des Sachunterrichts, Band 16. Bad Heilbrunn: Klinkhardt 2006, S. 17-38.

Köhnlein, Walter: Vielperspektivisches Denken – eine Einleitung. In: Köhnlein, Walter / Marquardt-Mau, Brunhilde / Schreier, Helmut (Hrsg.): Vielperspektivisches Denken im Sachunterricht. Forschungen zur Didaktik des Sachunterrichts, 3. Bad Heilbrunn: Klinkhardt 1999a, S. 9-23.

Köhnlein, Walter: Vielperspektivität und Ansatzpunkte naturwissenschaftlichen Denkens. Analyse von Unterrichtsbeispielen unter dem Aspekt des Verstehens. In: Köhnlein, Walter / Marquardt-Mau, Brunhilde / Schreier, Helmut (Hrsg.): Vielperspektivisches Denken im Sachunterricht. Forschungen zur Didaktik des Sachunterrichts, 3. Bad Heilbrunn: Klinkhardt 1999b, S. 88-124.

Köhnlein, Walter: Wirklichkeit erschließen und rekonstruieren – Herausforderungen für den Sachunterricht. In: Kahlert, Joachim / Inckemann, Elke / Speck-Hamdan, Angelika (Hrsg.): Grundschule: Sich Lernen leisten. Theorie und Praxis. Neuwied: Luchterhand 2000, S. 59-72.

Köhnlein, Walter / Schreier, Helmut (Hrsg.): Innovation Sachunterricht – Befragung der Anfänge nach zukunftsfähigen Beständen. Forschungen zur Didaktik des Sachunterrichts, Band 4. Bad Heilbrunn: Klinkhardt 2001.

Koldewey, Friedrich: Geschichte des Schulwesens im Herzogtum Braunschweig. Wolfenbüttel 1891.

König, Eckhard: Theorie der Erziehungswissenschaft. Band 1: Wissenschafts-theoretische Richtungen der Pädagogik. München: Wilhelm Fink-Verlag 1975.

Kopp, Ferdinand: Probleme des Sachunterrichts in der Grundschule. In: Arbeitskreis Grundschule / Schwartz, Erwin (Hrsg.): Inhalte grundlegender Bildung. Frankfurt am Main 1970, S. 157-175.

Krämer, Hermann: Redaktionelle Bemerkungen. In: Giel, Klaus / Hiller, Gotthilf G. / Krämer, Hermann: Stücke zu einem mehrperspektivischen Unterricht. Aufsätze zur Konzeption 1. Stuttgart: Klett 1974a, S. 8-11.

Krämer, Hermann: Themengitter für das Curriculum: Grundschule. In: Giel, Klaus / Hiller, Gotthilf G. / Krämer, Hermann: Stücke zu einem mehrperspektivischen Unterricht. Aufsätze zur Konzeption 1. Stuttgart: Klett 1974b, S. 82-118.

Krebs, Renate: Curriculare Ansätze für den Sachunterricht. In: Krebs, Renate / Klose, Peter / Pidd, Günter / Weigert, Edgar: Sachunterricht. Ansätze und Anregungen. Stuttgart: Klett 1977, S. 185-246.

Kretschmann, Johannes: Natürlicher Unterricht (1932). Neubearbeitet von Otto Haase. Wolfenbüttel, Hannover 1948.

Krueger, Bernhard: Der konservative Stiehl und der liberale Diesterweg. Trennendes und Gemeinsames in der Auseinandersetzung um die Regulative. In: Adolph Diesterweg. Wissen im Aufbruch. Katalog zur Ausstellung zum 200. Geburtstag. Weinheim: Deutscher Studien Verlag 1990, S. 362-369.

Lauterbach, Roland: Brief an den Verfasser. Oktober 2006.

Lauterbach, Roland : Kulturtechniken im Sachunterricht. In: Hempel, Marlies (Hrsg.): Sich bilden im Sachunterricht. Bad Heilbrunn: Klinkhardt 2004, S. 163-186.

Lauterbach, Roland: Naturwissenschaftlich-technischer Lernbereich im Sachunterricht. In: Einsiedler, Wolfgang / Götz, Margarete / Hacker, Hartmut / Kahlert, Joachim / Sandfuchs, Uwe (Hrsg.): Handbuch Grundschulpädagogik und Grundschuldidaktik. Bad Heilbrunn: Klinkhardt 2005 (2. Auflage), S. 572-588.

Lauterbach, Roland: „Science – A Process Approach" revisited – Erinnerungen an einen „Weg in die Naturwissenschaft". In: Köhnlein, Walter / Schreier, Helmut (Hrsg.): Innovation Sachunterricht – Befragung der Anfänge nach zukunftsfähigen Beständen. Forschungen zur Didaktik des Sachunterrichts, Band 4. Bad Heilbrunn: Klinkhardt 2001, S. 103-131.

Lehrplan für die bayerische Grundschule 2000.

Lehrplan für die Grundschule im Lande Bremen. Bremen 1961.

Liedtke, Max: Lehrer: Ein Berufsbild im Wandel. In: Kalender für Lehrerinnen und Lehrer (2001 / 2002), S. 138-146.

Lingenauber, Sabine: Handlexikon der Reggio-Pädagogik. Bochum, Freiburg: Projekt-Verlag. 2004.

Lippitt, R. / Fox, R. / Schaible, L.: Detto und Andere. Acht Einheiten für Sozialwissenschaften in der Schule. Deutsche Bearbeitung von P. Böhningen. Stuttgart u.a. 1975.

Löffler, Gerhard / Möhle, Volker / Reeken, Dietmar von / Schwier, Volker (Hrsg.): Sachunterricht – Zwischen Fachbezug und Integration. Probleme und Perspektiven des Sachunterrichts, 10. Bad Heilbrunn: Klinkhardt 2000.

Lück, Gisela: Naturwissenschaften im frühen Kindesalter: Untersuchungen zur Primärbegegnung von Kindern im Vorschulalter mit Phänomenen der unbelebten Natur. Münster: Lit 2000.

Lück, Gisela: Wenn die unbelebte Natur im Sachunterricht beseelt wird. Die Rolle der Animismen im Vermittlungsprozess. In: Kahlert, Joachim / Inckemann, Elke (Hrsg.): Wissen, Können und

Verstehen – über die Herstellung ihrer Zusammenhänge im Sachunterricht. Probleme und Perspektiven des Sachunterrichts, Band 11. Bad Heilbrunn: Klinkhardt 2001, S. 149-159.

Lück, Gisela / Köster, Hilde (Hrsg.): Physik und Chemie im Sachunterricht. Bad Heilbrunn, Braunschweig: Klinkhardt, Westermann 2006.

Mitzlaff, Hartmut: Elementarunterricht zwischen geografischer Propädeutik und Kindorientierung – F.A. Fingers (1808-1888) Weinheimer „Heimathskunde" von 1844. In: Kaiser, Astrid / Pech, Detlef (Hrsg.): Geschichte und historische Konzeptionen des Sachunterrichts. Hohengehren: Schneider 2004, S. 85-89.

Marquardt-Mau, Brunhilde: Neue Curricula für primary science education aus den USA – Anregungen für den Sachunterricht und die Lehrerausbildung. In: Marquardt-Mau, Brunhilde / Köhnlein, Walter / Cech, Diethard / Lauterbach, Roland (Hrsg.): Lehrerbildung Sachunterricht. Probleme und Perspektiven des Sachunterrichts, 6. Bad Heilbrunn: Klinkhardt 1996, S. 69-88.

Messner, Rudolf: Wagenscheins Genetisches Lehren am Beispiel von Lessings Fabeln. In: Köhnlein, Walter (Hrsg.): Der Vorrang des Verstehens. Beiträge zur Pädagogik Martin Wagenscheins. Bad Heilbrunn: Klinkhardt 1998, S. 130-144.

Meyer-Abich, Klaus Michael: Von der Umwelt zur Mitwelt. Unterwegs zu einem neuen Selbstverständnis des Menschen im Ganzen der Natur. In: Scheidewege 18 (1988/89), S. 128-148.

Mitter, Wolfgang: ‚Social Studies' in der amerikanischen Elementarschule. In: Die Grundschule 4 (1969), S. 37-46.

Mollenhauer, Klaus: Erziehung und Emanzipation. München: Juventa 1968.

Mollenhauer, Klaus: Vergessene Zusammenhänge. Über Kultur und Erziehung. München: Juventa 1985 (2. Auflage).

Möller, Kornelia: Genetisches Lehren und Lernen – Facetten eines Begriffs. In: Feige, Bernd in Verbindung mit dem Vorstand der GDSU (Hrsg.): Die Aktualität der Pädagogik Martin Wagenscheins für den Sachunterricht. Bad Heilbrunn: Klinkhardt 2001, S. 15-30.

Möller, Kornelia: Genetisches Lernen und Conceptual Change. In: Kahlert, Joachim u.a. (Hrsg.): Handbuch Didaktik des Sachunterrichts. Bad Heilbrunn: Klinkhardt 2007, S. 258-266.

Möller, Kornelia: Konstruktivistisch orientierte Lehr-Lernprozeßforschung im naturwissenschaftlich-technischen Bereich des Sachunterrichts. In: Köhnlein, Walter / Marquardt-Mau, Brunhilde / Schreier, Helmut (Hrsg.): Vielperspektivisches Denken im Sachunterricht. Forschungen zur Didaktik des Sachunterrichts, 3. Bad Heilbrunn: Klinkhardt 1999, S. 125-191.

Möller, Kornelia: Naturwissenschaftliches Lernen im Grundschulalter. Neue Ergebnisse und Perspektiven. Öffentlicher Festvortrag anlässlich der Emeritierung von Prof. Dr. Walter Köhnlein, Hildesheim, d. 8.2.02.

Möller, Kornelia: Verstehen durch Handeln beim Lernen naturwissenschaftlicher und technikbezogener Sachverhalte. In: Köhnlein, Walter / Lauterbach, Roland (Hrsg.): Verstehen und begründetes Handeln. Studien zur Didaktik des Sachunterrichts. Bad Heilbrunn 2004, S. 147-165.

Mücke, Rudolf: Sachunterricht. Ein Lernbereich in der Grundschule. Bad Heilbrunn: Klinkhardt 1980.

Nestle, Werner u.a.: Stücke zu einem mehrperspektivischen Unterricht. Unterrichtsmodelle Wohnen / Fahrplan. Stuttgart: Klett 1974.

Neuhaus-Siemon, Elisabeth: Reformpädagogik und offener Unterricht. Reform-pädagogische Modelle als Vorbilder für die heutige Grundschule? In: Hinrichs, Wolfgang / Bauer, Herbert F. (Hrsg.): Zur Konzeption des Sachunterrichts. Mit einem systematischen Exkurs zur Lehrgangsund Unterrichtsmethodik. Donauwörth: Auer 2000, S.192-207.

Nuffield Junior Science. Teacher's Guide 1 and 2. London, Glasgow 1967.

Pädagogische Rundschau (1951/52), Dezember-Heft 1951, S. 142: Über die Beziehung zwischen Universität und Schule (Dabei handelt es sich um den Text, der als „Tübinger Resolution" in die neuere Pädagogikgeschichte eingegangen ist, Anm. B.T.).

Pestalozzi, Heinrich: Die Abendstunde eines Einsiedlers. In: Schriften. Aus den Jahren 1765-1783. Heinrich Pestalozzi. Werke in acht Bänden. Herausgegeben von Paul Baumgartner. Erlenbach / Zürich: Rotapfel 1945, S. 145-164.

Plöger, Wilfried / Renner, Erich (Hrsg.): Wurzeln des Sachunterrichts. Genese eine Lernbereichs in der Grundschule. Weinheim, Basel: Beltz 1996.

Populationen. Handreichungen für den Lehrer zum Jahreskurs „Populationen". Konzeptuelle Grundlagen des „Life Science Program". In: Tütken, Hans / Spreckelsen, Kay: Konzeptionen und Beispiele des naturwissenschaftlichen Unterrichts. Naturwissenschaftlicher Unterricht in der Grundschule, Band 2. Frankfurt am Main: Diesterweg 1973.

Postman, Neil: Das Verschwinden der Kindheit. Frankfurt am Main: S. Fischer 1983.

Rabenstein, Rainer: Einführung. In: Bauer Herbert F. / Engelhardt, Wolf-Dieter / Glöckel, Hans / Knoll, Joachim / Rabenstein, Rainer: Fachgemäße Arbeitsweisen im Sachunterricht der Grundschule. Bad Heilbrunn: Klinkhardt 1975, S. 7-13.

Rabenstein, Rainer / Haas, Fritz: Erfolgreicher Unterricht durch Handlungseinheiten. Das methodische Modell der „Handlungseinheit" im Sachunterricht der Unterstufe. Bad Heilbrunn: Klinkhardt 1965.

Retter, Hein: Entwicklungsphasen und Grundschulpädagogik. In: Arbeitskreis Grundschule / Schwartz, Erwin (Hrsg.): Begabung und Lernen im Kindesalter. Frankfurt am Main 1969, S. 51-72.

Richtlinien für die Volksschulen in Niedersachsen vom 6. März 1962.

Richtlinien und Bestimmungen für den Unterricht in den Grund-, Volks- und Mittelschulen (1921-1925). In: Michael, Berthold / Schepp, Heinz-Hermann: Die Schule in Staat und Gesellschaft. Dokumente zur deutschen Schulgeschichte im 19. und 20. Jahrhundert. Göttingen, Zürich: Muster-Schmidt 1993, S. 245-251.

Ringshausen, Gerhard: August Hermann Francke (1663-1727). In: Scheuerl, Hans (Hrsg.): Klassiker der Pädagogik. Band 1. München: Beck 1979, S. 83-93.

Robinsohn, Saul B.: Bildungsreform als Revision des Curriculum und Ein Strukturkonzept für Curriculumentwicklung. Neuwied am Rhein, Berlin 1972 (3. Auflage).

Rodehüser, Franz: Epochen der Grundschulgeschichte. Bochum: Dr. Winkler 1987, 1989 (2. Auflage).

Roloff, Ernst M. (Hrsg.): Lexikon der Pädagogik, Band 4. Freiburg im Breisgau: Herder 1915; darin: Wagner, A. / Widmann, S. P.: Realien, Sp. 215-224.

Roth, Gerhard: Das Gehirn und seine Erkenntnis. Frankfurt am Main: Suhrkamp 1995 (2. Auflage).

Roth, Heinrich: Begabung und Begaben. Über das Problem der Umwelt in der Begabungsentfaltung. In: Die Sammlung (1952), S. 395-407.

Roth, Heinrich: Begabung und Lernen. Ergebnisse und Folgerungen neuer Forschungen. Mit Beiträgen von Hans Aebli. Stuttgart: Klett 1969 (2. Auflage).

Roth, Heinrich: Pädagogische Psychologie des Lehrens und Lernens. Hannover u.a.: Schroedel 1974 (14. Auflage, 1. Auflage 1957).

Rother, Ilse: Schulanfang. Ein Beitrag zur Arbeit in den ersten beiden Schuljahren. Frankfurt am Main, Berlin, Bonn: Diesterweg (1954, 1. Auflage) 1961 (4. Auflage).

Sandfuchs, Uwe: Unterrichtsinhalte auswählen und anordnen. Vom Lehrplan zur Unterrichtsplanung. Bad Heilbrunn: Klinkhardt 1987.

Schaller, Klaus: Die Pädagogik des Johann Amos Comenius und die Anfänge des pädagogischen Realismus im 17. Jahrhundert. Heidelberg: Quelle & Meyer 1962.

Schaub, Horst: Entwicklungspsychologische Grundlagen für historisches Lernen in der Grundschule. In: Schreiber, Waltraud (Hrsg.): Erste Begegnungen mit Geschichte. Grundlagen historischen Lernens. Band 1. Neuried: Ars una 1999, S. 215-251.

Schaub, Horst: Grundsätze der Montessori-Pädagogik bei Martin Wagenschein und Maria Montessoris Konzept der Kosmischen Erziehung. In: Feige, Bernd in Verbindung mit dem Vorstand der GDSU (Hrsg.): Die Aktualität der Pädagogik Martin Wagenscheins für den Sachunterricht. Bad Heilbrunn: Klinkhardt 2001, S. 31-46.

Schaub, Horst: Heimatkunde. In: Keck, Rudolf W. / Sandfuchs, Uwe / Feige, Bernd (Hrsg.): Wörterbuch Schulpädagogik. Ein Nachschlagewerk für Studium und Schulpraxis. Bad Heilbrunn: Klinkhardt 2004 (2. Auflage), S. 197-201.

Schmidt, Rudolf: Sachlichkeit und Sachunterricht in der Grundschule. Bad Heilbrunn: Klinkhardt 1972.

Schmitt, Hanno: Pädagogen im Zeitalter der Aufklärung – die Philanthropen. In: Tenorth, Heinz-Elmar (Hrsg.): Klassiker der Pädagogik, Band 1. Von Erasmus bis Helene Lange. München: Beck 2003, S. 119-143.

Schmitt, Hanno / Tosch, Frank (Hrsg.): Vernunft fürs Volk. Friedrich Eberhard von Rochow im Aufbruch Preußens. Berlin, Leipzig: Henschel 2001.

Schorch, Günther: Die Grundschule als Bildungsinstitution. Leitlinien einer systematischen Grundschulpädagogik. Bad Heilbrunn: Klinkhardt 2006 (2. Auflage).

Schreier, Helmut: Sachunterricht. Themen und Tendenzen. Eine Inhaltsanalyse von Lehrberichtsaufzeichnungen aus Kasseler Grundschulen im Zeitraum 1967-1975. Paderborn 1979.

Schubert, Ulrich: Das Schulfach Heimatkunde im Spiegel von Lehrerhandbüchern der 20er Jahre: Hildesheim, Zürich, New York 1987.

Schwartz, Erwin: Ist die Grundschule reformbedürftig? In: Westermanns Pädagogische Beiträge 8 (1966), S. 389-394; 11 (1966), S. 529-538; 12 (1966), S. 572-584 und 10 (1967), S. 473-480.

Schwarz, Hermann (Hrsg.): Empfehlungen zur Umwelterziehung in der Grundschule. Frankfurt am Main: Arbeitskreis Grundschule 1991 (3. Auflage).

Schwedes, Hannelore: Das Curriculum 5 / 13 – Sein Konzept und seine Bedeutung. In: Köhnlein, Walter / Schreier, Helmut (Hrsg.): Innovation Sachunterricht – Befragung der Anfänge nach zukunftsfähigen Beständen. Forschungen zur Didaktik des Sachunterrichts, Band 4. Bad Heilbrunn: Klinkhardt 2001, S. 133-152.

Schwedes, Hannelore: Die Struktur von Science 5 / 13 und Probleme der deutschen Adaption. In. Frey, K. / Blänsdorf, K. (Hrsg.): Integriertes Curriculum Naturwissenschaft der Sekundarstufe I: Projekte und Innovationsstrategien. Weinheim, Kiel: Beltz, IPN 1974

Schwedes, Hannelore: Holz und Bäume: Unterrichtsvorschläge für die Grundschule. Stuttgart: Klett 1977.

Seyfarth-Stubenrauch, Michael / Skiera, Ehrenhard (Hrsg.): Reformpädagogik und Schulreform in Europa, Band 1 und Band 2. Baltmannsweiler, Hohengehren: Schneider 1996.

Siller, Rolf: Sachunterricht in der Grundschule. Dokumente – Kommentare – Materialien. Donauwörth: Auer 1981.

Siller, Rolf / Walter, Günter (Hrsg.): Zur Entdeckung von Wirklichkeit im Sachunterricht. Texte zur Grundlegung und Entwicklung. Donauwörth: Auer 1999.

Soostmeyer, Michael: Das exemplarisch-genetisch-sokratische Verfahren und die kognitive Strukturtheorie der Entwicklung und des Lernens. In: Köhnlein, Walter / Schreier, Helmut (Hrsg.): Innovation Sachunterricht – Befragung der Anfänge nach zukunftsfähigen Beständen. Forschungen zur Didaktik des Sachunterrichts, Band 4. Bad Heilbrunn: Klinkhardt 2001a, S. 235-256.

Soostmeyer, Michael: Genetischer Sachunterricht. Unterrichtsbeispiele und Unterrichtsanalysen zum naturwissenschaftlichen Denken bei Kindern. Baltmannsweiler, Hohengehren: Schneider 2002.

Soostmeyer, Michael: Lernen durch Erfahren, Experimentieren und Sprechen. Feuer machen und Feuer löschen. In: Feige, Bernd in Verbindung mit dem Vorstand der GDSU (Hrsg.): Die Aktualität der Pädagogik Martin Wagenscheins für den Sachunterricht. Bad Heilbrunn: Klinkhardt 2001b, S. 111-134.

Soostmeyer, Michael: Zum Verhältnis zwischen Allgemeiner Didaktik und der Didaktik des Sachunterrichts aus der Sicht der Didaktik des Sachunterrichts. In: Keck, Rudolf W. / Köhnlein, Walter / Sandfuchs, Uwe (Hrsg.): Fachdidaktik zwischen Allgemeiner Didaktik und Fachwissenschaft. Bestandsaufnahmen und Analyse. Bad Heilbrunn 1990, S. 216-232.

Soostmeyer, Michael: Zur Sache Sachunterricht. Begründung eines situations-, handlungs- und sachorientierten Unterrichts in der Grundschule. Frankfurt am Main u.a. 1998 (3. Auflage).

Spranger, Eduard: Der Bildungswert der Heimatkunde (1923). Stuttgart: Reclam 1949.

Spreckelsen, Kay: Naturwissenschaftlicher Unterricht in der Grundschule. Stoffe und ihre Eigenschaften. Frankfurt am Main, Berlin, München: Diesterweg 1971.

Spreckelsen, Kay: Phänomenkreise als Verstehenshilfen. In: Köhnlein, Walter / Marquardt-Mau,

168

Brunhilde / Schreier, Helmut (Hrsg.): Kinder auf dem Wege zum Verstehen der Welt. Forschungen zur Didaktik des Sachunterrichts, 1. Bad Heilbrunn: Klinkhardt 1997, S. 111-127.

Spreckelsen, Kay: SCIS und das Konzept eines strukturbezogenen naturwissenschaftlichen Unterrichts in der Grundschule. In: Köhnlein, Walter / Schreier, Helmut (Hrsg.): Innovation Sachunterricht – Befragung der Anfänge nach zukunftsfähigen Beständen. Forschungen zur Didaktik
des Sachunterrichts, Band 4. Bad Heilbrunn: Klinkhardt 2001, S. 85-102.

Spreckelsen, Kay: Strukturbetonter naturwissenschaftlicher Unterricht auf der Grundstufe. In: Die
Grundschule 3 (1970), S. 28-37.

Stern, Elsbeth: Wie abstrakt lernt ein Grundschulkind? Neuere Ergebnisse der entwicklungspsycho-
logischen Forschung. In: Petillon, Hanns (Hrsg.): Individuelles und soziales Lernen in der
Grundschule – Kindperspektive und pädagogische Konzepte. Jahrbuch Grundschulforschung 5.
Opladen: Leske + Budrich 2002, S. 27-42.

Süß, Winfried: Die gegenwärtige Situation des Sachunterrichts in der Grundschule. In: Heuß, Gert-
raud E. (Hrsg.): Lehrbereich Sachunterricht. Einführung in das Studium des Sachunterrichts der
Grundschule. Donauwörth: Auer 1978, S. 42-69.

Terhart, Ewald: Konstruktivismus und Unterricht. Gibt es einen neuen Ansatz in der Allgemeinen
Didaktik? In: Zeitschrift für Pädagogik. 5 (1999), S. 629-647.

Thiel, Siegfried: Grundschulkinder zwischen Umgangserfahrung und Naturwissenschaft. In: Bauer,
Herbert F. / Köhnlein, Walter (Hrsg.): Problemfeld Natur und Technik. Studientexte zur Grundschuldidaktik. Bad Heilbrunn: Klinkhardt 1984, S. 78-87.

Thiel, Siegfried: Phänomen und Aspekt. Martin Wagenschein und der romantische Blick auf das
Kind. In: Köhnlein, Walter (Hrsg.): Der Vorrang des Verstehens. Beiträge zur Pädagogik Martin
Wagenscheins. Bad Heilbrunn: Klinkhardt 1998, S. 58-65.

Thiel, Siegfried: Rückblick 1989. In: Wagenschein, Martin: Kinder auf dem Wege zur Physik. Mit
Beiträgen von Agnes Banholzer, Siegfried Thiel, Wolfgang Faust. Vorwort Andreas Flitner.
Weinheim, Basel 1990 (2. Auflage, 1. Auflage 1973), S. 190-205.

Thiel, Siegfried: Sachunterricht genetisch. In: Köhnlein, Walter / Schreier, Helmut (Hrsg.): Innovation Sachunterricht – Befragung der Anfänge nach zukunftsfähigen Beständen. Forschung zur
Didaktik des Sachunterrichts, Band 4. Bad Heilbrunn: Klinkhardt 2001, S. 181-199.

Thiel, Siegfried: Wie die Menschen lernten, Feuer zu machen. In: Grundschule 4 (1987a), S. 22-28.

Thiel, Siegfried: Wie springt ein Ball? In: Grundschule 1 (1987b), S. 18-23.

Thiel, Siegfried / Gümbel, Gerhard: Sachunterricht heute – curriculare Ansätze im Sachunterricht
der Grundschule. In: Arbeitskreis Grundschule (Hrsg.): Grundschulkongreß Niedersachsen.
Lehrpläne und ihre Verwirklichung. Unterricht in der Grundschule I. Beispiele aus den Bereichen Sachunterricht, Mathematik, Religion, Vorschule, Rechtschreibunterricht. Frankfurt am
Main 1975, S. 151-161.

Thomson, Barbara S. / Voelker, Alan M.: Science Curriculum Improvement Study. In: Tütken, Hans
/ Spreckelsen, Kay: Konzeptionen und Beispiele des naturwissen-schaftlichen Unterrichts.
Frankfurt am Main u.a.: Diesterweg 1973, S. 61-80.

Tütken, Hans / Spreckelsen, Kay: Konzeptionen und Beispiele des naturwissenschaftlichen Unterrichts. Band 2, Frankfurt am Main, Berlin, München: Diesterweg 1973.

Tütken, Hans / Spreckelsen, Kay: Zielsetzung und Struktur des Curriculum. Band 1, Frankfurt am
Main, Berlin, München: Diesterweg 1971 (2. Auflage).

Vogel, Paul: Die Stellung der „Fächer" im Gesamtunterricht. In: Leipziger Lehrerverein: Gesamtunterricht im 1. und 2. Schuljahr. Zugleich ein Bericht über die Leipziger Reformklassen. Hrsg. von
den Mitgliedern der Methodischen Abteilung des Leipziger Lehrervereins. Leipzig 1914, 1920 (2.
Auflage).

Vorwort, verfasst von Flitner, Andreas / Giel, Klaus / Hiller, Gotthilf Gerhard. In: Giel, Klaus /
Hiller, Gotthilf G. / Krämer, Hermann (Hrsg.): Stücke zu einem mehrperspektivischen Unterricht. Aufsätze zur Konzeption 1. Stuttgart: Klett 1974, S. 6-7.

Wagenschein, Martin. Ursprüngliches Verstehen und exaktes Denken. Band 2, Stuttgart: Klett 1970.

Wagenschein, Martin: Erinnerungen für morgen: eine pädagogische Autobiographie. Weinheim,

Basel: Beltz 1989 (2. Auflage, 1. Auflage 1983).

Wagenschein, Martin: Kinder auf dem Wege zur Physik. In: Neue Sammlung. Göttinger Blätter für Kultur und Erziehung (1962), S. 266-276.

Wagenschein, Martin: Kinder auf dem Wege zur Physik. Mit Beiträgen von Agnes Banholzer, Siegfried Thiel, Wolfgang Faust. Vorwort Andreas Flitner. Weinheim, Basel 1990 (2. Auflage, 1. Auflage 1973).

Wagenschein, Martin: Verstehen lehren. Genetisch – Sokratisch – Exemplarisch. Mit einer Einführung von Hartmut von Hentig und einer Studienhilfe von Hans Christoph Berg. Weinheim, Basel: Beltz 1992 (10. Auflage, 1. Auflage 1968).

Wagenschein, Martin: Zur Selbstkritik der Höheren Schule. Referat bei der Tagung „Schule und Hochschule" im Leibniz-Kolleg der Universität Tübingen am 30.9./1.10.1951. In: Die Sammlung. Zeitschrift für Kultur und Erziehung. 3 (1952), S. 142–152.

Weinert, Franz Emanuel / Helmke, Andreas (Hrsg.): Entwicklung im Grundschulalter. Weinheim: Beltz, Psychologie Verlags-Union 1997.

Wenzel, Achill: „Social Science" – eine Anregung für den grundlegenden Sachunterricht. In: Die Grundschule. Beiheft zu Westermanns Pädagogischen Beiträgen (1968), Heft 4, S. 34-40.

Wiater, Werner: Lehrplan, Curriculum, Bildungsstandards. In: Arnold, Karl-Heinz / Sandfuchs, Uwe / Wiechmann, Jürgen (Hrsg.): Handbuch Unterricht. Bad Heilbrunn: Klinhardt 2006, S. 169-178.

Wiesenfarth, Gerhard: Kontinuität oder Diskontinuität – eine überflüssige Diskussion? In: Lauterbach, Roland / Köhnlein, Walter / Spreckelsen, Kay / Bauer, Herbert F. (Hrsg.): Wie Kinder erkennen. Probleme und Perspektiven des Sachunterrichts, 1. Kiel: IPN 1991, S. 98-122.

Wilhelm, Theodor: Theorie des Schule – Hauptschule und Gymnasium im Zeitalter der Wissenschaften. Stuttgart 1967.

Wittenbruch, Wilhelm: Sieben Jahrzehnte deutsche Grundschule – „Lernbare Lektionen" aus der Schulgeschichte? In: Wittenbruch, Wilhelm (Hrsg.): Grundschule. Texte und Bilder einer jungen Schulstufe. Heinsberg: Dieck 2000 (2. Auflage).

WVD World Vision Deutschland (Hrsg.): Kinder in Deutschland 2007. 1. World Vision Kinderstudie. Bundeszentrale für politische Bildung. Bonn, Frankfurt am Main: Fischer 2007.

Zimmer, Jürgen: Das kleine Handbuch zum Situationsansatz. Weinheim, Basel: Beltz 2006 (2. Auflage).

Zimmer, Jürgen: Ein Bezugsrahmen vorschulischer Curriculumentwicklung. In: Zimmer, Jürgen (Hrsg.): Curriculumentwicklung im Vorschulbereich. Band 1. München: Piper 1973a, S. 9-60.

Zimmer, Jürgen: Situationsbezogene Curriculumentwicklung in der Eingangsstufe. In: Die Deutsche Schule 10 (1973b), S. 684-691.

Zimmer, Jürgen / Preissing, Christa / Thiel, T.: Kindergärten auf dem Prüfstand. Dem Situationsansatz auf der Spur. Seelze 1997.